21世纪知识产权规划教材

总主审：王利明

总主编：齐爱民

21世纪知识产权规划教材编委会

主　任：

谢尚果　李昌华

副主任：

齐爱民　黄玉烨　董炳和　王太平

成员（以姓氏笔画为序）：

刁胜先　王太平　韦　铁　邓宏光　刘斌斌
齐爱民　严永和　苏　平　李　仪　李昌华
杨　巧　陈宗波　苟正金　罗　澍　周伟萌
赵文经　黄玉烨　董炳和　曾德国　谢尚果

21世纪知识产权规划教材

专利法
PATENT LAW

苏 平 何培育 主 编
齐强军 罗施福 副主编

其他撰稿人
柏思国

图书在版编目(CIP)数据

专利法/苏平,何培育主编.—北京:北京大学出版社,2020.11
21世纪知识产权规划教材
ISBN 978-7-301-31775-4

Ⅰ.①专… Ⅱ.①苏… ②何… Ⅲ.①专利权法—中国—高等学校—教材 Ⅳ.①D923.42

中国版本图书馆 CIP 数据核字(2020)第 203174 号

书　　　名	专利法 ZHUANLIFA
著作责任者	苏　平　何培育　主编
责 任 编 辑	孙战营
标 准 书 号	ISBN 978-7-301-31775-4
出 版 发 行	北京大学出版社
地　　　址	北京市海淀区成府路 205 号　100871
网　　　址	http://www.pup.cn
电 子 信 箱	law@pup.pku.edu.cn
新 浪 微 博	@北京大学出版社　@北大出版社法律图书
电　　　话	邮购部 010-62752015　发行部 010-62750672　编辑部 010-62752027
印　刷　者	北京虎彩文化传播有限公司
经 销 者	新华书店 730 毫米×980 毫米　16 开本　16.75 印张　343 千字 2020 年 11 月第 1 版　2022 年 12 月第 6 次印刷
定　　　价	45.00 元

未经许可,不得以任何方式复制或抄袭本书之部分或全部内容。
版权所有,侵权必究
举报电话: 010-62752024　电子信箱: fd@pup.pku.edu.cn
图书如有印装质量问题,请与出版部联系,电话: 010-62756370

"21世纪知识产权规划教材"总序

一、知识产权专业在我国的开设与发展

中国历史上近代意义的法学教育和法学专业滥觞于19世纪末的晚清时代。1895年成立的天津中西学堂(即天津大学前身)首次开设法科并招收学生,由此肇开了法学作为一个专业进入中国教育体系的先河。进入新中国之后,20世纪80年代以前,在我国高等教育中法学院系的专业设置单一,一般只设以"法学"命名的一个本科专业。改革开放以后,根据国家经济建设和法制建设的需要,高等法律院系逐渐增设了国际法学、经济法学、国际经济法学、刑事司法学等专业。在我国,知识产权专业从其诞生开始就与法学专业密不可分,知识产权专业最初是作为法学专业的第二学位专业开设的。1987年9月,中国人民大学首开先河创办第二学位"知识产权法专业",从获得理工农医专业学士学位者中招生,授予知识产权法专业第二学士学位。尽管中国人民大学开设的第二学位专业不叫知识产权专业,而是称其为"知识产权法专业",但大家都认为这是我国高校知识产权专业的源头。其后,北京大学、华中科技大学、华东理工大学等高校也相继招收知识产权法第二学士学位学生。1992年,上海大学率先开始知识产权本科教育,在法学本科专业和管理学本科专业中设立知识产权方向(本科)进行招生。1998年,教育部出台改革方案,按照"宽口径、厚基础、高素质、重应用"的专业建设精神,决定将法学一级学科由"法学""国际法学""经济法学"等专业合并为一个"法学"专业,自1999年起只按一个法学专业招收本科学生(可在高年级设置若干专业方向)。教育部的"统一"分散的法学专业的举措,往往被理解为不主张法学专业"分解",这种僵化理解把刚刚起步的知识产权专业抹杀在摇篮之中,知识产权从一个专业退变为法学专业的一门核心课程,即"知识产权法"。

随着信息技术的发展,人类快步迈入知识经济时代,知识作为创造财富的手段,在社会进步和文化繁荣中发挥了空前重要的决定性作用,知识产权在国民经济中的地位也显得格外重要,有发达国家已经将知识财产纳入国民生产总值的统计数据之中。然而,中国知识产权人才奇缺,尤其是加入WTO之后,我国知识产权专业人才极度匮乏的问题更加凸显。为适应知识经济时代对知识产权人才需求的新形势,2004年,教育部与国家知识产权局联合发布了《关于进一步加强高等学校知识产权工作的若干意见》,要求高校"从战略高度认识和开展知识产权工作","加强知识产权人才的培养"。是年,华东政法大学知识产权学院开始招收知识产权专业本科生,这是教育部批准的全国第一家开设知识产权本科专业的高校。随后,国内很多高等院校相继新增知识产权本科专业,绝大部分学校(如华东政法大学、西南政法大学、重庆理工大学等)对该专业毕业生授予法学学士学位,有的学校在理工科专业(如广西大学的物理学专业)设置知识产权管理方向,颁发理学学士学位。为满足经济社会发展的迫切需求,知识产权本科专业在2012年被正式作为法学类的本科专业列入《全国普通高等学校本科专业目录》,该目录放弃使用"知识产权法专业"而使专业名称得到了统一,更为重要的是结束了知识产权本科专业游离在专业招生目录外的尴尬境地。

二、知识产权本科专业的主要培养目标与课程体系

自教育部批准法学学科第二个专业——知识产权本科专业开设以来,一直面临着众多的疑虑和担心,最突出的问题就是认为知识产权专业在实质上还是法学专业,充其量是"知识产权法"专业。这种疑虑和停滞不前、僵化误解最终将被知识产权事业日益发展起来的实务所化解,知识产权本科专业从法学专业中剥离必将得到更好的发展和完善。知识产权本科专业之所以成为专业,其根本的是在于形成自身特有的培养目标和课程体系。知识产权本科专业在人才培养目标方面,是培育具有扎实的知识产权基础理论和系统的知识产权专业知识,有较高的知识产权素养和知识产权专业技能,具备知识产权实践能力和创新能力,能适应经济建设和社会发展需要的厚基础、宽口径、多学科知识融合交叉的复合型高素质人才。在课程体系方面,主要有法学类课程,如法理学、宪法、行政法与行政诉讼法、民法等;知识产权基础课程,如企业知识产权管理、知识产权评估、科技史、著作权法、专利法、商标法、电子商务法等;还有知识产权实践类课程,如专利代理实务、商标代理实务和著作权代理实务、知识产权会谈、专利文献检索、知识产权审判等,再辅之以有特色的理工科课程(选修为主),课程体系可谓庞大而系统。由于知识产权是一门综合性学科专业,应用性和实践性极强,本专业特别注重知识传授中实践能力的塑造和培养,整个课程设置使学生接受创新思维和权利思维以及知识产权管理、保护等实务操作的基本训练,对于知识产权创造、管理、运用与保护等方面的知识以及现代科学技术发展对知识产权的挑战有全面的了解和掌握,并能熟练运用。

三、知识产权本科专业与"21世纪知识产权规划教材"

教材建设是知识产权本科专业建设的基础,而教材建设的根基在于知识产权研究。严格意义上的知识产权研究在国外始于19世纪,以比利时著名法学家皮卡第提出知识产权与物权的区别为知识产权法诞生的标志。我国开始知识产权研究肇端于清末,由于当时社会动荡,一些卓越的研究虽然影响了立法,但囿于清王朝的寿终正寝而未能真正贡献社会。新中国成立后,随着知识产权研究新纪元的到来,知识产权研究开创了一个全新的局面:第一,知识产权研究机构和学术团体的建立。知识产权研究机构和学术团体的建立,为知识产权研究奠

定了物质和人才基础。从政府机构设立的知识产权研究所（如广西知识产权局设立广西知识产权发展研究中心）到高等院校组建的知识产权学院、知识产权中心（所）、知识产权研究院，再到社会团体成立的知识产权研究会、学会、协会，知识产权研究蔚然成风，队伍日益扩大，蓬勃发展。第二，研究视野的拓展。随着改革开放的不断深入，知识产权研究领域的对外学术交流日趋活跃。特别从加入世贸组织开始，与国外高等院校、非政府组织、知识产权研究机构、大型企业的合作与交流日渐增多，举办的国际研讨会、高峰论坛频繁而卓有成效，研究舞台更加宽广，研究视阈更加开阔，知识产权研究紧随时代和国际发展的前沿。第三，研究成果大量涌现。从基础研究到应用对策研究，从知识产权制度的传统理论问题到网络环境中凸现的新的知识产权课题，从知识财产研究上升到信息财产的研究，从各类学术刊物上发表的知识产权文章到出版社公开出版的知识产权的教材、专著和译著等成果汗牛充栋，充分彰显了知识产权研究发展的良好态势，和知识产权学者对时代的回应。

开设知识产权本科专业对于法学学科的完善和发展具有重要的意义。首先，通过知识产权本科专业的开设，结束了法学单一专业的面貌，丰富了法学学科的内涵。其次，知识产权本科专业的开设，满足了培养现代化高层次知识产权专门人才的需求，拓宽了法学专业就业选择面。再次，知识产权专业的开设，增进了与相关学科间的交叉与融合，开辟了我国高层次人才培养的新空间。总之，知识产权专业是法学学科创新发展的动力之翼，是我国教育体系下本科专业一个崭新而伟大的力量。我们正是以上述理论认识为指引来编纂"21世纪知识产权规划教材"，以实现建立和完善知识产权本科教材体系的崇高目标。广西科技厅和广西知识产权局为了推进知识产权人才培养和培训，在广西民族大学设立了广西知识产权培训基地，通过实际的工作推进高校知识产权人才培养和对社会各界知识产权从业人员的培训工作，"21世纪知识产权规划教材"得到了广西知识产权局和广西知识产权培训（广西民族大学）基地的大力支持。"21世纪知识产权规划教材"重视实践和能力的培养，密切联系国家统一司法考试和专利代理人考试，注重培养学生的应试能力、实践能力和解决问题的综合能力。

该丛书主要包含了下述著作：

1.《知识产权法总论》。该书以知识产权法总则为研究对象，研究的是知识产权法的一般规则，以及关于知识财产、知识产权和知识产权法的一般原理。首先，该书针对国内外立法和理论研究发展趋势，对大陆法系知识产权法的一般规则进行了开创性的研究，确定了知识产权法总则所必备的一系列基础概念，如完全知识产权、知识产权实施权、知识产权担保权、知识产权变动模式和知识产权请求权，并对上述概念和制度作出了明晰的学科界定，为知识产权法总则的形成奠定了概念基础。其次，该书构建了完整的知识产权法总则理论体系。再次，该书构建的知识产权法一般规则操作性强,充分体现了理论对实践的高度指导价值。最后,该书对我国知识产权法研究的方法论进行了创新,选择了和民法(尤其是物权法)相一致的研究方法,为厘清知识产权法基本理论提供了科学的认识工具,该书也是运用这个科学方法论获得的一个结果。同时,该书关注知识产权法的司法实践,对于重大疑难问题进行了判例研究,尤其是针对国家统一司法考试和专利代理人考试进行了思维拓展训练,这将有助于实现理论和实践的结合。

2.《著作权法》。该书以著作权为研究对象,研究因著作权的产生、控制、利用和支配而产生的社会关系的法律规范。该书既着眼于著作权法的基本内容,又着眼于著作权与知识产权的关系,吸收了国内外著作权法教学与研究的最新成果,论述了著作权的法律理论及实务。书中内容涉及《著作权法》的基本理论、基本原则和基本制度,同时对一些理论争议提出了自己独到的见解,阐释了本学科的重点、难点和疑点。

3.《专利法》。该书结合我国实施专利制度以来的实践经验,以我国《专利法》及相关司法解释、专利审查指南和有关国际条约等为主线,系统讲解了专利申请、专利审批、专利权撤销和无效宣告、专利实施许可、专利权保护的全过程;密切关注国内外专利法教学与研究的前沿动态,概述国际专利制度的基本内容,详述我国《专利法》的基本理论、基本制度,分析和评价了在科学技术快速发展背景下专利法出现的新问题,以期使本专业学生对专利的基本理论和程序以及发展沿革和机遇挑战有全面的掌握和了解。

4.《商标法》。该书以历史分析、比较分析的方法对《商标法》的基本概念、基本理论、基本制度和基本原则作了系统而缜密的阐述,结合当前社会经济生活中发生的热点、难点案例及全国司法考试命题对商标注册的申请、审查、核准、续展、变更、转让、转移、确权、管理、驰名商标的保护和注册商标保护等一系列问题进行深入浅出的剖析,以期加深本专业学生对商标法律条文及实务操作的理解和应用。

5.《商业秘密保护法》。该书立足于知识产权理论,同时注重培养本科生与研究生处理与商业秘密相关案件的实践能力,廓清了商业秘密的定义、要件、属性与类型,介绍了我国与商业秘密保护有关的法律规范,梳理了不同法律规范之间的关系,结合实例介绍了商业秘密纠纷处理的实务性技巧;进而以商业秘密权保护为中心线索,比较并借鉴了美国、欧洲与世贸组织关于商业秘密保护的立法经验。全书现行规范讲解与立法趋势展望结合,法条解析与案例剖析交融。该书可以为本专业学生日后参加司法考试与从事知识产权法务工作提供指引。

6.《非物质文化遗产保护法》。该书以比较分析法、田野调查法、个案分析等方法来研究我国非物质文化遗产的法律保护问题,从法律上对非物质文化遗产进行界定，厘清其与民间文艺、传统知识、民间文化遗产、民俗等概念的区别与联系，反思国内外关于非物质文化遗产的保护现状及实践，明确非物质文化遗产保护的理念、宗旨，探讨构建我国非物质文化遗产保护模式及知识产权合作框架下的利益分享机制。

7.《知识产权竞争法》。该书综合运用比较分析、实证分析、逻辑分析、经济学、社会学分析等方法来研究知识产权竞争法的问题，介绍了知识产权竞争法的产生、发展、地位和作用，竞争法的执法机构、执法程序等问题；理论联系实际，立足于国内立法、司法和执法现状，生动地运用案例教学方式全面阐述了知识产权竞争法的一般原理、基本原则、具体制度和法律责任。

8.《知识产权纠纷解决机制》。该书通过历史分析、比较分析、博弈分析和实证研究的方法，从实体与程序相结合的视角对知识产权纠纷解决机制进行深入研究，全面考察了国内外知识产权纠纷解决机制的现状及 ADR、仲裁、调解等非诉讼纠纷解决方式，充分考量知识产权与知识产权纠纷的特殊性，探讨构建具有中国特色的切实可行的知识产权纠纷解决机制。

9.《网络知识产权保护法》。该书立足于网络时代知识产权保护的新问题，紧密结合网络知识产权在理论、立法与司法中具体而又急迫的现实要求，介绍了国内外关于网络知识产权保护法律的基础理论、立法规定和司法适用，阐述了必须面对、解决和掌握的相关知识，内容涉及信息网络传播权、网络数据库、网络链接与搜索引擎、网络服务提供者的法律责任、网络环境下域名与商标权的法律保护、电子商务商业模式与计算机程序的专利保护、网络中商业秘密侵权与知识产权竞争、网络知识产权犯罪与计算机取证等法律问题。

10.《知识产权国际保护》。该书既从宏观角度介绍了知识产权国际保护的产生、发展和框架，以及知识产权国际保护的基础理论和制度规范，又从微观角度对著作权及其邻接权、专利权、商标权和商业秘密等其他知识产权的国际保护进行了较为系统的阐述。密切联系实际，结合典型判例，分析当今知识产权国际保护面临的发展与挑战，提出全球化条件下知识产权国际保护法律的适用原则。

11.《企业知识产权管理》。该书站在国家知识产权战略的高度，从实践操作角度出发，系统介绍我国企业知识产权战略定位、战略步骤、实施路径与策略，细致阐释企业知识产权的创造、管理、运用和保护，辅之以经典案例，详尽剖析我国企业知识产权管理的经验、方法以及运作策略，既具有理论厚度和广度，又具有实用方法论的指导。

12.《知识产权评估》。该书理论联系实际，结合实务中大量知识产权评估的经典案例和做法，系统完整地对知识产权评估所需要的专业知识进行了阐述，介绍了知识产权评估现状、评估原则、价值基础等基本原理和基本方法，详述了专利权评估、商标权评估、著作权评估、商业秘密价值评估等，对提高知识产权专业学生的整体素质,推进本专业学生能力创新及实务操作有着积极的影响和意义。

13.《电子商务法》。该书的研究方法和立场是从法律视野看电子商务,而不是从电子商务反观法律,厘清了基础理论,构筑了从传统法到电子商务法的桥梁。该书不仅关注国际研究的趋势和潮流,而且立足于我国立法实践,切实反映了中国电子商务法的最新发展。该书注重对电子商务法基本原理、具体制度的分析,根据具体情况,阐明了原则和制度的适用问题,内容涵盖《电子签名法》、电子商务主体、个人信息保护法、电子支付法、电子商务消费者权益保护法、电子税收法和电子商务纠纷解决法等。

14.《信息法》。该书立足于国内外典型信息法理论和实践,从大陆法系传统出发,构建了体系完整、内容科学真实、有逻辑自洽性的科学信息法体系和核心制度。该书首次科学地界定法律意义上的信息概念,系统阐述了信息法的地位、渊源、宗旨、原则与体系,深入探讨了个人信息保护法、政府信息公开法、信息财产法、信息安全法等内容。

15.《专利代理实务》。该书既立足于基本知识,又着眼于专利代理人的基本能力要求,介绍了我国专利代理制度的基础理论和具体规定、做法,阐述了专利代理人必须掌握的基本专利知识,如主要专利程序,专利事务处理中的文件、期限与费用,专利申请文件及其撰写要求,授予专利权的实质条件,专利诉讼等,详述了专利代理中的主要业务,如专利申请文件的撰写,发明专利申请实质审查程序中的专利代理,专利授权、专利复审、专利无效宣告等程序中的代理,专利诉讼的代理等。全书贯穿典型案例分析和实务操作模拟题,不仅有助于本专业学生深入学习、研究专利法律问题及专利代理实务,为参加全国专利代理人资格考试提供切实参考,也为专利代理工作提供了实践的指导。

16.《专利文献检索》。该书注重理论与实践的结合,不仅介绍了专利文献的类型、用途和利用等基本知识,阐述了中国专利检索的工具和方法,世界专利分类体系、国际专利分类法以及美国、欧洲、日本等国专利文献检索等,还结合实例介绍专利文献具体查阅方法,并附上最新的专利文献检索常用资料。该书有益于知识产权专业学生系统深入地了解专利文献基本知识,熟悉基本操作,为日后专利实务工作奠定基础。

上述列举并没有穷尽丛书的内容,随着大家认识的加深和我国知识产权专业学生培养方式的变化,也可能有一些必要的课程教材加入,比如品牌管理学和发明学等。任何国家建设一个专业和在专业范畴内进行学生培养,都必须根植于本国的民族土壤,这样才能形成自己的特色,才能枝繁叶茂、桃李天下。知识产权专业建设如朝阳冉冉升起,愿有志于此项研究的学者们和以此为业的年轻学子们,把握时代脉搏,脚踏实地地去回应时代的呼唤。"21世纪知识产权规划教材"的诞生,标志知识产权人才培养和教育正走向新的发展阶段,它是知识产权专业建设的新起点。"21世纪知识产权规划教材"的诞生是各种积极因素凝聚的结果和全国研究力量的一个集中展示。"21世纪知识产权规划教材"的编者及众多的知识产权学界同仁,应立足于知识产权本科专业建设,顺应时代的呼唤,肩负起历史使命,锲而不舍、孜孜不倦地追求培养中国知识产权专业人才,实施国家知识产权战略这一崇高而远大目标的实现。

齐爱民

2014年1月9日

目　录

第一章　专利制度概论 ……………………………………………… 1
第一节　专利概述 ………………………………………………… 2
第二节　专利制度起源与发展 …………………………………… 4
第三节　中国专利制度的行政与司法机构 …………………… 20
第四节　专利代理制度 ………………………………………… 26

第二章　专利申请主体和专利权的归属 ………………………… 31
第一节　专利申请主体 ………………………………………… 32
第二节　专利权的归属 ………………………………………… 40

第三章　授予专利权的实质条件 ………………………………… 56
第一节　可申请专利的客体 …………………………………… 57
第二节　发明和实用新型专利的授权条件 …………………… 64
第三节　外观设计专利的授权条件 …………………………… 83
第四节　不授予专利权的情形 ………………………………… 91

第四章　专利申请文件 …………………………………………… 97
第一节　发明和实用新型专利申请文件 ……………………… 98
第二节　外观设计专利申请文件 ……………………………… 125

第五章　专利申请的程序 ………………………………………… 134
第一节　专利的申请及受理 …………………………………… 135
第二节　专利申请的审查 ……………………………………… 137
第三节　专利申请的复审 ……………………………………… 149
第四节　专利的国际申请 ……………………………………… 154

第六章　专利权的无效宣告 ……………………………………… 170
第一节　专利权无效宣告的提出与受理 ……………………… 171
第二节　专利权无效宣告请求的审理 ………………………… 179
第三节　专利权无效宣告程序中的证据问题 ………………… 189

第七章　专利权的实施与运用 ………………………………… 202
第一节　专利权的内容 …………………………………… 203
第二节　专利权的自愿实施 ……………………………… 211
第三节　专利权的强制许可与推广应用 ………………… 218

第八章　专利侵权与救济 ……………………………………… 232
第一节　专利侵权的判定 ………………………………… 232
第二节　不视为专利侵权的情形 ………………………… 238
第三节　专利侵权的救济 ………………………………… 244

第一章 专利制度概论

要点提示

本章重点掌握概念：1. 专利权及其特点；2. 专利制度；3. 行政和司法机关处理侵犯专利权纠纷的职能；4. 国防专利；5. 专利代理人和代理机构设立的条件

本章知识结构图

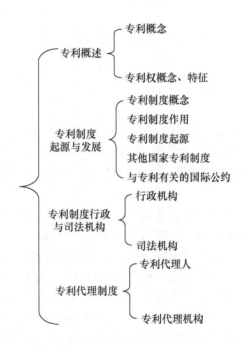

拓展贴士

我国的专利代理制度萌芽于改革开放之初。1984年《中华人民共和国专利法》（以下简称《专利法》）实施前后，各省市、各部委及一些实力雄厚的企业、院、所相继成立了专职或兼职的专利代理机构。经国务院批准,中国专利局发布《专利代理暂行规定》。1986年,全国专利代理人考核委员会成立,通过《专利代理人考核委员会章程》。1988年,首次举行全国专利代理人考试,"中华全国专利代理人协会"成立,1991年国务院颁布施行《专利代理条例》。2002年国家知识产权局发布《专利代理惩戒规则(试行)》,国家知识产权局和各省、自治区、直辖市知识产权局据此分别设立专利代理惩戒委员会。2003年国家知识产权局制定并实施《专利代理管理办法》。这些法规和规章的设立,初步构建了我国专利代理业的发展、管理框架。

人类社会文明进阶到工业革命时代,专利制度起着重要的引擎作用,专利制度加速了世界工业文明的步伐,促进了整个人类科技文化的传承和发展。专利制度引入中国不过几十年时间,对中国产业发展和结构调整的影响愈来愈深刻,对于将来中国经济社会的推动意义会更深远。

第一节 专利概述

一、专利概念

(一) 专利的概念

所谓专利,是由政府机关或者代表若干国家的区域性组织根据申请而颁发的一种文件,这种文件记载了发明创造的内容,并且在一定时间期限内产生这样一种法律状况,即获得专利的发明在一般情况下只有经专利权人许可才能予以实施。[1]

"专利"一词主要包含三种含义:第一,是指作为一种证书的专利。即通常所谓获得专利是指获得政府部门批准而颁发的"专利证书"。这种专利证书是权利人拥有专利的精神象征和法律凭证。权利人可能凭借此证书获得各种奖励和荣誉,并可以在专利转让、许可等运用中获得利益。第二,是指专利所保护的内容。专利是被政府机关或组织授予某项发明的一种独占权。为发明提供专利保护,就意味着任何人如果希望利用该项发明,就须得到专利权人的授权许可。反之,未经专利权人的授权许可而使用其发明专利都是违法的。第三,是指包含了技术、权利信息的专利文献。专利文献是记录有关发明创造信息的文献,广义包括专利申请书、专利说明书、专利公报、专利检索工具以及与专利有关的一切资料;狭义仅指各国(地区)专利局出版的专利说明书。专利文献信息可以供企业、科

---

[1] 国家知识产权局条法司:《新专利法详解》,知识产权出版社2001年版,第2页。

研院所等相关组织技术研发人员,乃至于社会公众查询、检索使用。

二、专利权的概念

(一)专利权的概念

专利权是一种无形财产权利,是依附于智力劳动成果上的权利,能给权利人带来经济利益,是专利法的核心内容。依照《专利法》的规定,所谓专利权是指申请人对其所获得的专利的发明创造,在法定期限内享有的独占权或专有权。未经专利权人许可,他人不得利用该专利技术。

专利权人享有排他性实施其专利权的权利。发明和实用新型被授予专利权之后,专利权人就拥有了为生产经营目的制造、使用、许诺销售、销售、进口其专利产品的权利,或者使用其专利方法,以及使用、许诺销售、销售、进口依照该专利方法直接获得的产品的权利。外观设计被授予专利权后,专利权人就拥有为生产经营目的制造、许诺销售、销售、进口其外观设计专利产品的权利。同时,广义的专利权还包括对专利的转让、许可、质押、标记等行使的权利。因此,专利权被授予后,任何单位或者个人未经专利权人许可,都不得实施其专利。就发明和实用新型专利权而言,不得为生产经营目的制造、使用、许诺销售、销售、进口专利权人的专利产品的权利,或者使用其专利方法,以及使用、许诺销售、销售、进口依照该专利方法直接获得的产品的权利。就外观设计专利权而言,他人不得为生产经营目的制造、许诺销售、销售、进口专利权人的外观设计专利产品的权利,同时还不得为生产经营目的而转让、许可、质押、标记其专利产品的权利。

专利权权利是有限制的。发明创造被获准专利后,专利权人有权采取行动反对任何单位或个人未经权利人许可而从事专有权范围内所包括的行为。但是专利权的实施也有例外情形,需要利用一些特殊措施来限制专利权人的专有权。如专利权人无正当理由未实施或者未充分实施其专利的,以及专利权人行使专利权的行为被依法认定为垄断行为,为消除或者减少该行为对竞争产生的不利影响的,国务院专利行政部门根据具备实施条件的单位或者个人的申请,可以给予实施发明专利或者实用新型专利的强制许可。又如,在国家出现紧急状态或者非常情况时,或者为了公共利益的目的,国务院专利行政部门可以给予实施发明专利或者实用新型专利的强制许可。还有前后关联的两项专利权的许可也需要实施强制许可,即一项取得专利权的发明或者实用新型比之前已经取得专利权的发明或者实用新型具有显著经济意义的重大技术进步,其实施又有赖于前一发明或者实用新型的实施的,国务院专利行政部门根据后一专利权人的申请,可以给予实施前一发明或者实用新型的强制许可。

(二)专利权的特征

专利权具有知识产权最基本的特性,即无形性、专有性、地域性和时间性。

1. 无形性

财产可分为有形财产和无形财产,而对这两种财产拥有的权利则分为有形财产权利和无形财产权利。拥有一栋房屋的物权就是典型的有形财产,要行使权利而转让它,标的是该房屋本身。而拥有一项发明创造的专利权往往是一种针对某种技术问题的新的解决方案,是一种看不见摸不着的无形财产权利,要行使权利而转让它,标的可能是根据其技术方案制造专利产品的制造权。因此,专利权作为典型的无形财产权利,具有明显的无形性。

2. 专有性

也可称独占性、排他性。一般情况下,专利权属于专利权利人所有,非经权利人许可,其他人都不得利用。同一主题的发明创造,国家只授予一项专利权,即使是不同主体不谋而合产生的同一发明创造也只能授予在先申请人的一项专利权;同时两项以上专利权不得同时保护相同的技术方案,例如某人可以就同样的主题同时申请发明和实用新型专利,如果要想获得发明专利权,就必须放弃先期获得授权的实用新型专利权。反之,专利权人一经许可,他人就可进行商业性利用,同时,专利还可以在同一时间由多个主体同时利用并获得收益。

3. 地域性

一个国家或区域组织授予的专利权,仅在该国地域或该组织区域内有效,在其他国家地域或组织区域没有法律效力。专利权的地域性是由专利法的国内法性质决定的。一件发明创造若要在某一国家得到保护,必须依该国专利法提出专利申请并取得专利。显然,未在一个国家取得专利权的发明创造,不能得到这个国家法律的当然保护。从这个层面上讲,人们利用那些在国外取得专利权但是在本国没有取得权利保护的技术,不会产生侵权问题。但是,一旦基于这样技术的产品出口到受保护的国家,就会有侵权的风险。同时,专利权人常常会利用专利的国际申请,在有市场应用价值的国家考虑专利的保护。

4. 时间性

专利权有法定的保护期限,在保护期限内,专利权人享有独占权。法律对专利技术的垄断权给予时间限制,是为了平衡专利权人和社会公众利益。在保护期内,专利权人可最大限度地利用专利获取利益,从而保证了专利权人对发明创造投入的回收。一旦期限届满或因故提前终止,该专利技术即进入公有领域,任何人都可以无偿利用其发明创造。

第二节 专利制度起源与发展

了解专利制度演进的主要目的,在于探讨该制度是如何被纳入法律规范体系内的,而立法者又是基于何种价值观和理论依据制定该法制,从而探索专利制度的立法宗旨。这有助于学习、研究专利制度的经济基础、法制环境和社会背景。

一、专利制度的起源

(一) 专利制度的概念

所谓专利制度,是政府或区域性组织授予发明人在一定期间享有独占的制造、销售、使用其发明的权利,同时要求发明人公开其发明内容,促进产业技术发展的制度。人类自农耕时代发展至今天的信息时代,到即将到来的宇宙飞船和航天技术日新月异的太空时代,其间科技之所以能迅猛发展,主要由于我们可在前人的技术基础上不断改良创新的结果。但在专利制度尚未问世之前,一方面在法律上欠缺保障发明的制度,不免使发明人将其发明作为独家秘方加以防护而不愿透露,于是不但使公众无法知悉他人的发明,不免重复投资研发,造成资源浪费;另一方面方由于发明欠缺一套完善的公开与维护的制度,发明人的权益得不到有效保护,发明人缺乏研发投入的积极性,从而造成社会乃至全人类文化传承的无谓的损失。而专利制度的产生,即在于鼓励发明人以公开其发明为条件,使其可以获得经济上的回报,以激励其从事技术研发及其持续投资,产业科技水平也因技术的公开而能提升①;同时赋予该发明人于一定期间享有排除他人未经同意而实施其发明的权利。

(二) 专利制度的作用

专利制度对于一个国家和社会所能够产生的作用,直接影响国家和社会的创新能力,同时也能反映专利法的立法宗旨。我国《专利法》第1条规定:"为了保护专利权人的合法权益,鼓励发明创造,推动发明创造的应用,提高创新能力,促进科学技术进步和经济社会发展,制定本法。"根据《专利法》的立法宗旨,可以了解专利制度对我国社会创新有着重要的作用。

1. 保护专利权人的合法权益

各国制定专利法,就是要通过建立专利制度,保护专利权人依法获得的专利权,从而鼓励创新。② 这是所有承认专利制度的国家制定并实施专利法的首要前提。所以专利权人对其所获得专利的发明创造,在法定期限内所享有的独占权或专有权,应当受到专利法的保护。根据我国《专利法》的规定,除明确规定的几种情形外,未经专利权人许可,任何人不得为生产经营目的制造、使用、许诺销售、销售、进口其专利产品,或者使用其专利方法以及使用、销售、进口依照该专

---

① 参见杨崇森:《专利法理论与应用》(修订三版),三民书局股份有限公司2013年版,第1页。
② 参见全国人大常委会法制工作委员会经济法室编著:《〈中华人民共和国专利法〉释解及实用指南》,中国民主法制出版社2009年版,第3页。

利方法直接获得的产品。否则,就构成对专利权的侵犯,侵权人应依法承担法律责任。我国《专利法》第七章"专利权的保护",对专利权的保护范围、侵犯专利权行为的法律责任以及免责情形、侵犯专利权的赔偿原则等,作了明确的规定,为保护专利权人的合法权益提供了法律依据。但是,专利权人也不得滥用专利权。专利制度不仅要充分维护专利权人的合法利益,也要充分顾及社会和公众的合法权益。如果权利人实施专利权超越于专利法应当保护之边界,就会触及社会和公众已有的合法权益。同时,为了社会和公众的合法利益,国家将对专利权人的专利实施强制许可,以平衡社会公众与专利权人之间的利益。我国《专利法》第六章"专利实施的强制许可",对专利权人未充分实施专利或具有垄断行为、为公共健康或公共利益需要等情形可以实施专利的强制许可使用。

2. 鼓励发明创新

国家需要创新才能促进经济社会发展,激励创新的主要途径之一就是要鼓励发明创造。经济发达国家无一不是通过鼓励发明创造、提高创新能力来促进经济发展的。从近年世界知识产权组织(WIPO)发布的全球专利申请和授权数量看,发达国家几乎名列前茅,占据了全球总量的大部分,而这些国家都是高收入国家。而以中国为代表的新兴市场国家由于处于科技迅猛发展的阶段,专利申请和授权量也逐年快速上升。发明人通过投入研发开展发明创造活动,并以此获得国家的专利授权,这对于鼓励发明创造,调动人们发明创造的积极性,吸引更多的资金、人力投入发明创造活动产生重要的作用。同时也有利于科学技术的不断进步和经济的不断发展,更有利于一个国家和民族的文化传承。

专利制度可使发明人获得经济利益和精神褒奖。对发明创造如不给予保障,人人都可无偿使用或仿制,则无法激发发明者新的研发动力。而专利制度不但可使发明人就其发明取得姓名权,获得业界、社会甚至国际上的名誉与尊崇,且可在权利存续期间取得独占制造使用其发明的权利。这种被依法授予专利权的发明创造,成为专利权人的财产权利,发明人可以通过自行实施专利取得收益,也可以通过转让其专利权而获得转让费,通过许可他人实施专利取得许可使用费,还可以用专利权作为投资入股、质押融资等,专利权人可以依此在经济上获得利益。这种精神上与经济上的双重报偿,可驱使人们积极运用其潜力,乐于从事发明创新,从而促进产业发展和社会进步。

3. 推动发明创造的应用

国家实施专利制度,不仅是要保护专利权人的合法权益,还要推动拥有专利权的发明创造的实际应用,从而推动国家的创新能力。

(1) 推动发明创造的实施。一般而言,发明创造的应用主要有以下几个方面:第一,专利权人自己实施专利。即权利人自己为生产经营目的制造、使用、许诺销售、销售、进口其专利产品,或者使用其专利方法以及使用、销售、进口依照该专利方法直接获得的产品。第二,专利权人允许他人实施其专利。即通过转让、许可等方式允许他人为生产经营目的制造、使用、许诺销售、销售、进口其专利产品,或者使用其专利方法以及使用、销售、进口依照该专利方法直接获得的产品。这两种方式都是专利权实施直接获得经济效益的直接途径和通常做法。第三,强制许可或指定许可他人实施专利。专利权人自己不实施,又不允许他人以合理条件实施其专利的,或者国有企、事业单位的发明专利,为了国家利益、重大公共利益需要等,国家可以依申请决定在批准的范围内强制许可实施其专利。被许可人应当支付合理的强制许可使用费。

(2) 推动专利信息的利用。发明创造的应用还应包括对专利信息的利用。科学技术的发展需要在以往技术的基础上加以传承和持续创新。国家授予专利权是以发明创造公开换取法律的保护。一般情形下,人们的创新需要在公开的发明创造之上投入新的研究开发。发明创造信息的公开,是指专利技术信息的文献公开。对专利文献信息的有效利用,是发明创造应用的主要方式之一。

4. 促进经济与科技发展

有形的自然资源总是有限的,比如石油、各种稀缺矿石等,终会枯竭。而专利有可能解决这些难题。专利会使新技术不断创造出来,代替原有技术。专利所形成的无形财产价值比起有形财产创造的价值更大,而且取之不尽、用之不竭,并为国家创造新的财富,以至于更好地促进经济和技术的发展,提升物质生活,造福于人类。

(三) 专利制度的起源

1. 专利制度的发端

专利制度,发端于 15 世纪的威尼斯。威尼斯在 1474 年 3 月公布了世界上第一部专利法,一般认为这部专利法是具有现代专利法特点的第一部专利法。[①] 此后中断了。

2. 英国专利制度的早期发展

14 世纪的英国开始实施专利特许政策。爱德华三世时代(1327—1377),英王为了振兴工业,谋求本国产业的繁荣,一方面采取保护本国关税政策,另一方面允许和鼓励外国技术家入境经营,并采取奖励及保护政策。对于入境的外国技术人员,国王便针对部分重要技术授以 Letters Patent,使其不受各地行会制度的限制,允许并鼓励外国技术人员入境经营,并给予奖励和保护。

17 世纪世界第一部成文专利法规诞生在英国。始于 1624 年公布的《垄断法》(Statute of Monopolies),成为世界首部成文专利法规,为英国现行专利法的开端,也即为世界各国专利制度的源头。

---

① 汤宗舜:《专利法教程》(第三版),法律出版社 2003 年版,第 7 页。

二、主要国家专利制度的发展

（一）英国

18世纪末，英国实施《垄断法》，导致欧洲大陆的国家技术和发明源源进入英国，蒸汽机、纺织机等发明，也普遍被社会所利用，《垄断法》促进了英国工业革命发生。1852年英国首次正式公布《英国专利法》，其与《垄断法》主要不同点为专利区域包括英伦三岛全部，以及授权之前将专利说明书等内容公告，使公众可以有提出异议的机会。自1852年修改《英国专利法》后，英国设立了专利局。《英国专利法》后来于1883年、1902年、1907年、1910年等多次修正，形成英国的近代专利法。并成为英联邦各国，如澳洲、爱尔兰、印度、斯里兰卡、新西兰等国专利法的母法。

《英国专利法》其后历经1949年修正、1977年修正，以及2005年修正的《英国专利法》，使其与世界知识产权组织（WIPO）于2000年在日内瓦签订的《专利法条约》及2000年修正的《欧洲专利公约》接轨，并使英国专利制度对申请人更加有利，准许以前丧失权利的若干情形得到保全。

（二）美国

美国在独立前以英国法为其基础，授予发明人专利。马萨诸塞州于1641年建立美国最早专利制度。1776年独立后，在制定宪法时（1787年），在宪法中明定"联邦议会……为促进科学及有关技艺的发展……对著作人与发明人……有赋予在一定期间对其著作与发明独占权利的权限"（第1章第8条）。

1790年美国制定了最早的《美国专利法》。该《美国专利法》规定采纳先发明人制度（直至2011年修改）和不承认专利申请权让与制度（至今如此）。早在1793年曾改采无审查主义，后来因发生对公知的发明与已获专利的发明都出现授予专利的弊端，于是在1836年，该法又恢复采用审查主义，成为世界上最早采用该主义的国家。而1836年的《美国专利法》大体成为现行《美国专利法》的核心。该法后来几经修改，成为1952年的《美国专利法》[①]，其后又经1975年、1980年、1984年、1988年、1994年等多次修正。最新的《美国发明法》则于2011年9月生效。其修正重点包括将专利申请从传统先发明主义改为先申请主义、废除冲突程序等，使美国专利法与全球大多数国家专利法接轨等。

（三）德国

德国1877年制定了《德国专利法》，后于1891年修正，采审查主义，且为提高专利的信用，采用了世界上最早的审查公告主义。同时在柏林设置德国专利局。《德国专利法》为挪威、瑞典、芬兰、丹麦等北欧国家及荷兰、奥地利等专利法

---

① 美国自1930年以来，承认植物专利。

的母法。1891年德国为了保护小发明，在世界上最早制定了《新型法》，该制度其后为意大利、西班牙、葡萄牙、日本等许多国家所采用。1936年制定新《德国专利法》，立法上转变为重视发明人，条文上采用发明人主义。1945年到1949年的四年间被迫中断了专利审批。第二次世界大战后，于1949年在慕尼黑设"德国专利局"，《德国专利法》于1953年修正。其后西德于1961年废止专利审判制度，将诉愿与无效的救济程序由专利局分离出来，由新创设的专利法院管辖。该法院设技术系统法官，使专利法院的审理事实上成为终审，避免过去漫长专利诉讼的弊端，使其快捷、合理。其后又于1967年，采用申请公开（早期公开）制度与审查请求（缓期审查）两种新制度。

1976年为了配合《欧洲专利公约》与实施《专利合作条约》，德国制定了《国际专利公约法》，对专利的实质要件等重新加以规定，于1978年施行。1979年又制定《共同专利法》，对授予专利的程序作了修改，废止申请公告制度，对于审查结果，认为具备专利要件的发明立即赋予专利。2009年10月德国的"专利简化和现代化法"生效，除强化与加速专利无效的诉之程序外，修正了现行职务发明的规定。

（四）法国

在法国大革命前，法国与其他欧洲国家相同，由国王赋予独占权。法国大革命后，国民议会于1791年制定《法国专利法》，此为法国最早的专利法。

《法国专利法》的最大特色为行政机关对发明的专利要件只作形式审查，至于发明是否值得专利，并不予审查，即采用所谓无审查主义。实施结果，欠缺专利要件的专利登记案件较多，发生纷争时，由法院以裁判予以解决。《法国专利法》后来于1844年全面修正，历经约120年至1968年都无重大修正。

由于技术的激烈竞争，无审查主义的弊端显著，不但对产业界不利，且在与《欧洲专利条约》的契合或国际公约的协调上也有问题。故1968年将《法国专利法》大加修正，采用审查主义式，即进行新颖性调查意见后授予专利。该法采保护小发明制度，与我国的实用新型制度一致。后来才有申请公开制。1978年修改，以配合《欧洲专利条约》。

（五）日本

日本1871公布"专卖简则"，为日本最早专利法的雏形。但是第二年就很快停止实行。

1885年，日本制定《专卖特许条例》，采用先发明主义与审查主义。专利期间定为5年、10年或15年，可由专利权人选择，后来将该《条例》公布之日（4月18日）定为日本的发明节。明治1888年制定《专利条例》，采先发明主义和审查原则。1889年修正,同年日本加入《巴黎公约》。①

1905年,以德国法为模板制定《实用新案法》,以保护在发明与意匠(相当于我国的外观设计)间事实上难于受到保护的实用性的小发明。其保护对象为物品的"形状、构造或组合有实用的新颖考案"。

第二世界大战后,随着新宪法颁布,于1948年修正《特许法》有关诉讼部分,将所谓审决取消诉讼,改由东京高等裁判所专属管辖。

1970年引进审查请求制度、早期公开制度与审查前置制度。1985年采用国内优先权制度,废止追加特许。1987年采用特许存续期间的延长制度及贯彻多项制。1991年制定"关于工业所有权手续等特例的法律",采用电子申请。1995年随着《与贸易有关的知识产权协定》(以下简称 TRIPS 协定)成立与日美包括经济协议的所有权修改法律,采用外国语书面申请、权利赋予后"专利异议申请"制度等。

日本于1999年废除与外观设计性质相仿的类似意匠专利。又于2011年公布新《日本专利法》,定于2012年4月施行。

三、中国专利制度沿革

(一) 中国古代的"专营""专利"思想

在我国古代的历史文献中多次提到"专利"一词。首次提出则是出自《史记·周本纪》关于周厉王时期的一段记载。大夫芮良夫谏厉王曰:"王室其将卑乎?夫荣公好专利而不知大难。……今王学专利,其可乎?匹夫专利,犹谓之盗,王而行之,其归鲜矣。"②周厉王胡重用好"专利"的荣公,大夫芮良夫对其相劝。这里已经出现"专利"的词语,意思是对"天地百物"等物质财富的"专擅财利"。

在我国历史上,专营、专卖独占权这种意义上的专利制度的萌芽远比西方国家早,春秋、西汉时即有对盐、铁、茶、丝等实行官办或商卖的垄断经营制度。

管子是盐铁专卖的鼻祖。管仲任齐国相提出了"官山海"的垄断集中的经济政策,主要是指盐铁官营,把山海资源收归国有,实行盐铁专卖。

武帝元狩四年(公元前119年),为了解决财源问题,决定对某些商品实行专卖。盐铁丞孔仅、咸阳建议国家出台盐铁专卖政策,专卖商品后来扩展到了酒。据《汉书·食货志》记载,武帝时期专卖商品似扩展到了鱼。西汉时的商品专卖仍集中盐铁等。

我国漫长的封建社会,经济和技术其实并不十分落后,尤其是农业、手工业

---

① 参见〔日〕吉藤幸朔:《专利法概论》,宋永林、魏启学译,专利文献出版社1990年版,第34—42页。
② 《史记·周本纪》。

领域。① 以手工业为例,唐代手工业已经发达,主要的产品,则有苎布、纸及丝织品等。宋代手工业更有进步,且有分工专门的趋向,制造技术,也因之益加精巧。……元自太祖起,即奖励工艺,每于战争中俘获工匠,必予以优待。世祖仍然重视工艺,因此当时工部的组织庞大,设官特多,也可想见当时手工艺的兴盛。② 但很遗憾的是,迄今未发现对手工技术、手工业产品授予类似专营、专卖之类的史实记载。

(二) 近代专利制度的萌芽

1. 洪仁玕《资政新篇》中的专利思想

清朝咸丰年间,已经有一些先进的知识分子主张实行专利制度,以此来鼓励本国人的发明创造活动,从而新办实业、振兴经济。洪仁玕就是当时先进思想的代表人物。他是将西方专利制度思想介绍到我国的第一人。1859 年,他被太平天国天王洪秀全任命为总理,主持朝政,他提出了具有资本主义色彩的《资政新篇》,鼓励发展私人企业。提出了授予专利的设想及其专利到期后的用途。他还认为器皿发明创造要以"益民"为原则,凡是进行此类创造发明的,都应受到鼓励,并给予保护,允许其"自创"或"自售",他人不得仿造,仿制者将受到法律的制裁。③ 随着太平天国革命的失败(1864 年),洪仁玕的专利思想并没有得到实施。

2. 郑观应与"十年专利"

1881 年实业家郑观应向北洋大臣李鸿章提出专利申请,要求给上海机器织布局采用新技术纺纱织布以专利保护,1882 年 8 月经光绪皇帝批准赐予上海机器织布局的上述技术以"十年专利"。这是我国近代史上的第一件专利。此后,专利在我国开始时兴起来,不断有人就其新技术和新工艺提出专利申请,批准专利的数量日渐增多,但是没有形成专利制度。

3. 维新运动背景下的《振兴工艺给奖章程》

在维新运动的推动下,清光绪年间总理衙门于 1898 年 7 月 12 日颁布了《振兴工艺给奖章程》,共有 12 条,主要有 3 条是有关专利的。④ 但是,在《振兴工艺给奖章程》颁布仅两个月后,慈禧太后就发动了政变,将维新运动镇压下去,《振兴工艺给奖章程》也随之流产了,使当时刚刚兴起的专利萌芽遭到扼杀。

---

① 北魏贾思勰的《齐民要术》、明代宋应星的《天工开物》和徐光启的《农政全书》等著作里面有非常翔实的记载。如《天工开物》记述了中国 16~17 世纪农业、工业和手工业 18 个生产部门的生产工艺和经验,如农植物种植方法,纺织用具及操作方法,谷物加工、制盐制糖工序,砖瓦缸瓮和陶瓷的制造,榨油、造纸的方法,车、船、武器的制作,矿物开采等等。书中还附有一百二十幅插图。

② 傅乐成:《中国通史》(下册),贵州教育出版社 2010 年版,第 555 页。

③ 洪仁玕:《资政新篇》,王重民校录,选自金毓黻、田余庆等编辑:《太平天国史料》,中华书局出版 1955 年版,第 39—40 页。

④ 朱寿朋编:《光绪朝东华录》,中华书局 1958 年版,第 4128 页。

(三) 民国时期的专利制度

1.《奖励工艺品暂行章程》

1912年12月12日,北洋政府工商部就制定并公布了《奖励工艺品暂行章程》。① 《奖励工艺品暂行章程》全文只有13条,已经确立之后专利法的重要原则,如采纳审查制度、受奖励的工艺制造品实施的必要性、假冒奖励标识承担刑责等。《奖励工艺品暂行章程》共实行了8年,是北洋政府工商部颁布的第一部单一性发明和改良制造品的奖励制度。1923年3月31日,北洋政府工商部修正后公布了《暂行工艺品奖励章程》②,全文增至19条。《暂行工艺品奖励章程》确立了几项专利法基本原则,首创性和进步性的专利要件,方法专利的授予,先申请主义的采纳等。这是北洋政府工商部颁布的第一部专利法规。1928年6月16日,南京国民政府工商部颁布了《奖励工艺品暂行条例》③,废止了先前颁行的《暂行工艺品奖励章程》。《奖励工艺品暂行条例》确立了年费的缴纳、民事赔偿以及专利权标示的内容。

2.《奖励工业技术暂行条例》

1932年9月30日,南京国民政府实业部颁布了《奖励工业技术暂行条例》。④ 此次颁布的这个条例较以前颁布的规章完整一些,其专利权的期限改为10年和5年两种,取消了褒奖。《奖励工业技术暂行条例》首次规定了审查确定、雇佣关系中的专利权利归属、追加奖励、再审查制度、公众审查的异议制度、以及利用他人发明为再发明时应给付报酬的授权制度。1934年,国民政府修订了《奖励工业技术暂行条例》,扩大了保护范围,增加了新型(即实用新型)和新式样(即外观设计)两种专利;规定对发明专利给予10年或5年的专利权,对新型专利给予5年或3年的专利权,对新式样专利给予5年的专利权。此后,申请专利的数量略有增加。

3.《专利法》

1944年5月29日南京国民政府立法院颁布《专利法》。⑤ 这是我国历史上的第一部正式的专利法律。全文分为发明、新型、新式样和附则四章,该部法律四章共计133条。1944年《专利法》沿袭了《奖励工艺品暂行章程》及其历次修正确定的基本原则,确立了至今我国台湾地区"专利法"的架构。这部《专利法》颁布后,经过3年,于1947年9月24日公布了《专利法实施细则》共计51条。从1949年1月1日起,该"专利法"及其实施细则在我国台湾地区

---

① 参见秦宏济:《专利制度概论》,商务印书馆1945年版,第135页。
② 同上书,第136页。
③ 同上书,第138页。
④ 同上书,第141页。
⑤ 同上书,第155—170页。

开始实施。

(四) 中华人民共和国的专利制度

1. 从中华人民共和国成立初期到 20 世纪 80 年代初期的专利制度

(1)《保障发明权与专利权暂行条例》

1950 年 8 月 1 日中央人民政府政务院颁布了《保障发明权与专利权暂行条例》，这是中华人民共和国颁布的第一部有关专利的法规。《保障发明权与专利权暂行条例》实行申请审查制度、规定了专利权的保护范围和专利权的期限、规定再审查制度等。

(2) 有关发明和技术改进的奖励制度

在 20 世纪 50 年代直至 80 年代，为了鼓励发明创造和技术改进，政务院(国务院)及其有关部门颁发了一系列有关条例和规定，其中主要有：(1) 1950 年 8 月 11 日，政务院颁布的《关于奖励有关生产的发明、技术改进及合理化建议的决定》；(2) 1954 年 5 月 6 日，政务院颁布的《有关生产的发明、技术改进及合理化建议的奖励暂行条例》；(3) 1963 年 11 月 3 日，国务院颁布的《发明奖励条例》；(4) 1963 年 11 月 3 日，国务院颁布的《技术改进奖励条例》，1978 年 10 月 18 日重新发布了 1963 年 11 月制定的《技术改进奖励条例》；(5) 1978 年 12 月 28 日修订并颁布的《发明奖励条例》；(6) 1982 年 3 月 16 日发布的《合理化建议和技术改进奖励》。[1]

2. 1984 年制定中华人民共和国第一部专利法

(1) 社会背景

1978 年 12 月党的十一届三中全会以后，我国制定了改革开放的方针政策，经济体制进入了一个新时期。在这种新形势下，对外开放、企业改革、科技体制改革等产生了迫切建立专利制度的客观需要。《专利法》终于在 1984 年 3 月 12 日第六届全国人大常委会第四次会议上审议通过。《专利法》的诞生是我国专利制度建立的里程碑，它标志着我国保护发明创造的专利制度进入了一个新的历史时期。

(2) 1984 年《专利法》的特点

我国 1984 年《专利法》是一部框架体系相对完整的知识产权法。该法具有以下特点：

第一，三种专利合为一法保护。

为了充分调动发明创造者的积极性，鼓励广大群众从事小发明(即实用新型)和外观设计的能动性，专利的保护范围包括发明、实用新型与外观设计三

---

[1] 赵元果编著：《中国专利法的孕育与诞生》，知识产权出版社 2003 年版，第 10—11 页。

种,统称专利法。①

第二,专利保护客体和期限限制。

考虑到我国当时科学技术和工业发展水平不高,加上实行专利制度还缺乏经验,为了保护本国工业的利益,对某些技术领域(如食品、饮料和调味品,药品和用化学方法获得的物质等)的发明暂不授予专利。同时专利的保护期限也不能定得很长。如规定发明专利权的期限为15年,实用新型和外观设计专利权的期限为5年,自申请日起计算,期满前专利权人可以申请续展3年。

第三,实行专利审查制。

为了保证授权质量,我国实行专利审查制度。发明专利实行实质审查,按照专利的新颖性、创造性和实用性进行审查;对实用新型和外观设计专利申请,只进行形式审查,通过后登记即授予专利权。这样,对小发明尽快为社会所用提供了方便,有利于专利技术的传播。专利审查具体程序为早期公开、延迟审查制和登记制并存。

第四,司法审判与行政处理专利纠纷相结合。

对于侵权行为,专利权人或利害关系人可以请求专利管理机构进行处理,也可以直接向人民法院起诉。

第五,符合国情兼具有国际化。

1984年《专利法》体系适应我国当时的经济和科技发展水平,也采用了尽可能符合国际公认的《巴黎公约》等准则和惯例的规定,对外国人来中国申请专利按照条约或者互惠原则给予国民待遇,没有针对外国专利权人规定许多限制,因而它既能符合我国国情,又基本上符合专利制度国际化发展趋势。

3. 我国《专利法》的三次修改

(1) 1992年第一次修改《专利法》②

《专利法》的实施极大地鼓励了我国各单位和个人的发明创造积极性,专利申请量连年大幅度增长,促进了经济的发展。同时,由于在制定《专利法》时缺乏实践经验,原有《专利法》在实施过程中也暴露出一些缺点和不完善之处需要通过修改加以补充和完善。

1992年1月由于减少贸易摩擦而举行的中美两国政府之间的知识产权问题谈判也达成协议,并签署了《关于保护知识产权的谅解备忘录》。同时我国正在积极争取恢复在关贸总协定中的缔约国地位,参与了1991年12月乌拉圭回合谈判,初步达成了TRIPS协定。我国为了履行对外承诺的义务,同时也为了

---

① 参见黄坤益:《关于〈中华人民共和国专利法(草案)〉的说明》,1983年12月在全国人大常委会第三次会议上的发言,载《中华人民共和国国务院公报》1984年第06期。

② 参见高卢麟:《关于〈中华人民共和国专利法修正案(草案)〉的说明》,载《中华人民共和国国务院公报》1992年24号,第948—952页。

使我国的专利保护水平进一步向国际标准靠拢,也需要对《专利法》的有关规定作适当的修改。

为此,1992年9月4日第七届全国人大常委会第27次会议通过了《关于修改〈中华人民共和国专利法〉的决定》,并于1993年1月1日正式实施。1992年12月12日国务院批准修订了《中华人民共和国专利法实施细则》,于1993年1月1日起施行。

1992年《专利法》修改的主要内容如下[①]:第一,扩大了专利保护的技术领域。专利保护原则上适用于所有技术领域,使我国专利保护水平更接近国际标准。第二,延长专利保护的期限。发明专利权自15年延长至20年,实用新型和外观设计专利权均由8年延长至10年。第三,增加了专利权的进口权。即专利权人有权阻止他人未经专利权人许可,以经营为目的进口其专利产品或进口依照其专利方法直接获得的产品。第四,增设本国优先权。增加了申请人自发明或者实用新型在中国第一次提出专利申请之日起12个月内,又向专利局就相同主题提出专利申请的,可以享有优先权。第五,修订了强制许可的条件。要求具备实施条件的单位以合理的条件请求专利权人许可实施其专利,如果未能在合理的时间内获得许可时,专利局可以根据申请给予强制许可。

(2) 2000年第二次修改《专利法》[②]

随着国际国内形势的变化以及1992年《专利法》在实施中出现了一系列新问题,对《专利法》的再次修改已势成必然。第一,与国际条约接轨。这次修正的直接动机是中国为加入世界贸易组织(WTO),需要满足TRIPS协定的要求。同时,我国已经加入《专利合作条约》,在处理专利国际申请问题上需要与条约有关规定相衔接。第二,市场经济体制发展的需要。2000年正值我国积极发展市场经济,现行《专利法》的有些规定与市场经济的发展不大适应。同时,我国专利制度建立时间较短,公众尊重他人专利意识薄弱,专利侵权的情况相对严重,现实情况要求进一步完善专利制度。

2000年8月25日,第九届全国人大常委会第17次会议表决通过了《关于修改〈中华人民共和国专利法〉的决定》,于2001年7月1日起施行。

主要修改内容:第一,完善了职务发明制度。新法一律改为职务发明创造的专利权归单位所有,非职务发明创造的专利权归发明人、设计人所有。第二,进一步完善专利保护制度。增加或修改规定许诺销售、诉讼时效、检索报告、侵权赔偿额的计算方法、假冒他人专利的处罚等。第三,就处理专利国际申请问题与

[①] 参见高卢麟:《关于〈中华人民共和国专利法修正案(草案)〉的说明》,载《中华人民共和国国务院公报》1992年第24期。

[②] 参见姜颖:《关于〈中华人民共和国专利法修正(草案)〉的说明》。2000年4月25日在第九届全国人大常务委员会第15次会议上。《中华人民共和国全国人民代表大会常务委员会公报》2000年第05期。

《专利合作条约》相衔接,增加规定提出专利国际申请、处理专利国际申请的程序等内容。

(3) 2008年第三次修改《专利法》[①]

2000年《专利法》实施以来,对鼓励和保护发明创造,促进科技进步和创新,推动我国经济社会发展,发挥了重要作用。随着国内、国际形势的发展,需要进一步完善我国专利法律制度:第一,提高自主创新能力的需要。需要通过修改、完善《专利法》,进一步加强对专利权的保护,激励自主创新,促进专利技术的实施,推动专利技术向现实生产力转化,缩短转化周期。第二,是适应国际公约和协议新发展的需要。《关于〈与贸易有关的知识产权协定〉与公共健康的宣言》和《修改〈与贸易有关的知识产权协定〉议定书》允许世贸组织成员突破TRIPS协定的限制,在规定条件下给予实施药品专利的强制许可;《生物多样性公约》对利用专利制度保护遗传资源做了规定,我国作为遗传资源大国,需要通过修改现行《专利法》,行使《生物多样性公约》赋予的权利。

主要修改内容:第一,提高专利授权标准。新法采用了"绝对新颖性标准",规定授予专利权的发明创造在国内外都没有为公众所知。为进一步提高外观设计专利的质量,规定对平面印刷品的主要起标识作用的设计不授予专利权。第二,明确侵犯专利权的赔偿应当包括权利人维权的成本,加大对违法行为的处罚力度,并增加了法定赔偿的规定。第三,对不视为侵权的情形作了增补。新法在不视为侵权的情形中增加一项:为提供行政审批所需要的信息,拟制造药品或者医疗器械的单位或者个人制造专利药品或者专利医疗器械的。第四,根据《修改〈与贸易有关的知识产权协定〉议定书》规定,增加了为公共健康目的,对在中国取得专利权的药品实施强制许可的国家或成员国的情形的规定。根据《生物多样性公约》规定,增加了这样的规定:依赖遗传资源完成的发明创造,申请人应当申明该遗传资源的直接来源和原始来源;无法申明原始来源的,应当说明理由。并明确遗传资源的获取或者利用不授予专利权的情形。

四、与专利相关的国际条约的产生与发展

(一)《巴黎公约》

《巴黎公约》是世界上第一个保护工业产权的国际公约,它首次确立了国际工业产权的保护范围和基本框架。同时,其确立的国民待遇原则、优先权原则等原则使得国际间知识产权合作更加普遍和有效。

[①] 参见田力普:《关于〈中华人民共和国专利法修正案(草案)〉的说明——2008年8月25日在第十一届全国人民代表大会常务委员会第四次会议上》,载《中华人民共和国全国人民代表大会常务委员会公报》2009年第01期。

国民待遇原则是跨国知识产权保护的基础。按照《巴黎公约》规定,在工业产权保护方面,每一个《巴黎公约》成员国必须给予其他的成员国国民相同于本国国民的待遇,因此每个成员国国民均可在其他成员国享有包括商标、专利、工业品外观设计、地理标志等工业产权。我国于1984年12月19日申请加入了《巴黎公约》斯德哥尔摩修订本,1985年3月19日正式成为《巴黎公约》成员国。在此基础上,我国国民可提前在出口贸易国依据该国法律进行商标注册、专利申请等获取工业产权。

《巴黎公约》在实体上确定了成员国工业产权的保护范围和基本框架,同时也在程序上确定了成员国之间的知识产权的获取可能性,这无疑为跨国贸易中知识产权的获取和保护提供了巨大便利。但在实践中,由于各国法律、语言的多样性,申请人如通过《巴黎公约》同时在多个成员国获得专利权等工业产权,不仅要熟知各成员国的相关法律,更要用不同的语言提交申请文本。

(二)《专利合作条约》

《专利合作条约》(以下简称为 PCT)是一份拥有超过 150 个缔约国的国际条约。[1]通过 PCT,申请人只需提交一份"国际"专利申请(而不是分别提交多个不同国家或地区的专利申请),即可请求在为数众多的国家中同时对其发明进行专利保护。专利权的授予仍由各国家或地区专利局负责,这称为"国家阶段"。

(1) PCT 所称专利的范围。根据 PCT 第 2 条"定义"规定,PCT 所称专利的范围仅限于发明专利。

(2) PCT 规定申请人的范围。PCT 规定申请人的范围即凡是缔约国的任何一居民或国民、保护工业产权巴黎公约任一缔约国的居民或国民,均有权提交国际专利申请。如果国际申请中有多个申请人,只要有一名申请人满足这一要求即可。

(3) PCT 程序对申请人、专利局和普通公众有诸多好处。[2] (a) 与不使用 PCT 相比,申请人可以多获得长达 18 个月的时间,来考虑是否值得在外国寻求保护、在各国聘请当地代理人、准备必要的翻译并缴纳国家费用;(b) 只要国际申请符合 PCT 规定的形式要求,任何 PCT 缔约国的专利局在国家阶段处理中都不能以形式方面的理由予以驳回;(c) 国际检索报告和书面意见含有发明专利性的重要信息,为申请人决定如何采取下一步行动提供了坚实的基础;(d) 申请人有机会在可选的国际初步审查阶段修改国际申请,与审查员对话以对申请进行充分辩解,并且在各国家专利局处理之前使申请就绪;(e) 国际申请附具的

---

[1] PCT 于 1970 年 6 月 19 日由 35 个国家在华盛顿签订。1978 年 6 月 1 日开始实施,先后经历了 1979 年 9 月 28 日修订、1984 年 2 月 3 日修订、2001 年 10 月 3 日修订。PCT 由总部设在日内瓦的世界知识产权组织管辖,现在已有 152 个缔约国。

[2] 参见 http://www.wipo.int/pct/zh/,2018 年 7 月 27 日访问。

国际检索报告、书面意见以及专利性国际初步报告可以显著减少国家阶段各专利局的检索和审查工作;(f)如果缔约国签订有 PCT 专利审查高速公路(PCT-PPH)协议或类似协议,则在其国家阶段,申请人还有可能加快审查程序;(g)由于在公布每一份国际申请时,还要同时公布国际检索报告,因此第三方可以更好地评估要求保护的发明的专利性;(h)对于申请人而言,在线国际公布能让发明为全世界所了解,申请人还可通过 PATENTSCOPE 表明签订许可协议的意愿,这是进行广告和寻找潜在被许可人的有效途径;(i)申请人还可以节约用于文件准备、通信和翻译等其他方面的费用,因为国际阶段所完成的工作在各国家局一般不再重复(例如,申请人只需提供一份优先权文件副本,而无需提供多份副本);(j)如果申请人的发明在国际阶段结束时看起来无法获得专利,那么申请人可以放弃 PCT 申请,从而节省在各国聘请当地专利代理人、准备必要译文和缴纳国家费用等方面的花费,而这些花费在直接向外国寻求保护时将已经发生。

(三)《国际承认用于专利程序的微生物保存布达佩斯条约》

《国际承认用于专利程序的微生物保存布达佩斯条约》(以下简称《布达佩斯条约》)的产生,是为申请生物材料专利提供了一种实用的业务解决方案。《布达佩斯条约》所涉及的发明,可以称之为"微生物发明"。微生物发明就是对一种微生物本身或者对其利用的发明。这类发明在制药工业领域起着重要的作用,特别是在抗生素的生产中。[1]

为了取得可靠的保护而申请微生物发明专利时,涉及发明内容如何公开的问题。通常发明以书面说明的方式来公开,然而微生物不能或者不能充分地用文字、绘图、图表来表达清楚,而需要提供微生物样品公之于众,否则就不能满足充分公开的要求。然而微生物保存需要专门的技术和设备,使得微生物能够存活,保护其不受污染,并使人们的健康和环境不受污染。提供微生物样品同样需要专门的技术和设备,一般不会保存在一个国家专利部门,因为它不仅是为了专利程序,还有其他用途,比如科学研究、行政工作需要,同时还具有保存费用昂贵、保存困难、使用多国语言要求等特点。这就需要一个国际机构来专门解决。1973年英国专利局首先提议,建议 WIPO 研究以一处保存微生物代替多处保存的可能性。1977年4月27日,布达佩斯外交会议通过了一个有20条条款的条约,称为《国际承认用于专利程序的微生物保存布达佩斯条约》。截至目前,大约有80个国家向一个国际保藏单位进行国际承认的保藏。中国是1995年4月1日加入《布达佩斯条约》,1995年7月1日生效。

---

[1] 世界知识产权组织国际局编:《专利法讲座资料汇编》,专利法讲座翻译组译,专利文献出版社1985年版,第621页。

（四）《国际专利分类斯特拉斯堡协定》

1971年在斯特拉斯堡外交会议上由巴黎联盟成员通过了《国际专利分类斯特拉斯堡协定》(简称《斯特拉斯堡协定》)。根据《斯特拉斯堡协定》建立了国际专利分类法（简称IPC）。IPC提供了一种由独立于语言的符号构成的等级体系，用于按所属不同技术领域对专利和实用新型进行分类，标示于专利文献（公开公报、专利说明书等）上。[①]

IPC分类制度的意义在于，在专利文献上标明专利分类，对于专利审查和广泛查阅专利文献是必不可少的。凡是实施了专利制度的国家几乎都有专利文献，它不仅指发明专利的出版物，也包括发明专利申请案的出版物，此外还包括其他与发明有关的各种文献（发明人证书、实用新型等）。近年来，世界每年发现的专利文献数量，已达千万件。专利文献中包含了所有人类在技术领域的知识进展的一切事务。由于专利文献数量巨大，涉及所有的技术领域，查阅起来相当的复杂。这就需要一种制度，它可以区分出任何一个特定的技术领域文献来，使得专利文献中包含叙述的发明内容涉及一个或几个技术领域内的技术情报都能检索到。

任何国家，无论参加了IPC联盟与否，都有权使用IPC。目前为止，《斯特拉斯堡协定》所有的签约成员共有62个。中国1996年6月17日加入，但依据第4条第4款第1项和第4条第4款第2项作出保留。

（五）建立《工业品外观设计国际分类洛迦诺协定》

巴黎联盟成员国外交会议1968年在瑞士洛迦诺举行，通过了《工业品外观设计国际分类洛迦诺协定》，简称《洛迦诺协定》，它是巴黎联盟成员国间签订的专门协定之一，该协定于1971年正式生效。由《洛迦诺协定》建立洛迦诺分类（LOC），它是一种工业品外观设计注册用国际分类。这个国际分类法是一种商品分类法，即是一个与工业品外观设计结合在一起的商品分类法，而不是形式上的分类法。

按照《洛迦诺协定》规定，巴黎联盟成员国间签订的专门协定主要适用巴黎联盟成员国。截至目前，《洛迦诺协定》所有的签署国54个。1996年6月17日，中国政府向世界知识产权组织递交加入书，1996年9月19日中国成为《洛迦诺协定》成员国。

[①] 参见 http://www.wipo.int/classifications/ipc/zh/，2018年7月27日访问。

第三节 中国专利制度的行政与司法机构

引导案例

原告珠海富腾打印耗材有限公司(以下简称"富腾公司")诉被告广东省知识产权局不服行政处理决定纠纷一案[①]

广东省知识产权局于2015年11月作出粤知执处字(2015)第9号专利纠纷案件处理决定书(以下简称"被诉处理决定"),确认珠海富腾公司侵犯了三星电子株式会社拥有的名称为"硒鼓(一)"、专利号为zl20103062×××.8的外观设计专利权;责令富腾公司立即停止侵权行为,即停止制造与zl20103062×××.8外观设计专利相近似的硒鼓产品。

珠海富腾公司不服该决定,向本院提起诉讼称:1.按行政区域划分,珠海市区内的行政专利纠纷案件的处理本应由珠海市知识产权局管辖,珠海富腾公司地处珠海市区,而且本案案情简单、案值不高,不应由广东省知识产权局直接进行处理。广东省知识产权局直接到珠海富腾公司处进行调查、勘验、取证和作出专利纠纷案件处理决定书,有越权处理的嫌疑。2.广东省知识产权局在庭审过程进行了简化处理,没有给珠海富腾公司充分陈述的机会。3.广东省知识产权局在现场勘验时,珠海富腾公司的法定代表人和授权代表均未到场,广东省知识产权局直接询问普通员工李冬至并记录该员工的答复作为证词,调查笔录也只有该员工的签名,取证环节违规。……

广东省知识产权局答辩称:一、关于行政程序的问题。1.管辖权方面,《中华人民共和国专利法》第三条第二款明确规定:"省、自治区、直辖市人民政府管理专利工作的部门负责本行政区域内的专利管理工作。"第六十条规定"未经专利权人许可,实施其专利,即侵犯其专利权,引起纠纷的,由当事人协商解决;不愿协商或者协商不成的,专利权人或者利害关系人可以向人民法院起诉,也可以请求管理专利工作的部门处理……"。因此,广东省知识产权局对粤知执处字(2015)第9号案有管辖权。2.保障当事人陈述权利方面,2015年9月8日,广东省知识产

[①] 摘编自中华人民共和国广州知识产权法院行政判决书(2016)粤73行初2号。

局对粤知执处字(2015)第9号案进行了口头审理,珠海富腾公司和三星电子株式会社均充分表达了意见,并不存在珠海富腾公司所称没有给其充分陈述的机会。3.现场勘验方面,根据《广东省专利条例》第三十条和第三十一条规定,广东省知识产权局处理专利侵权纠纷案件可以询问当事人或者有关人员,调查与案件有关的情况,有关人员应当如实回答询问,并协助调查或者检查,因此,广东省知识产权局实施现场勘验检查调查符合规定。……

广州知识产权法院认为,《中华人民共和国行政诉讼法》第六条规定:"人民法院审理行政案件,对行政行为是否合法进行审查。"依照上述规定,本院从行政行为的职权、程序、事实认定及法律适用等方面对被诉处理决定的合法性进行全面审查。

在职权方面,《中华人民共和国专利法》第三条第二款规定:"省、自治区、直辖市人民政府管理专利工作的部门负责本行政区域内的专利管理工作";第六十条规定:"未经专利权人许可,实施其专利,即侵犯其专利权,引起纠纷的,由当事人协商解决;不愿协商或者协商不成的,专利权人或者利害关系人可以向人民法院起诉,也可以请求管理专利工作的部门处理。管理专利工作的部门处理时,认定侵权行为成立的,可以责令侵权人立即停止侵权行为……"广东省知识产权局是广东省管理专利工作的行政机关,有权根据权利人的请求处理广东省行政辖区内的专利侵权纠纷。本案三星电子株式会社请求处理的被控侵权行为发生在珠海市,属于广东省行政辖区内的专利侵权纠纷,广东省知识产权局有权处理本案纠纷。珠海富腾公司起诉认为广东省知识产权局越权处理本案纠纷没有事实和法律依据,该项起诉理由不能成立,法院不予采纳。

一、专利制度的行政机构设置

(一)中国专利行政部门的设置

中国专利行政部门依法而设置。国务院专利行政部门和省、自治区、直辖市人民政府管理专利工作的部门由《专利法》加以规定。《专利法》第3条规定:"国务院专利行政部门负责管理全国的专利工作;统一受理和审查专利申请,依法授予专利权。省、自治区、直辖市人民政府管理专利工作的部门负责本行政区域内的专利管理工作。"根据《专利法》规定,我国专利行政部门主要包括国务院专利行政部门和省、自治区、直辖市人民政府管理专利工作的部门。设立国务院专利行政部门,主要是考虑专利制度具有全国统一、涉及的技术领域相当广泛和复杂的特点,专利管理的权限应当适当集中。目前对专利申请的受理、审查、批准、复审等都是由国务院专利行政部门统一负责。设立省、自治区、直辖市人民政府管理专利工作的部门,主要是考虑根据本省、自治区、直辖市区域范围内当事人的请求,依法处理专利侵权纠纷,依法查处假冒专利的行为,同时推动本区域专利的创造、保护、运用,促进国家知识产权战略的具体实施。国务院专利行政部门即是国家知识产权局,由国家市场监督管理总局管理。各省、自治区、直辖市人民政府管理专利工作的部门即是各省级部门设立的知识产权局,相应的是省级市场监督管理部门管理。

(二)国务院专利行政部门及其主要职能

根据《专利法》第3条的规定,国务院专利行政部门负责管理全国的专利工作。国家知识产权局是国务院专利行政部门,负责管理全国的专利工作。

2018年3月中共中央《深化党和国家机构改革方案》指出,为解决商标、专利分头管理和重复执法问题,完善知识产权管理体制,将国家知识产权局的职责、国家工商行政管理总局的商标管理职责、国家质量监督检验检疫总局的原产地地理标志管理职责整合,重新组建国家知识产权局,由国家市场监督管理总局管理。

重新组建的国家知识产权局的主要职责是,负责保护知识产权工作,推动知识产权保护体系建设,负责商标、专利、原产地地理标志的注册登记和行政裁决,指导商标、专利执法工作,等等。商标、专利执法职责由市场监管综合执法队伍承担。

(三)国防专利机构及其主要职责

国防科学技术工业主管部门和中央军委装备发展部为国防专利机构。国防专利是国家专利的一种特殊形式,国外称为保密专利。国家知识产权局专利局受理的专利申请是普通专利,而涉及国防利益以及对国防建设具有潜在作用需要保密的发明专利,是国家发明专利的一种特殊类型,须由国防专利机构受理。根据《国防专利条例》第2条的规定,所谓国防专利,是指涉及国防利益以及对国防建设具有潜在作用需要保密的发明专利。《国防专利条例》第3条规定:"国家国防专利机构(以下简称国防专利机构)负责受理和审查国防专利申请。经国防专利机构审查认为符合本条例规定的,由国务院专利行政部门授予国防专利权。国务院国防科学技术工业主管部门和中国人民解放军总装备部(以下简称总装备部)分别负责地方系统和军队系统的国防专利管理工作。"但2016年1月,总装备部改为中央军委装备发展部,故法律相应改动为中央军委装备发展部。具体而言,国务院国防科学技术工业主管部门和中央军委装备发展部分别是负责地方系统和军队系统的国防专利管理工作机构。

国防专利机构的主要职责是负责受理和审查国防专利申请,并受国务院专利行政部门委托,颁发国防专利证书;负责国防专利的实施;负责国防专利的管理;应当事人申请,负责调解国防专利纠纷。

除了在国家层面设立国防专利机构外,有关主管部门和地方国防科技工业管理部门也设立国防专利管理机关。根据《国防专利条例》第30条第1款的规定,国务院有关主管部门、中国人民解放军有关主管部门和各省、自治区、直辖市的国防科学技术工业管理部门应当指定一个机构管理国防专利工作。该管理国防专利工作的机构在业务上受国防专利机构的指导。

(四)地方管理专利工作的部门及其主要职责

根据《专利法》第3条第2款的规定,省、自治区、直辖市人民政府管理专利工作的部门负责本行政区域内的专利管理工作。又根据《专利法实施细则》第79条的规定,管理专利工作的部门,是指由省、自治区、直辖市人民政府以及专利管理工作量大又有实际处理能力的设区的市人民政府设立的管理专利工作的部门。具体而言,各地方政府要根据实际情况和依据《地方各级人民代表大会和地方各级人民政府组织法》而设立,一般而言是本级政府专利工作部门,如知识产权局,有的也可以是本级政府确定的其他负责专利工作的部门,如科技主管部门。

省级政府管理本行政区域的专利工作的职责,主要是:第一,处理专利侵权纠纷。根据《专利法》第60条规定,未经专利权人许可,实施其专利引起纠纷的,当事人不愿协商或者协商不成的,专利权人或者利害关系人可以请求管理专利工作的部门处理。管理专利工作的部门处理时,认定侵权行为成立的,可以责令侵权人立即停止侵权行为,当事人不服的,可以自收到处理通知之日起15日内向人民法院起诉;侵权人期满不起诉又不停止侵权行为的,管理专利工作的部门可以申请人民法院强制执行。第二,调解专利纠纷。依据《专利法》第60条规定,应当事人的请求,管理专利工作的部门可以就侵犯专利权的赔偿数额进行调解。同时,《专利法实施细则》第85条规定,管理专利工作的部门应当事人请求,可以对下列专利纠纷进行调解:专利申请权和专利权归属纠纷;发明人、设计人资格纠纷;职务发明创造的发明人、设计人的奖励和报酬纠纷;在发明专利申请公布后专利权授予前使用发明而未支付适当费用的纠纷;其他专利纠纷。第三,查处假冒专利行为。管理专利工作的部门发现或者接受举报发现涉嫌假冒专利行为的,应当及时立案,并指定两名或者两名以上案件承办人员进行调查。查处假冒专利行为由行为发生地的管理专利工作的部门管辖。管理专利工作的部门对管辖权发生争议的,由其共同的上级人民政府管理专利工作的部门指定管辖;无共同上级人民政府管理专利工作的部门的,由国家知识产权局指定管辖。[①]

---

① 参见国家知识产权局《专利行政执法办法》(2015年)第28条、第29条。

第四,调查取证。在处理专利侵权纠纷过程中,当事人因客观原因有些证据不能自行收集的,可以书面请求管理专利工作的部门调查取证,管理专利工作的部门根据情况决定是否调查收集有关证据。同时,在处理专利侵权纠纷、查处假冒专利行为过程中,管理专利工作的部门可以根据需要依职权调查收集有关证据。①

部分市、县依组织法设立了管理专利的部门。依据我国《地方各级人民代表大会和地方各级人民政府组织法》的规定,市县是否设立管理专利工作的部门由地方政府自行确定,不必再由《专利法》加以规定。由于部分市、县专利管理工作量大,又有实际处理能力,也可实施对侵犯专利侵权纠纷的处理和对假冒专利行为的处罚,并起到强化专利行政执法能力的积极效果。因此根据《地方各级人民代表大会和地方各级人民政府组织法》,全国大部分市、县设立了专利行政管理部门。市县级政府专利工作部门,可以是单独设立的知识产权局,有的也可以是本级政府确定的其他负责专利工作的部门,如科技主管部门。

二、审理专利案件的人民法院及其管辖权

(一) 人民法院受理的专利纠纷案件

根据《最高人民法院关于审理专利纠纷案件适用法律问题的若干规定》②第1条之规定,人民法院受理下列专利纠纷案件:(1) 专利申请权纠纷案件;(2) 专利权权属纠纷案件;(3) 专利权、专利申请权转让合同纠纷案件;(4) 侵犯专利权纠纷案件;(5) 假冒他人专利纠纷案件;(6) 发明专利申请公布后、专利权授予前使用费纠纷案件;(7) 职务发明创造发明人、设计人奖励、报酬纠纷案件;(8) 诉前申请停止侵权、财产保全案件;(9) 发明人、设计人资格纠纷案件;(10) 不服专利复审委员会维持驳回申请复审决定案件;(11) 不服专利复审委员会专利权无效宣告请求决定案件;(12) 不服国务院专利行政部门实施强制许可决定案件;(13) 不服国务院专利行政部门实施强制许可使用费裁决案件;(14) 不服国务院专利行政部门行政复议决定案件;(15) 不服管理专利工作的部门行政决定案件;(16) 其他专利纠纷案件。

(二) 可以审理专利案件的人民法院(法庭)

根据《最高人民法院关于审理专利纠纷案件适用法律问题的若干规定》第2条之规定:"专利纠纷第一审案件,由各省、自治区、直辖市人民政府所在地的中级人民法院和最高人民法院指定的中级人民法院管辖。最高人民法院根据实际情况,可以指定基层人民法院管辖第一审专利纠纷案件。"原则上,各省、自治区、

---

① 参见国家知识产权局《专利行政执法办法》(2015年)第37条。
② 法释〔2015〕4号,根据2015年1月19日最高人民法院审判委员会第1641次会议通过的《最高人民法院关于修改〈最高人民法院关于审理专利纠纷案件适用法律问题的若干规定〉的决定》第二次修正,该修正自2015年2月1日起施行。

直辖市人民政府所在地的中级人民法院和最高人民法院指定的中级人民法院可以作为审理专利案件的人民法院。

最高人民法院根据实际情况,可以指定基层人民法院审理专利案件。随着我国创新型国家建设的不断深入,有效专利数量大幅增加,专利侵权案件数量不断增长,专利权人保护权利的司法需求日益增强。为了方便当事人诉讼,使专利案件管辖权布局更加合理,最高人民法院从2009年起先后批准浙江省义乌市人民法院、江苏省昆山市人民法院和北京市海淀区人民法院试点审理实用新型和外观设计专利纠纷民事案件。

2014年年底,北京、上海、广州知识产权法院相继设立,专门受理专利纠纷等知识产权案件。2017年以来,最高人民法院先后批准在南京等16个中心城市设立知识产权法庭,集中优势审判资源,跨区域管辖专利等技术类案件。①

(三) 法院对专利纠纷的诉讼管辖权

1. 专利纠纷的诉讼管辖②

(1) 因侵犯专利权行为提起的诉讼,由侵权行为地或者被告住所地人民法院管辖。

侵权行为地包括:被诉侵犯发明、实用新型专利权的产品的制造、使用、许诺销售、销售、进口等行为的实施地;专利方法使用行为的实施地,依照该专利方法直接获得的产品的使用、许诺销售、销售、进口等行为的实施地;外观设计专利产品的制造、许诺销售、销售、进口等行为的实施地;假冒他人专利的行为实施地。上述侵权行为的侵权结果发生地。

(2) 原告仅对侵权产品制造者提起诉讼,未起诉销售者,侵权产品制造地与销售地不一致的,制造地人民法院有管辖权;以制造者与销售者为共同被告起诉的,销售地人民法院有管辖权。销售者是制造者分支机构,原告在销售地起诉侵权产品制造者制造、销售行为的,销售地人民法院有管辖权。

2. 专利授权确权类行政案件管辖权

根据《最高人民法院关于北京、上海、广州知识产权法院案件管辖的规定》③,知识产权法院管辖所在市辖区内的专利行政第一审案件。同时下列第一审行政案件由北京知识产权法院管辖:(1) 不服国务院部门作出的有关专利、商标、植物新品种、集成电路布图设计等知识产权的授权确权裁定或者决定的;

---

① 参见《开拓创新 实现知产审判新跨越——人民法院知识产权审判五年工作综述》,载《人民法院报》2018年7月10日第1版。

② 最高人民法院《关于审理专利纠纷案件适用法律问题的若干规定》(法释〔2015〕4号,根据2015年1月19日最高人民法院审判委员会第1641次会议通过)第5条、第6条。

③ 《最高人民法院关于北京、上海、广州知识产权法院案件管辖的规定》,法释〔2014〕12号,2014年10月31日发布,2014年11月3日实施。

(2)不服国务院部门作出的有关专利、植物新品种、集成电路布图设计的强制许可决定以及强制许可使用费或者报酬的裁决的;(3)不服国务院部门作出的涉及知识产权授权确权的其他行政行为的。

第四节 专利代理制度

在我国建立专利代理制度是伴随专利制度的产生而产生的。专利制度的复杂性决定了专利代理产生和存在的必然性。从专利申请、审查到批准,手续复杂,格式严谨,专业性强,一般人难以完全掌握,可能会影响专利权的获得和保护,这就客观上要求有一批经过严格训练、精通技术、法律专门人才帮助专利申请人、专利权人处理专利事务。目前不少国家的专利法中都有关于专利代理的规定。我国《专利法》也对专利代理问题作了规定。[①] 专利代理机构以及职业规范、专利代理人及其执业规范等构成了专利代理制度的基本内容。

一、专利代理人

专利代理属于民事代理的一种。根据民法原理和现行《专利代理条例》[②],所谓专利代理是指专利代理机构接受委托,以委托人的名义在代理权限范围内办理专利申请、宣告专利权无效等专利事务的行为。专利代理师则是指获得《专利代理师资格证》,持有《专利代理师工作证》的人员。

(一)申请专利代理师资格的条件

要成为一名专利代理师,就要具有报考专利代理师的条件。根据2018年《专利代理条例》第10条的规定,具有高等院校理工科专业专科以上学历的中国公民可以参加全国专利代理师资格考试;考试合格的,由国务院专利行政部门颁发专利代理师资格证。专利代理师资格考试办法由国务院专利行政部门制定。

(二)申请专利代理师执业证的条件

专利代理师执业,除了满足条件获得专利代理师基本资格外,按照2019年《专利代理管理办法》第25条的规定,专利代理机构应当依法按照自愿和协商一致的原则与其聘用的专利代理师订立劳动合同。

根据2019年《专利代理管理办法》第26条的规定:"专利代理师执业应当符合下列条件:(1)具有完全民事行为能力;(2)取得专利代理师资格证;(3)在专利代理机构实习满一年,但具有律师执业经历或者三年以上专利审查经历的

[①] 安建主编:《中华人民共和国专利法释义》,法律出版社2009年版,第44页。
[②] 1991年3月4日,中华人民共和国国务院令第76号发布,2018年9月6日国务院第23次常务会议修订通过,自2019年3月1日开始实施。

人员除外；(4)在专利代理机构担任合伙人、股东，或者与专利代理机构签订劳动合同；(5)能专职从事专利代理业务。符合前款所列全部条件之日为执业之日。"

二、专利代理机构

（一）专利代理机构的概念和组织形式

专利代理机构是指接受委托人的委托，在委托权限范围内，办理专利申请或者办理其他专利事务的服务机构。专利代理机构包括依法设立的能够办理国内、涉外专利事务的专利代理机构和律师事务所两种。

专利代理机构的组织形式及其责任。根据《专利代理管理办法》第9条的规定，专利代理机构的组织形式为合伙制专利代理机构或者有限责任制专利代理机构。合伙制专利代理机构应当由2名以上合伙人共同出资发起，有限责任制专利代理机构应当由5名以上股东共同出资发起。合伙制专利代理机构的合伙人对该专利代理机构的债务承担无限连带责任；有限责任制专利代理机构以该机构的全部资产对其债务承担责任。

（二）专利代理机构的设立和业务范围

1. 设立专利代理机构的条件

2018年《专利代理条例》和2019年《专利代理管理办法》对设立专利代理机构的条件都作了详细的规定。2018年《专利代理条例》第8条规定："合伙企业、有限责任公司形式的专利代理机构从事专利代理业务应当具备下列条件：(1)有符合法律、行政法规规定的专利代理机构名称；(2)有书面合伙协议或者公司章程；(3)有独立的经营场所；(4)合伙人、股东符合国家有关规定。"

2019年《专利代理管理办法》第10条规定："合伙企业形式的专利代理机构申请办理执业许可证的，应当具备下列条件：(1)有符合法律、行政法规和本办法第14条规定的专利代理机构名称；(2)有书面合伙协议；(3)有独立的经营场所；(4)有2名以上合伙人；(5)合伙人具有专利代理师资格证，并有两年以上专利代理师执业经历。"

2019年《专利代理管理办法》第11条规定："有限责任公司形式的专利代理机构申请办理执业许可证的，应当具备下列条件：(1)有符合法律、行政法规和本办法第14条规定的专利代理机构名称；(2)有书面公司章程；(3)有独立的经营场所；(4)有5名以上股东；(5)4/5以上股东以及公司法定代表人具有专利代理师资格证，并有2年以上专利代理师执业经历。"

2019年《专利代理管理办法》第11条规定："律师事务所申请办理执业许可证的，应当具备下列条件：(1)有独立的经营场所；(2)有2名以上合伙人或者专职律师具有专利代理师资格证。"

2. 申请成立专利代理机构应当提交的材料文件

根据2018年《专利代理条例》第9条第1款的规定："从事专利代理业务，应当向国务院专利行政部门提出申请，提交有关材料，取得专利代理机构执业许可证。国务院专利行政部门应当自受理申请之日起20日内作出是否颁发专利代理机构执业许可证的决定。"

同时，2019年《专利代理管理办法》第15条规定："申请专利代理机构执业许可证的，应当通过专利代理管理系统向国家知识产权局提交申请书和下列申请材料：(1)合伙企业形式的专利代理机构应当提交营业执照、合伙协议和合伙人身份证件扫描件；(2)有限责任公司形式的专利代理机构应当提交营业执照、公司章程和股东身份证件扫描件；(3)律师事务所应当提交律师事务所执业许可证和具有专利代理师资格证的合伙人、专职律师身份证件扫描件。申请人应当对其申请材料实质内容的真实性负责。必要时，国家知识产权局可以要求申请人提供原件进行核实。法律、行政法规和国务院决定另有规定的除外。"

3. 专利代理机构的业务承接及范围

（1）专利代理机构的业务承接

根据2018年《专利代理条例》第14条的规定："专利代理机构接受委托，应当与委托人订立书面委托合同。专利代理机构接受委托后，不得就同一专利申请或者专利权的事务接受有利益冲突的其他当事人的委托。专利代理机构应当指派在本机构执业的专利代理师承办专利代理业务，指派的专利代理师本人及其近亲属不得与其承办的专利代理业务有利益冲突。"

（2）专利代理机构的业务范围

根据2018年《专利代理条例》第13条的规定："专利代理机构可以接受委托，代理专利申请、宣告专利权无效、转让专利申请权或者专利权以及订立专利实施许可合同等专利事务，也可以应当事人要求提供专利事务方面的咨询。"

司考链接

1. 下列哪个机关依法具有处理侵犯专利权纠纷的职能？

A. 省、自治区、直辖市人民政府设立的管理专利工作的部门

B. 县人民政府设立的管理专利工作的部门

C. 设区的市人民政府

D. 国家知识产权局

答案：A

2. 下列哪个说法是正确的？

A. 年满60周岁的专利代理人，不能作为合伙人或股东发起设立新专利代理机构

B. 从事过1年以上的科学技术工作或者法律工作的中国公民,可以申请专利代理人资格

C. 对年龄超过70周岁的人员,不能颁发专利代理人执业证

D. 未满18周岁的中国公民,可以申请专利代理人资格

答案：C

3. 刘某于2015年通过了全国专利代理人资格考试,于2016年7月到某代理公司工作,2017年9月申请获得了专利代理人执业证。刘某的下列哪些行为符合相关规定?

A. 刘某作为申请人于2016年6月向国家知识产权局提交了一件外观设计专利申请

B. 刘某在该代理公司任职期间,到另一家专利代理公司兼职从事有关专利事务方面的咨询工作

C. 刘某在该代理公司任职期间,在国家知识产权局将其代理的一件发明专利申请公布后,将该专利申请的内容告诉了其好友

D. 刘某在该代理公司任职期间,以自己的名义接受好友的委托,代理其提交了一件实用新型专利申请,并收取了代理费

答案：AC

4. 申请设立专利代理机构应当提交下列哪些材料?

A. 设立专利代理机构申请表

B. 专利代理机构的合伙协议书或者章程

C. 验资证明

D. 专利代理人资格证和身份证复印件

答案：ABD

5. 下列说法哪个是正确的?

A. 国务院专利行政部门负责管理全国的专利工作

B. 专利复审委员会负责受理针对专利权评价报告的更正请求

C. 国务院专利行政部门设立的专利代办处受理所有专利申请

D. 基层人民法院负责管辖本辖区内的专利纠纷第一审案件

答案：A

6. 下列有关国防专利申请和国防专利的说法哪些是正确的?

A. 专利申请涉及国防利益需要保密的,由国防专利机构受理并进行审查

B. 经主管部门批准,国防专利权人可以向国外的单位或者个人转让国防专利权

C. 国防专利申请人在对第一次审查意见通知书进行答复时,可以对其国防专利申

D. 国家知识产权局专利复审委负责国防专利的复审和无效宣告工作

答案：AC

7. 某科研机构欲就一项涉及国防利益的发明创造申请国防专利。下列说法哪些是正确的？

A. 该国防专利申请文件不得按照普通函件邮寄

B. 该国防专利申请权经批准可以转让给国外单位

C. 该国防专利申请应当由国防专利机构进行审查

D. 该国防专利申请经审查符合授权条件的，应当由国防专利机构授予专利权

答案：AC

8. 下列哪种说法是正确的？

A. 国务院专利行政部门负责管理全国的专利工作

B. 专利复审委员会负责受理强制许可请求并作出决定

C. 专利代办处负责受理本行政区域内的 PCT 国际申请

D. 基层人民法院负责受理专利侵权诉讼的一审案件

答案：A

第二章 专利申请主体和专利权的归属

要点提示

本章重点掌握的概念：1. 发明人、设计人的含义；2. 职务发明的含义及种类。

本章知识结构图

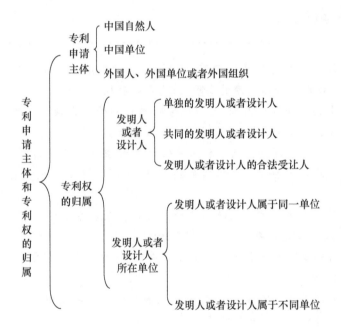

拓展贴士

德国规定任何发明的初始权利人都是做出该发明的自然人。但如果该发明为职务发明，则需要按照《雇员发明法》的规定的权利报告与主张机制转移到雇主处。要注意的是，《雇员发明法》采用"雇员发明"术语，而非"职务发明"，因为并非所有的"雇员发明"都是"职务发明"。实际上，职务发明只是雇员发明的组成部分之一。法国以雇员是否接受了相应任务为主要标准将雇员发明区分为两大类型：任务发明与非任务发明。在美国,发明是由雇员在雇佣期间利用雇主的资源作出的,在没有明确的约定情况下,雇主拥有专利的实施权,所有权归雇员。但是,如果是从事特定的专门的发明活动,在这种特定雇佣关系已经明确表示雇员事先将发明成果转让给雇主,雇主拥有最终成果的所有权。在日本,雇员的工作在雇主的业务范围之内,同时又是雇员现在或曾经的职务范围内的发明,属于职务发明。

第一节 专利申请主体

 引导案例

> 案例1：王某是中国人,现年12周岁,其从小喜欢发明创造。现发明了一种可以调节鞋跟高度的高跟鞋,他是否有权提出专利申请？
>
> 案例2：李某是中国人,因为职务犯罪被判处有期徒刑5年,其服刑期间作出了一项发明创造,他是否有权提出专利申请？
>
> 案例3：某大学的张老师利用学校的资金、技术设备完成了一项学校分配给其的科研任务,该发明创造的专利申请权属于该大学还是张老师？
>
> 案例4：在中国登记注册的某外商投资企业在中国完成了一项发明创造,其在中国是否有权提出专利申请？
>
> 案例5：某美国人在美国完成了一项发明创造,其是否有权在中国提出专利申请？
>
> 案例6：某著名大学成立了"核能与新能源技术研究中心",该中心能否以自己的名义提出专利申请？
>
> 案例7：某国有大型企业下属的分公司作出了一项发明创造,该分公司能否以自己的名义提出专利申请？

专利申请权主体是指按照《专利法》的规定,享有申请专利权的自然人或者单位。专利权主体是指对国务院专利行政部门(国家知识产权局)①授予的发明创造在一定时间内享有法定独占权利的自然人或者单位。专利申请权主体在专利申请和审查阶段按照法律规定享有相应的权利并承担相应的义务,在专利申请被国务院专利行政部门依法审查并授予专利权后,就成为专利权主体。因此,在一般情况下,同一主体在专利申请和审查阶段是专利申请权主体,在专利申请获得授权后是专利权主体。

但是,由于专利申请权和专利权是两种不同的权利,专利申请权解决的是谁享有申请专利的权利,而专利权是由国务院专利行政部门(国家知识产权局)授予的发明创造在一定时间内享有法定独占权利。一般认为,与专利权相比较而言,专利申请权具有非排他性和效力不确定性。专利申请权的非排他性是指申请人就一项发明创造提出专利申请时,无权阻止其他享有专利申请权的人就其独立开发和研究作出的发明创造提出专利申请,也无权阻止他人从享有专利申请权的发明人、设计人或者单位处通过合法转让、赠与、继承等方式取得专利申请权。而专利权则与此不同,一旦一项发明创造被授予专利权,无论其他人采用何种方式获得该发明创造,除非《专利法》有特别的例外规定(参见第八章第二节),任何人都不得实施该发明创造,否则就构成侵权行为。因此,一项发明创造可能有许多专利申请权主体,但专利权主体却只有一个。但是,如果由于种种原因,同样的发明创造被授予了两项或者两项以上的专利权,按照专利权授予最先申请的人的原则,专利权应当授予最先申请的人。② 在后申请获得的"专利权"应当按照法律规定被宣告为无效。专利申请权的不确定性是指享有专利申请权主体申请的专利不一定能够符合我国《专利法》规定的授权条件,并非提出专利申请就一定能够获得授权。

一、中国自然人

自然人是指生物学意义上的基于出生而取得民事主体资格的人,与之相对应的概念为法人和非法人组织。中国自然人是指具有中国国籍的自然人,自然人是否具有中国国籍,依据《中华人民共和国国籍法》确定。凡是中国自然人都可以在中国成为专利申请权人,在专利申请获得授权后成为专利权人。因此,中

---

① 2018年3月17日,《国务院机构改革方案》提交第十三届全国人大第一次大会审议。会议表决通过了《国务院机构改革方案》,重新组建国家知识产权局。将国家知识产权局的职责、国家工商行政管理总局的商标管理职责、国家质量监督检验检疫总局的原产地地理标志管理职责整合,重新组建国家知识产权局,由国家市场监督管理总局管理。

② 《专利法》第9条规定:同样的发明创造只能授予一项专利权。但是,同一申请人同日对同样的发明创造既申请实用新型专利又申请发明专利,先获得的实用新型专利权尚未终止,且申请人声明放弃该实用新型专利权的,可以授予发明专利权。两个以上的申请人分别就同样的发明创造申请专利的,专利权授予最先申请的人。

国自然人不分年龄、性别、民族、职业、政治面貌、健康状况以及居住地,只要有民事权利能力都有权申请专利。并且,依照学界通说以及 TRIPS 协定的界定,专利申请权属于私权之一,不是政治权利,因此不能成为剥夺政治权利的内容。

二、中国单位

单位[①],按照《现代汉语词典》的解释,一般是指机关、团体、法人、企业等非自然人的实体或者其下属部门,以及工薪阶层上班的地方。但是包括《专利法》在内的我国法律并没有对单位一词的含义进行规定,由于《专利法》规定中国单位是享有专利申请权的法定主体,因此,从这个角度,一般认为我国《专利法》所称的"单位"是指能够以自己的名义从事民事活动,享有民事权利,承担民事义务的组织,既包括依据我国法律成立的法人单位,也包括依据我国法律成立的非法人组织单位。中国单位,当然是指依照中国法律合法成立的前述法人单位或者非法人组织单位。法人单位,包括营利法人、非营利法人、特别法人。营利法人,比如按照《公司法》成立的各种类型的公司等等;非营利法人,比如按照《社会团体登记管理条例》成立的社会团体等等;特别法人,比如城镇农村的合作经济组织法人。非法人组织单位,比如按照《合伙企业法》成立的合伙企业,按照《个人独资企业法》成立的个人独资企业,按照《个体工商户条例》成立的个体工商户等等。有学者认为,法人单位或者非法人组织单位的内部不能以自己的名义独立享有民事权利,承担民事义务的部门,比如分公司、公司内设的研发中心、大学的院系、研究所内的研究室等,不是《专利法》所说的单位,不能成为专利申请权的主体。但是,在实际的专利申请中没有这种限制性规定,比如有很多专利申请人,就是某有限责任公司或者股份有限公司的分公司,或者是某公司下属的某研究中心。

在实际的专利申请中,如何确定申请专利的人是个人申请还是单位申请呢?对此,按照中华人民共和国国家知识产权局制定的《专利审查指南》的规定,在专利局的审查程序中,审查员对请求书中填写的申请人一般情况下不作资格审查。申请人是个人的,可以推定该发明为非职务发明,该个人有权提出专利申请,除非根据专利申请的内容判断申请人的资格明显有疑义的,才需要通知申请人提供所在单位出具的非职务发明证明。申请人是单位的,可以推定该发明是职务发明,该单位有权提出专利申请,除非该单位的申请人资格明显有疑义的,例如填写的单位是某大学科研处或者某研究所课题组,才需要发出补正通知书,通知

---

① "单位"一词,一般认为是计划经济体制下的常用表述,在我国颁布的许多规范性法律文件中都有该表述,在民法理论中与之对应的词是"法人、非法人组织"。在《专利法》第二次和第三次修改过程中,虽然有很多学者建议将《专利法》中的"单位"一词进行修改,但立法机关认为该词使用历史悠久、用之行文简单明了,在实践中也未造成适用障碍,所以未作调整。

申请人提供能表明其具有申请人资格的证明文件。申请人声明自己具有资格并提交证明文件的,可视为申请人具备资格。上级主管部门出具的证明、加盖本单位公章的法人证书或者有效营业执照的复印件,均视为有效的证明文件。填写的申请人不具备申请人资格,需要更换申请人的,应当由更换后的申请人办理补正手续,提交补正书及更换前、后申请人签字或者盖章的更换申请人声明。申请人是中国单位或者个人的,应当填写其名称或者姓名、地址、邮政编码、组织机构代码或者居民身份证件号码。申请人是个人的,应当使用本人真实姓名,不得使用笔名或者其他非正式的姓名。申请人是单位的,应当使用正式全称,不得使用缩写或者简称。请求书中填写的单位名称应当与所使用的公章上的单位名称一致。不符合规定的,审查员应当发出补正通知书。申请人改正请求书中所填写的姓名或者名称的,应当提交补正书、当事人的声明及相应的证明文件。

三、外国人、外国企业或者外国其他组织

外国人、外国企业或者外国其他组织,是指具有外国国籍的自然人和依据外国法律成立并在外国登记注册的法人以及其他组织。外国人,按照《专利法》第18条[①]的规定,应当是指具有一个外国国家国籍的自然人,无国籍人不应当包括在内,外国的企业或者外国其他组织也不应当包括在外国人范围内。判断一个外国人是不是某一国家的居民,应当依照该国的法律加以确定。外国企业或者外国其他组织,是指依据外国法律成立并在外国登记注册的法人以及其他非法人组织。一个企业或者组织无论是不是外国企业或者外国其他组织,按照《专利法》第18条的规定,都应依照其所属国同中国签订的协议或者共同参加的国际条约,或者依照互惠原则,根据《专利法》办理。因此,即使按照我国《专利法》规定,一个外国企业或者组织不享有专利申请权,但该外国企业或者组织的申请符合前述"依照其所属国同中国签订的协议或者共同参加的国际条约,或者依照互惠原则",我国专利管理机关也应当受理其专利申请。

对于外国人、外国企业或者外国其他组织的发明创造是否给予专利权的保护,有一个历史发展的过程。一般来说,在现代国家,对外国人、外国企业或者外国其他组织的发明创造采用两种办法进行规范:其一,是依照《巴黎公约》规定的国民待遇原则无条件地赋予专利申请权;其二,是依照《巴黎公约》规定的互惠、对等原则有条件地赋予专利申请权。采用前一种办法的国家主要有美国、德国、英国等国家,采用后一种办法的国家主要有日本、法国、意大利等国。我国的规

[①] 《专利法》第18条:"在中国没有经常居所或者营业所的外国人、外国企业或者外国其他组织在中国申请专利的,依照其所属国同中国签订的协议或者共同参加的国际条约,或者依照互惠原则,根据本法办理。"

定融合了前述两种办法,对于在中国有经常居所或者营业所的外国人、外国企业或者外国其他组织享有同中国自然人、单位一样的专利申请权。对于在中国没有经常居所或者营业所的外国人、外国企业或者外国其他组织,依照其所属国同中国签订的协议或者共同参加的国际条约,或者依照互惠原则,根据《专利法》的规定办理。详述如下:

(一)在我国有经常居所或者营业所的外国人、外国企业或者外国其他组织

居所是指自然人居住的处所,通常指自然人为特定目的暂时居住的处所,也可以是自然人经常居住的住所,如经常居住地与住所不一致的,经常居住地视为住所。营业所是指法人或者其他非法人组织从事经营活动的场所。法人的营业所所在地可能同法人的住所所在地是一致的,但也可能是不一致的。在商业活动中,自然人同法人、其他非法人组织一样也可能有营业所。但由于法人在现代商业活动中是最为普遍的组织形式,而任何从事商业活动的法人都有其营业所,故营业所通常是和法人联系在一起的。按照《巴黎公约》的规定,工商业营业所必须是真实和有效的,也就是真正进行生产经营活动的,才能享受国民待遇。仅仅是起联络作用的办事处,还不能说是《专利法》所称的营业所。那么,在专利申请过程中,如何判断外国人、外国企业或者外国其他组织提交的专利申请中填写的居所和营业所真实、有效呢?按照《专利审查指南》规定,申请人是外国人、外国企业或者外国其他组织的,应当填写其姓名或者名称、国籍或者注册的国家或者地区。审查员认为请求书中填写的申请人的国籍、注册地有疑义时,可以根据《专利法实施细则》第33条第(1)项或者第(2)项的规定,通知申请人提供国籍证明或者注册的国家或者地区的证明文件。申请人在请求书中表明在中国有营业所的,审查员应当要求申请人提供当地工商行政管理部门出具的证明文件。并且,申请人在发明专利申请的初步审查请求书中表明在中国有经常居所的,审查员应当要求申请人提交公安部门出具的可在中国居住1年以上的证明文件。因此,只要在我国有经常居所或者营业所的外国人、外国企业或者外国其他组织按照规定在我国提出专利申请,就与中国自然人和单位享有相同的专利申请权。同时,这也是《巴黎公约》规定的国民待遇原则。

(二)在我国没有经常居所或者营业所的外国人、外国企业或者外国其他组织

按照《专利法》的规定,在我国没有经常居所或者营业所的外国人、外国企业或者外国其他组织符合下列三种情况之一的,可以在我国享有专利申请权:

(1)在中国没有经常居所或者营业所的外国人、外国企业或者外国其他组织在中国申请专利的,依照其所属国同中国签订的协议,根据《专利法》办理。

(2)在中国没有经常居所或者营业所的外国人、外国企业或者外国其他组织在中国申请专利的,依照其所属国同中国共同参加的国际条约,根据《专利法》办理。

(3) 在中国没有经常居所或者营业所的外国人、外国企业或者外国其他组织在中国申请专利的,依照互惠原则,根据《专利法》办理。对于此处所指的"互惠原则"应当是指在享有专利申请权上的互惠,并不是指享有相等的专利权实体权利。换句话说,是指在获得专利申请权以及申请审查流程上的互惠,不是指该外国人、外国企业或者外国其他组织在我国申请专利后享有的权利和承担的义务上的互惠。因此该外国人、外国企业或者外国其他组织在我国申请专利后享有的权利和承担的义务应当以我国法律规定为准。即使该外国人、外国企业或者外国其他组织的本国《专利法》规定了某项权利,而我国《专利法》没有规定,该外国人、外国企业或者外国其他组织在我国获得的专利权当然不包括该项权利。

另外,在中国没有经常居所或者营业所的外国人、外国企业或者外国其他组织在中国申请专利时应当提交申请专利文件方面,《专利法实施细则》第33条规定,在中国没有经常居所或者营业所的申请人,申请专利或者要求外国优先权的,国务院专利行政部门认为必要时,可以要求其提供下列文件:(1) 申请人是个人的,其国籍证明;(2) 申请人是企业或者其他组织的,其注册的国家或者地区的证明文件;(3) 申请人的所属国,承认中国单位和个人可以按照该国国民的同等条件,在该国享有专利权、优先权和其他与专利有关的权利的证明文件。

按照《专利审查指南》的规定,审查员在确认申请人是在中国没有经常居所或者营业所的外国人、外国企业或者外国其他组织后,应当从申请人所属国(申请人是个人的,以国籍或者经常居所来确定;申请人是企业或者其他组织的,以注册地来确定)是否是《巴黎公约》成员国或者世界贸易组织成员开始审查,一般不必审查该国是否与我国签订有互相给予对方国民以专利保护的协议,因为与我国已签订上述协议的所有国家都是《巴黎公约》成员国或者世界贸易组织成员。只有当申请人所属国不是《巴黎公约》成员国或者世界贸易组织成员时,才需审查该国法律中是否订有依互惠原则给外国人以专利保护的条款。申请人所属国法律中没有明文规定依互惠原则给外国人以专利保护的条款的,审查员应当要求申请人提交其所属国承认中国公民和单位可以按照该国国民的同等条件,在该国享有专利权和其他有关权利的证明文件。申请人不能提供证明文件的,根据《专利法实施细则》第44条的规定,以不符合《专利法》第18条为理由,驳回该专利申请。对于来自某《巴黎公约》成员国领地或者属地的申请人,应当审查该国是否声明《巴黎公约》适用于该地区。申请人是个人的,其中文译名中可以使用外文缩写字母,姓和名之间用圆点分开,圆点置于中间位置。姓名中不应当含有学位、职务等称号,例如某博士、某教授等。申请人是企业或者其他组织的,其名称应当使用中文正式译文的全称。对于申请人所属国法律规定具有独立法人地位的某些称谓允许使用。

在专利申请代理方面,按照《专利法》第19条第1款的规定,在中国没有经常居所或者营业所的外国人、外国企业或者外国其他组织在中国申请专利和办理其他专利事务的，应当委托依法设立的专利代理机构办理。根据《专利代理条例》和《专利代理管理办法》的有关规定，截至2018年8月底，国家知识产权局综合服务平台公布了全国通过年检的两千多家专利代理机构。

另外，如果中国申请人与外国申请人共同申请专利的，中国申请人适用《专利法》关于中国申请人的规定，而外国申请人适用《专利法》关于外国申请人的规定。

实务指引

案例1：

案情回放： 甲某的曾祖父和祖父在多年前向老中医请教后，研制出烧烤熏肉大饼的配方，自该配方和制作工艺形成以后，甲某家族一直采取秘密的方式对其予以保护和利用，并代代相传。在1956年公私合营后，甲家族将配方告知乙酒楼，但未向其他人公开披露。乙酒楼现将该配方提出专利申请，其是否享有专利申请权？

判决要旨： 在上述案例中，乙酒楼虽然从甲家族通过合法方式得知发明创造的具体内容，但是甲家族并没有将发明创造的所有权转让给乙酒楼，其仅仅享有该发明创造的使用权。因此，乙酒楼对该发明创造的不享有专利申请权，而甲作为商业秘密的合法继承人，才依法享有专利申请权。

案例2：

案情回放： 案外人与被告签订《合作协议》，约定成立原告单位，案外人担任合作单位的法定代表人，被告担任合作单位的生产厂长，负责生产、技术、人事安排及管理并负责财务审批；被告按月领取工资，半年结算一次业绩提取费；案外人与被告双方约定，如终止协议，被告将本厂产品图纸、工艺技术软件用文字形式全部交给案外人。原告根据对老式设备存在缺陷的分析及市场的需要，准备对其设备进行改进。为此，原告购买了该类设备的图纸资料，被告利用这些图纸资料，参考了其他单位的设备，在原告协作单位的帮助下，对老式设备进行了改进，形成了不同于已有设备的新技术方案。技术方案形成后，被告以个人名义向国家知识产权局提出了专利申请。

判决要旨： 被告与案外人签订的《合作协议》名为"合作"，但根据协议的内容以及履行情况等因素，该协议实际上是原告聘用被告的聘用合同。被告作为原告分管产品生产机技术工作的生产厂长，利用原告提供的及其设备、图纸资料、外贸单位等物质技术条件完成了技术方案，故该发明创造应认定为职务发明创造，原告应享有专利申请权。

司考链接

1. 某研究中心接受某公司委托研究一种药物。该研究中心邀请某大学一起进行研究。该研究中心指派的王某和该大学指派的冯某共同对所开发药物的实质性特点作出了创造性贡献。若不存在任何涉及专利权归属的约定,则该药物申请专利的权利应当属于谁?

A. 该公司　　　　　　　　　B. 该研究中心
C. 该研究中心和该大学　　　D. 王某和冯某

答案:C

2. 下列有关专利申请人的权利的说法哪些是正确的?

A. 申请人可以转让其专利申请权
B. 申请人可以在被授予专利权之前撤回其申请
C. 申请人可以在其申请被授予专利权之前在其生产的产品上标明专利标记
D. 申请人可以自提出申请之日要求实施其发明的单位或者个人支付适当的费用

答案:AB

3. 在没有协议约定的情况下,下列说法哪些是正确的?

A. 赵某执行本单位的任务所完成的发明创造,申请专利的权利属于赵某所在单位
B. 钱某主要利用本单位的物质技术条件所完成的发明创造,申请专利的权利属于钱某
C. 孙某和某公司合作完成的发明创造,申请专利的权利属于该公司
D. 李某接受乙公司委托所完成的发明创造,申请专利的权利属于李某

答案:AD

推荐阅读

1. 尹新天:《中国专利法详解》,知识产权出版社2011年版。第69—74页,本部分详细论述了申请专利的权利的含义、其他国家的主要做法、历史沿革。第208—210页,本部分详细论述了外国人、外国企业和外国组织在我国申请专利的条件。

2. 胡凤滨主编:《中国指导案例、参考案例判旨总提炼 知识产权纠纷》,法律出版社2012年版,第1—3页。涉及案例阐述了如何认定职务发明创造申请专利的权利主体。

第二节 专利权的归属

引导案例

案例1: 甲某在与乙某聊天过程中,谈及一种发明的构思,乙某受到甲某的启发,具体着手进行设计并完成了发明创造。甲某是否是该发明创造的发明人?

案例2: 甲某一直在进行一种新型药品的研发,但始终未能获得成功。后来,甲某将相关实验数据交给自己的好友乙某,由乙某最终完成了该发明创造。甲某是否是该发明创造的发明人?

案例3: 甲单位为了开发某一种新型生物工程材料,聘请某工厂的技术人员乙某兼职参加研发工作。乙某从2010年1月1日起在甲单位每月领取1万元,并享有甲单位的福利待遇。但是,乙某没有将人事关系调入甲单位,也未与甲单位签订书面的劳动合同。乙某利用甲单位的实验数据、技术设备最终完成了发明创造。该发明创造是否是职务发明创造?乙某所在单位是不是甲单位,从而由甲单位是否专利申请权?如果该申请被授权,甲单位是否享有专利权?

专利法涉及专利权归属问题的核心是哪些民事主体能够获得专利权,并依照法律的规定行使相应的权利。在专利制度的早期,专利基本上是由本国的自然人独立作出的,完成该发明创造的自然人自然就是专利的申请人,在申请获得授权后,该自然人自然就是专利权人。在这种情况下,如何认定谁是发明人或者设计人就是十分重要的问题。随着社会的发展和科学进步,单个自然人要独立完成复杂的科学研究活动越来越不容易,因为在现代社会,科学研究活动基本上是由法人或者非法人组织(在我国,《专利法》用"单位"一词进行表述)进行的,从而这些单位成了专利的申请人,在申请获得授权后,这些单位成为专利权人。在这种情况下,如何恰当的处理单位和发明人以及设计人之间的权利义务关系,就成为现代专利法律规范的重点。相应的制度安排不仅涉及单位和发明人以及设计人的切身经济利益,还进而影响到国家的经济政策和科技政策。因此,在单位和发明人以及设计人之间保持激励机制的平衡是十分重要的。在我国,《专利法》将单位工作人员作出的发明创造划分为两类:职务发明创造和非职务发明创造,并分别规定有权申请专利并获得专利权的主体。

一、发明人或者设计人

（一）单独的发明人或者设计人

1. 发明人或者设计人的确定

发明人或者设计人[①]，是指对发明创造的实质性特点作出创造性贡献的人。除了法律另有特别的规定，发明人或者设计人对其完成的发明创造享有专利申请权，在获得授权后，发明人或者设计人就是专利权人。但是要注意的是，发明人或者设计人对其完成的发明创造享有专利申请权，不能理解为发明人或者设计人在完成发明创造的同时就取得了专利申请权，发明人或者设计人是否享有专利申请权应当依据本章第一节的论述加以确定。

从民事权利取得方式来看，完成发明创造的行为是事实行为，发明人或者设计人，可以根据该事实行为取得民事权利（专利权）。因此无民事行为能力的自然人以及限制民事行为能力的自然人也能够成为发明人或者设计人。由于发明人或者设计人通过自己的智力活动成果对发明创造的实质性特点作出了创造性贡献，因此发明人或者设计人只能是自然人，而不能是法人或者非法人组织。换句话说，法人以及非法人组织不可能成为发明人或者设计人。因此，专利请求书中发明人或者设计人不得填写单位或者集体，例如不得写成"某课题组"等。但是在专利局的审查程序中，审查员对请求书中填写的发明人是否符合该规定不作审查。

一项发明创造完成之后，哪些参与该项发明创造活动的人应该被视为发明人或者设计人呢？判断的标准就是该人是否对发明创造的实质性特点作出创造性贡献。按照该标准，我国《专利法》规定如下三种人不是发明人或者设计人：(1) 在完成发明创造过程中，只负责组织工作的人；(2) 在完成发明创造过程中，为物质技术条件的利用提供方便的人；(3) 在完成发明创造过程中，从事其他辅助工作的人。

在实践中，对于该标准可以从以下两个方面加以分析：

(1) 发明创造的实质性特点的认定。我国《专利法》第22条第3款规定，创造性，是指与现有技术相比，该发明具有突出的实质性特点和显著的进步，该实用新型具有实质性特点和进步。《专利法实施细则》没有关于发明创造的"实质性特点"的具体含义的界定，可见我国《专利法》以及《专利法实施细则》都没有明文规定何谓发明创造的"实质性特点"。但是，《专利审查指南》在界定发明专

---

① 《专利法实施细则》第13条："专利法所称发明人或者设计人，是指对发明创造的实质性特点作出创造性贡献的人。在完成发明创造过程中，只负责组织工作的人、为物质技术条件的利用提供方便的人或者从事其他辅助工作的人，不是发明人或者设计人。"

有突出的实质性特点时认为,发明有突出的实质性特点是指对所属技术领域的技术人员来说,发明相对于现有技术是非显而易见的。如果发明是所属技术领域的技术人员在现有技术的基础上仅仅通过合乎逻辑的分析、推理或者有限的试验可以得到的,则该发明是显而易见的,也就不具备突出的实质性特点。至于如何判断要求保护的发明相对于现有技术是否显而易见,《专利审查指南》认为可以按照以下三个步骤进行:首先,确定最接近的现有技术;其次,确定发明的区别特征和发明实际解决的技术问题;最后,判断要求保护的发明对本领域的技术人员来说是否显而易见。对于实用新型专利"实质性特点"的认定而言,按照法律规定,实用新型的创造性,是指与现有技术相比,该实用新型具有实质性特点和进步。因此可以看出,在对实用新型专利实质性特点的认定时,只是创造性的标准低于发明专利创造性的标准。对于外观设计专利"实质性特点",我国《专利法》《专利法实施细则》《专利审查指南》都没有相应的表述和界定。

(2) 发明创造的创造性贡献的认定。对于何谓"创造性贡献",《专利法》及《专利法实施细则》《专利审查指南》都无具体规定。不过,《最高人民法院关于审理技术合同纠纷案件适用法律若干问题的解释》第6条规定,人民法院在对创造性贡献进行认定时,应当分解所涉及技术成果的实质性技术构成,提出实质性技术构成并由此实现技术方案的人,是作出创造性贡献的人。由于《最高人民法院关于审理技术合同纠纷案件适用法律若干问题的解释》第一条明文规定专利属于技术成果的一种,因此,在实践中应当遵循最高人民法院提出的前述"创造性贡献"判断标准。按照前述标准,在认定创造性贡献时,先要分解专利技术中的实质性技术构成,再要判断某个人是否提出实质性技术构成并且由此实现了技术方案;只有通过前述步骤和条件才能够确认某个人才是发明人或者设计人。

2. 发明人或者设计人的权利

发明人或者设计人的创造性劳动对于专利权的产生和质量有着直接的关系,因此法律明确规定发明人或者设计人享有的权利是十分重要的,按照我国法律规定,发明人或者设计人有如下权利:

(1) 在专利文件上写明发明人或者设计人姓名的权利。该项权利是发明人或者设计人享有的一项精神权利,该项权利在《巴黎公约》第4条之三以及我国《专利法》第17条第1款有明文规定。要注意的是,按照《专利审查指南》的规定,发明人应当使用本人真实姓名,不得使用笔名或者其他非正式的姓名。

(2) 请求专利局不公布其姓名的权利。提出专利申请时请求不公布发明人姓名的,应当在请求书"发明人"一栏所填写的相应发明人后面注明"(不公布姓名)"。不公布姓名的请求提出之后,经审查认为符合规定的,专利局在专利公报、专利申请单行本、专利单行本以及专利证书中均不公布其姓名,并在相应位置注明"请求不公布姓名"字样,发明人也不得再请求重新公布其姓名。提出专利申请后请求不公布发明人姓名的,应当提交由发明人签字或者盖章的书面声明,但是专利申请进入公布准备后才提出该请求的,视为未提出请求,审查员应当发出视为未提出通知书。外国发明人中文译名中可以使用外文缩写字母,姓和名之间用圆点分开,圆点置于中间位置,例如 M. 琼斯。

(3) 将非职务发明创造提交专利申请的权利。《专利法》第 7 条规定,对发明人或者设计人的非职务发明创造专利申请,任何单位或者个人不得压制。所谓非职务发明创造,是指不属于发明人或者设计人职务发明创造的发明创造。①

(4) 因职务发明创造的授权而获得奖励和报酬的权利。《专利法》第 16 条规定,被授予专利权的单位应当对职务发明创造的发明人或者设计人给予奖励;发明创造专利实施后,根据其推广应用的范围和取得的经济效益,对发明人或者设计人给予合理的报酬。按照该规定,只要职务发明创造被授权,发明人或者设计人所在单位就应当给予奖励;而单位是否应当给予职务发明创造的发明人或者设计人合理的报酬,应当依据发明创造实施后的推广应用范围和取得的经济效益决定。

具体说,有关发明人或者设计人因职务发明创造的授权而获得奖励和报酬的权利在《专利法实施细则》第六章进行了详细的规定。被授予专利权的单位可以与发明人、设计人约定或者在其依法制定的规章制度中规定《专利法》第 16 条规定②的奖励、报酬的方式和数额。被授予专利权的单位未与发明人、设计人约定也未在其依法制定的规章制度中规定《专利法》第 16 条规定的奖励的方式和数额的,应当自专利权公告之日起 3 个月内发给发明人或者设计人奖金。一项发明专利的奖金最低不少于 3000 元;一项实用新型专利或者外观设计专利的奖金最低不少于 1000 元。由于发明人或者设计人的建议被其所属单位采纳而完成的发明创造,被授予专利权的单位应当从优发给奖金。被授予专利权的单位未与发明人、设计人约定也未在其依法制定的规章制度中规定《专利法》第 16 条规定的报酬的方式和数额的,在专利权有效期限内,实施发明创造专利后,每年应当从实施该项发明或者实用新型专利的营业利润中提取不低于 2% 或者从实施该项外观设计专利的营业利润中提取不低于 0.2%,作为报酬给予发明人或者设计人,或者参照上述比例,给予发明人或者设计人一次性报酬;被授予专利权的单位许可其他单位或者个人实施其专利的,应当从收取的使用费中提取不低于 10%,作为报酬给予发明人或者设计人。

在理解前述法律时,要注意几点。其一,《专利法》关于单位应当给予发明人

---

① 不是职务发明创造,即是非职务发明创造,何谓职务发明创造,下文有详细介绍。
② 《专利法》第 16 条:被授予专利权的单位应当对职务发明创造的发明人或者设计人给予奖励;发明创造专利实施后,根据其推广应用的范围和取得的经济效益,对发明人或者设计人给予合理的报酬。

或者设计人奖励、报酬的方式和数额的规定是法律给予单位的最低义务,因此单位和发明人或者设计人可以约定或者单位可以作出更有利于发明人或者设计人的规定。其二,适用前述规定的前提是被授予专利权的单位未与发明人、设计人约定也未在其依法制定的规章制度中规定《专利法》第 16 条规定的奖励、报酬的方式和数额,要特别注意单位有关奖励、报酬的方式和数额的规章制度必须是"依法制定"的,如果这些规定不是"依法制定",则没有法律效力。当然,单位的规章制度是否"依法制定"要联系该单位的法律属性分别加以判断,比如单位是适用《劳动合同法》的企业,那么其规章制度的制定就必须符合《劳动合同法》规定。

(5) 优先受让职务发明创造的权利。按照《合同法》第 325 条的规定,法人或者其他组织订立技术合同转让职务技术成果时,职务技术成果的完成人享有以同等条件优先受让的权利。专利权转让合同作为技术转让合同的一种,当然要适用《合同法》的规定,因此,当发明人或者设计人所在单位转让专利技术时,有权要求其所在单位在同等条件下优先向其转让职务发明创造。那么如何认定"在同等条件下"呢?可以理解为发明人或者设计人满足了单位向受让人提出的相同的要求的情况。这些要求可能是经济上的,也可能非经济上的合理条件。

(二) 共同发明人或者设计人

如果发明创造是由两个或者两个以上的自然人共同完成的,那么这些人就成为共同发明人或者设计人,其完成的发明创造由共同发明人或者设计人所共有。既然发明创造是由两个或者两个以上的自然人共同完成的,那么说明,这些自然人对发明创造的实质性特点都作出了创造性贡献。因此,不是说参加了发明创造研发活动的自然人都当然是共同的发明人或者设计人。按照《专利法实施细则》第 13 条的规定,在完成发明创造的过程中,只负责组织工作的人、为物质条件利用提供方便的人或者从事其他辅助工作的人,不是发明人或者设计人,由此可知,前述这三种人也不是共同发明人或者设计人。在实践中,判断哪些自然人是共同发明人或者设计人时,应当以发明创造研发过程中真实的研发记录作为判断的依据,客观地认定各个发明人或者设计人对发明创造的实质性特点作出的创造性贡献。

(三) 发明人或者设计人的合法受让人

受让人是指依据合同或者继承方式依法取得专利权的个人或者单位。专利权是一种财产权,可以按照法律规定的方式进行转让。但是,由于专利权的客体发明创造是一种无形财产,一般来说,无形财产的转让比有形财产要复杂一些,因此法律往往有特别的规定。我国《专利法》第 10 条规定,专利申请权和专利权可以转让。中国单位或者个人向外国人、外国企业或者外国其他组织转让专利申请权或者专利权的,应当依照有关法律、行政法规的规定办理手续。转让专利申请权或者专利权的,当事人应当订立书面合同,并向国务院专利行政部门登记,由国务院专利行政部门予以公告。专利申请权或者专利权的转让自登记之日起生效。《专利法实施细则》第14条规定:除依照《专利法》第10条规定转让专利权外,专利权因其他事由发生转移的,当事人应当凭有关证明文件或者法律文书向国务院专利行政部门办理专利权转移手续。专利权人与他人订立的专利实施许可合同,应当自合同生效之日起3个月内向国务院专利行政部门备案。以专利权出质的,由出质人和质权人共同向国务院专利行政部门办理出质登记。《专利审查指南》规定,专利申请权(或者专利权)转让或者因其他事由发生转移的,申请人(或者专利权人)应当以著录项目变更的形式向专利局登记。专利申请权(或者专利权)转移要满足以下要求:

(1) 申请人(或者专利权人)因权属纠纷发生权利转移提出变更请求的,如果纠纷是通过协商解决的,应当提交全体当事人签字或者盖章的权利转移协议书。如果纠纷是由地方知识产权管理部门调解解决的,应当提交该部门出具的调解书;如果纠纷是由人民法院调解或者判决确定的,应当提交生效的人民法院调解书或者判决书,对一审法院的判决,收到判决书后,审查员应当通知其他当事人,确认是否提起上诉,在指定的期限内未答复或者明确不上诉的,应当依据此判决书予以变更;提起上诉的,当事人应当提交上级人民法院出具的证明文件,原人民法院判决书不发生法律效力;如果纠纷是由仲裁机构调解或者裁决确定的,应当提交仲裁调解书或者仲裁裁决书。

(2) 申请人(或者专利权人)因权利的转让或者赠与发生权利转移提出变更请求的,应当提交转让或者赠与合同。该合同是由单位订立的,应当加盖单位公章或者合同专用章。公民订立合同的,由本人签字或者盖章。有多个申请人(或者专利权人)的,应当提交全体权利人同意转让或者赠与的证明材料。

(3) 专利申请权(或者专利权)转让(或者赠与)涉及外国人、外国企业或者外国其他组织的,应当符合下列规定:(i) 转让方、受让方均是外国人、外国企业或者外国其他组织的,应当提交双方签字或者盖章的转让合同。(ii) 对于发明或者实用新型专利申请(或者专利权),转让方是中国内地的个人或者单位,受让方是外国人、外国企业或者外国其他组织的,应当出具国务院商务主管部门颁发的《技术出口许可证》或者《自由出口技术合同登记证书》,或者地方商务主管部门颁发的《自由出口技术合同登记证书》,以及双方签字或者盖章的转让合同。(iii) 转让方是外国人、外国企业或者外国其他组织,受让方是中国内地个人或者单位的,应当提交双方签字或者盖章的转让合同。中国内地的个人或者单位与外国人、外国企业或者外国其他组织作为共同转让方,受让方是外国人、外国企业或者外国其他组织的,适用本项(ii)的规定处理;中国内地的个人或者单位与外国人、外国企业或者外国其他组织作为共同受让方,转让方是外国人、外国企业或者外国其他组织的,适用本项(iii)的规定处理。中国内地的个人或者单位与香港、澳门或者台湾地区的个人、企业或者其他组织作为共同转让方,受让方是外国人、外国企业或者外国其他组织的,参照本项(ii)的规定处理;中国内地的个人或者单位与香港、澳门或者台湾地区的个人、企业或者其他组织作为共同受让方,转让方是外国人、外国企业或者外国其他组织的,参照本项(iii)的规定处理。转让方是中国内地的个人或者单位,受让方是香港、澳门或者台湾地区的个人、企业或者其他组织的,参照本项(ii)的规定处理。

  在理解上述法律、法规以及规章的规定时,要注意以下几点:其一,专利权的转让应当订立书面合同。《民法典》第 469 条第 1 款规定,当事人订立合同,可以采用书面形式、口头形式或者其他形式。《民法典》第 877 条规定,法律、行政法规对技术进出口合同或者专利、专利申请合同另有规定的,依照其规定。而《专利法》明确规定了专利权的转让应当订立书面合同。这种规定即有利于保护合法权利人的权利,又有利于社会公众了解专利权的真实权利主体和便于国家知识产权局进行管理。其二,专利权的转让自登记之日起生效。这里所说的登记是指申请人按照专利局的规定,提交了前述《专利审查指南》关于专利权转让登记需要的文件后,专利局进行的专利权转移登记。因此,受让人要成为法律意义上的专利权人,仅仅与转让人签订专利权转让合同是不够的,他(们)必须到专利局按照规定履行登记手续,只有办理了登记,自登记之日起受让人才成为新的专利权人。同时,也要注意按照《专利法》规定,专利权的转让生效时间和专利权的生效时间也不一样。因为按照《专利法》第 39 条规定,发明专利权自公告之日起生效。《专利法》第 40 条规定,实用新型专利权和外观设计专利权自公告之日起生效,而按照《专利法》第 10 条的规定专利申请权或者专利权的转让自登记之日起生效。其三,以专利权出资的属于以其他方式转移专利权。因为按照民法原理、当事人以财产所有权投资后,该财产权就独立于原主体,由新的主体享有和行使所有权。因此,以专利权出资的,专利权应当由投资者依法设立的新的民事主体享有权利。当然,出资人应当履行前述专利权转让的法律手续和法律程序。

二、发明人或者设计人所在单位

(一) 发明人或者设计人属于同一单位

  如果发明人或者设计人属于同一单位,在专利权的归属上,就是如何处理发明人或者设计人与其单位之间的权利义务关系。如果专利申请和专利权归属于发明人或者设计人所属单位,这种发明创造被称为职务发明创造。在 20 世纪之前,大多数发明创造是由个人完成的,这种发明创造就是非职务发明创造。随着科学技术的发展,发明创造日益复杂,单靠个人的力量越来越难完成,于是越来越多的公司、企业等法人或者非法人组织出面雇佣技术人员进行科学研究,于是出现了"职务发明创造"的概念。对于这样的发明创造,谁有权申请和获得专利,是理论上和实践上都是必须明确的问题。

1. 各国关于职务发明创造权利归属的简介

在专利制度的早期,发明创造大多是由发明人利用自己的资金、设备、资料等物质技术条件,发挥自身个人的聪明才智完成的。但是,到了20世纪以后,随着科学技术的进步以及社会经济活动日益复杂,要依靠单个人的物质技术条件以及聪明才智去完成发明创造越来越难。因此,越来越多的科技人员受雇于法人或者非法人组织,这些科技人员在法人或者非法人组织提供的资金、设备、资料等物质技术条件下进行科学研究,在这种情况下,对这些受雇于法人或者非法人组织的发明人或者设计人作出的发明创造申请专利的权利应当归属于谁呢?是归属于作为发明人或者设计人的雇员,还是他们所在的工作单位,或是二者共有呢?关于这一问题,国际上大致有三种不同的观点和立法体例。[①]

第一种观点认为,任何发明创造都是自然人智慧的结晶,其所在单位无论提供什么样的物质技术条件都不会自动产生发明创造,因此即使自然人在利用单位物质技术条件的基础上完成的发明创造,对发明创造享有权利的主体都应当是发明创造的发明人或者设计人,而不是其所在单位。如《美国专利法》第111条[②]第1款第1项规定:"专利申请,除本法另有规定外,应由发明人本人或者由发明人授权他人以书面形式向专利与商标局局长提出。"该法第115条[③]规定"申请人应宣誓表明自己是寻求获得专利保护的方法、机械、制造品、组合物或者其改进的原始且最早的发明人……"一般认为,美国的这种规定来源于《美国宪法》第1条第8款的规定,即"……为了发展科学技术和艺术,应当保障作者和发明者对其著作和发明享有一定期限的独占权……"[④]由于《美国专利法》将专利权原始归属于发明人或者设计人,为了保护雇主的利益,在美国司法实践中形成了"店长权"(shopping rights)的概念,即发明人的雇主对职务发明享有非独占的实施权。其前提是发明人保留该职务发明的专利权,如果发明人根据与雇主订立的合同将该发明的专利权转让给雇主,则专利权的全部权利属于雇主。《日本专利法》有关由雇员完成的发明创造权利归属的规定类似《美国专利法》的规定。

---

① 尹新天,《中国专利法详解》,知识产权出版社2011年版,第71—72页。

② 其原文为:WRITTEN APPLICATION. —An application for patent shall be made, or authorized to be made, by the inventor, except as otherwise provided in this title, in writing to the Director.

③ 其原文为:The applicant shall make oath that he believes him-self to be the original and first inventor of the process, machine, manufacture, or composition of matter, or improvement thereof, for which he solicits a patent.

④ 其原文为:To promote the Progress of Science and useful Arts, by securing for limited Times to Authors and Inventors the exclusive Right to their respective Writings and Discoveries.

第二种观点刚好与第一种观点针锋相对。这种观点认为,虽然雇员在完成发明创造的过程中贡献出自己的智慧,但是雇主不但提供了完成发明创造所需要的物质技术条件,而且已经按照法律规定或者双方的约定向发明人或者设计人支付了劳动报酬。因此,雇员利用其所在单位物质技术条件完成的发明创造,专利申请权应当归属其所在单位,在申请获得授权后,其专利权自然归属其单位。但是,由于发明人或者设计人智力创造活动对发明创造的完成有非常重要的作用,因此,在专利申请权和专利权归属发明人或者设计人所在单位的同时,法律又强制性的规定单位应当给予发明人或者设计人最低的以及合理的奖励和报酬。我国《专利法》就采用这种立法。

第三种立法模式是指除了专利法对专利权的归属作出原则性规定外,还制定专门的雇员发明法,对雇员在受雇期间完成的发明创造的归属作出更为具体和更为灵活的制度安排。比如德国的《雇员发明法》规定,雇员完成职务发明后,应当立即向雇主书面报告其要解决的技术问题、解决方案、雇主给予的任务和指示、用到的知识经验等;雇主收到该报告后,应当在四个月内作出雇主享有有限权利还是无限权利的选择;雇主选择享有无限权利的,该发明的全部权利由雇主享有,但应当给予发明人以合理的报酬;雇主选择有限权利的,获得非独占的免费实施权,专利申请权和专利权由雇员享有;雇主未在规定期限内作出选择的,该职务发明的全部权利属于雇员。对于雇员作出的非职务发明(自由发明),雇员也有义务立即向雇主申报。雇主收到申报后,在3个月内未以书面形式对雇员认为申报的发明创造属于非职务发明创造的主张提出质疑的,就不得主张该发明为职务发明。如果非职务发明属于雇主正在开展或者即将开展的业务范围,雇员还必须给雇主一个允许雇主非独占实施该发明的要约(offer),雇主在3个月内未接受该要约的,其就不再享有任何权利。

通过上述介绍,我们可以看出,在美国和日本,尽管法律规定发明创造的原始权利归属于发明人或者设计人,但其法律都规定发明人或者设计人对发明创造享有的原始权利可以以书面形式加以转让。因此,大多数企业会在与其员工签订的劳动合同中约定职务发明创造必须转让给雇主。这样一来,专利权人实际上是雇主而非雇员。

2. 我国《专利法》关于职务发明创造归属的规定

(1) 职务发明创造的界定

我国《专利法》第6条第1款规定,执行本单位的任务或者主要是利用本单位的物质技术条件所完成的发明创造为职务发明创造。职务发明创造申请专利的权利属于该单位;申请被批准后,该单位为专利权人。《专利法实施细则》第12条规定,《专利法》第6条所称执行本单位的任务所完成的职务发明创造,是指:(1)在本职工作中作出的发明创造;(2)履行本单位交付的本职工作之外的任务所作出的发明创造;(3)退休、调离原单位后或者劳动、人事关系终止后1年内作出的,与其在原单位承担的本职工作或者原单位分配的任务有关的发明创造。《专利法》第6条所称本单位,包括临时工作单位;《专利法》第6条所称本单位的物质技术条件,是指本单位的资金、设备、零部件、原材料或者不对外公开的技术资料等。

在理解《专利法》关于职务发明创造的含义时,首先要明确法律规定中几个基本概念的含义。其一,"本单位"如何认定。关于"单位"的含义请参考本章第一节的相关论述。那么,发明人或者设计人的"本单位"应当是指发明人或者设计人所属的法人或者非法人组织。按照《民法典》规定法人包括营利法人、非营利法人、特别法人。非法人组织包括个人独资企业、合伙企业、不具有法人资格的专业服务机构等。营利法人包括有限责任公司、股份有限公司和其他企业法人等。非营利法人包括事业单位、社会团体、基金会、社会服务机构等。特别法人包括机关法人、农村集体经济组织法人、城镇农村的合作经济组织法人、基层群众性自治组织法人。按照我国现行法律规定,发明人或者设计人与其所属的法人和非法人组织之间所适用的法律是《公务员法》或者《劳动合同法》。前者调整的是人事关系,后者调整的是劳动关系。按照《公务员法》第2条第1款规定,本法所称公务员,是指依法履行公职、纳入国家行政编制、由国家财政负担工资福利的工作人员。因此,我国公务员包括下列七类工作人员:中国共产党机关的工作人员、人民代表大会机构的工作人员、行政机关的工作人员、政协机关的工作人员、审判机关的工作人员、检察机关的工作人员、民主党派机关的工作人员。另外,《公务员法》第112条规定,法律、法规授权的具有公共事务管理职能的事业单位中除工勤人员以外的工作人员,经批准参照本法进行管理。按照《劳动合同法》第2条规定,中华人民共和国境内的企业、个体经济组织、民办非企业单位等组织(以下称用人单位)与劳动者建立劳动关系,订立、履行、变更、解除或者终止劳动合同,适用本法。国家机关、事业单位、社会团体和与其建立劳动关系的劳动者,订立、履行、变更、解除或者终止劳动合同,依照本法执行。因此,一个发明人或者设计人的本单位到底是哪个?应当根据《公务员法》和《劳动合同法》的规定进行判断。从上述介绍可以看出,适用《公务员法》的工作人员从事的是公共事务管理职能,而非科学研究职能。因此,他们作出的发明创造不容易被认定是职务发明创造。因此,我们下文讨论相关法律规定时,只针对适用《劳动合同法》的情形。其二,"临时工作单位"如何认定?"临时工作单位",是指在借调[①]、

---

① 借调,是指一个单位借用别单位的工作人员而不改变其隶属关系的一种人事安排。

兼职①、实习②等情况下,虽然被借调人员、兼职人员、实习人员的编制和工资关系仍然在其原所在单位,但在工作任务上由借入单位、聘用单位、实习单位支配和管理,所以发明人或者设计人在完成借入单位、聘用单位、实习单位分配的任务或者利用其提供的物质技术条件的情况下,这些单位就是发明人或者设计人的本单位。

按照我国法律规定,职务发明创造分为以下几种类型:

第一,在本职工作中完成的发明创造。何谓"本职工作",我国《专利法》《专利法实施细则》《专利审查指南》以及相关司法解释中都未给出明确的界定。通说认为,本职工作是指按照劳动合同的约定由单位分配给工作人员的职务范围,因而它不是指工作人员所学专业的范围,也不是指单位的全部业务范围。按照《劳动合同法》的规定,用人单位自用工之日起即与劳动者建立劳动关系,建立劳动关系的,应当订立书面劳动合同。已建立劳动关系,未同时订立书面劳动合同的,应当自用工之日起1个月内订立书面劳动合同。用人单位与劳动者在用工前订立劳动合同的,劳动关系自用工之日起建立。劳动合同应当具备的条款之一即为"工作内容"。并且,按照国家相关行政法规、行政规章以及司法解释的规定,劳动关系也包括了事实劳动关系③的情形。因此也可以说,"本职工作"就是劳动合同中载明的劳动者的工作内容,是用人单位分配给劳动者的工作任务。但是,需要注意的是如果劳动合同没有明确载明或者没有签订劳动合同的,劳动者在其所在单位实际从事的工作即是其"工作内容",也就是劳动者的"本职工作"。

第二,履行本单位交付的本职工作之外的任务作出的发明创造。此种任务是指单位工作人员按照单位的要求,承担其本职工作之外的任务。虽然这些被指派的工作与其本职工作不同,但是其与本职工作一样都被单位交付的工作,体现了单位意志,因此将在履行这些工作的过程中完成的发明创造界定为职务发明创造。但是这种任务应当有明确、具体的依据,例如单位有关部门发出的有关

---

① 兼职,区别于全职,是指职工在本职工作之外兼任其他工作职务。兼职者除了可以领取本职工作的工资外,还可以按标准领取所兼任工作职务的其他工资,指非主要工作外的工作。不过,对于公务员而言,按照《公务员法》规定,公务员因工作需要在机关外兼职,应当经有关机关批准,并不得领取兼职报酬。

② 实习,是指把学到的理论知识拿到实际工作中去应用和检验,以锻炼工作能力。

③ 事实劳动关系与劳动关系相比,只是欠缺了有效的书面合同这一形式要件,但并不影响劳动关系的成立。事实劳动关系是劳动争议处理和工伤认定工作中经常被用到的概念,原劳动部《关于贯彻执行若干问题的意见》第17条第一次在立法中使用了"事实劳动关系"这一概念,但《工伤保险条例》《中华人民共和国劳动法》第18条、第61条规定:劳动关系包括事实劳动关系,进一步明确了事实劳动关系作为劳动关系的存在。最高人民法院《关于审理劳动争议案件适用法律若干问题的解释》(法释〔2001〕14号)第16条规定:劳动合同期满后,劳动者仍在原用人单位工作,原用人单位未表示异议的,视为双方同意以原条件继续履行劳动合同。这表明对于用人单位与劳动者以前签订过劳动合同,劳动合同到期后形成的事实劳动关系,用人单位与劳动者均继续享有原劳动合同约定的权利,并应履行原劳动合同约定的义务。

书面通知、办理的相关手续等等。如果仅仅是领导的一般性号召或者是口头的赞同,还不能认为分配了临时任务。这种任务涉及的工作内容和工作地点、工作时间等内容很可能与劳动合同约定的情形不一致。因此,要注意工作地点变更以及工作时间长短的变更不影响此种任务性质的认定。

对于以上两种情况,还涉及作出发明创造的时间问题。我国《专利法》以及《专利法实施细则》都没有规定职务发明创造一定是在工作时间作出的。因此,一项发明创造即使是单位工作人员在劳动合同约定的"工作时间"之外(包括事实劳动关系情况下的"工作时间")作出的,只要符合法律规定的条件,仍然应当认定为职务发明创造。不过,如果一项发明创造既不是发明人或者设计人的"本职工作",也不是其"履行本单位交付的本职工作之外的任务",只是其全部利用或者部分利用"工作时间"作出的,该发明创造是不是应当认定为职务发明创造呢?在这种情形下,应当联系《专利法》第6条的规定综合各方面因素加以认定。首先,看发明人或者设计人有没有主要利用单位的物质技术条件,如果其利用了,应当认定为职务发明创造。其次,发明人或者设计人只是利用单位物质技术条件的,如果单位与发明人或者设计人订有合同,对申请专利的权利和专利权的归属作出约定的,从其约定。如果单位与发明人或者设计人没有订立合同,可以根据民法的规定公平合理的裁定。

第三,退休、调离原单位后或者劳动、人事关系终止后1年内作出的,与其在原单位承担的本职工作或者原单位分配的任务有关的发明创造。这种类型的发明创造被界定为职务发明创造需要同时满足两个条件:第一,时间条件,发明创造必须是退休、调离原单位后或者劳动、人事关系终止后1年内作出的,超过1年作出的不能认为是职务发明创造。"1年"应当以正式办理退休、调离法律文件或者劳动、人事关系终止法律文件之日起算。"作出的"日期一般以专利申请日推定为该发明创造作出的日期。第二,内容条件,发明人或者设计人作出的发明创造必须与其在原单位承担的本职工作或者原单位分配的任务"有关"。此处"有关"是指其与原单位承担的本职工作或者原单位分配的任务的工作性质、业务范围和技术专业有联系。

第四,主要利用本单位的物质技术条件所完成的发明创造。根据《专利法实施细则》的规定,本单位的"物质技术条件"是指本单位的资金、设备、零部件、原材料或者不对外公开的技术资料等。该规定与2004年《最高人民法院关于审理技术合同纠纷案件适用法律若干问题的解释》第3条的规定:"合同法第326条第2款所称'物质技术条件',包括资金、设备、器材、原材料、未公开的技术信息和资料等。"虽然在表述上略有区别,但本质上是一致的。关于何为"主要利用本单位的物质技条件",我国《专利法》和《专利法实施细则》都未加以界定。2004年《最高人民法院关于审理技术合同纠纷案件适用法律若干问题的解释》第4条对此作出了规定:"主要利用法人或者其他组织的物质技术条件",包括职工在技术成果的研究开发过程中,全部或者大部分利用了法人或者其他组织的资金、设备、器材或者原材料等物质条件,并且这些物质条件对形成该发明创造具有实质性的影响;还包括该技术成果实质性内容是在法人或者其他组织尚未公开的技术成果、阶段性技术成果基础上完成的情形。但下列情况除外:其一,对利用法人或者其他组织提供的物质技术条件,约定返还资金或者交纳使用费的;其二,在技术成果完成后利用法人或者其他组织的物质技术条件对技术方案进行验证、测试的。

不过,如果发明人或者设计人个人完成的技术成果,属于执行原所在法人或者其他组织的工作任务,又主要利用了现所在法人或者其他组织的物质技术条件的,如何确定权利归属呢?《最高人民法院关于审理技术合同纠纷案件适用法律若干问题的解释》第5条规定为,应当按照该自然人原所在和现所在法人或者其他组织达成的协议确认权益。不能达成协议的,根据对完成该项技术成果的贡献大小由双方合理分享。

另外,还要注意的是"主要利用"并不以执行本单位的任务或者履行本单位交付的本职工作之外的任务为前提。也就是说,只要发明人在发明过程中主要利用了本单位的物质技术条件,就应被认定为职务发明,不管发明内容是否与其本职工作有关,也不论发明内容是否属于单位的业务范围。如果不是主要利用本单位的物质技术条件所完成的发明创造,而只是按照利用本单位的物质技术条件所完成的发明创造,对其权利归属如何认定呢?对此,我国《专利法》规定:单位与发明人或者设计人订有合同,对申请专利的权利和专利权的归属作出约定的,从其约定。[①]

(2) 职务发明创造的权利归属

① 单位享有的权利

《专利法》第6条规定,职务发明创造申请专利的权利属于该单位;申请被批准后,该单位为专利权人。

② 发明人或者设计人享有的权利[②]

其一,发明人或者设计人的署名权。按照《专利法》的规定,发明人或者设计

[①] 关于《专利法》第6条第3款"利用本单位的物质技术条件所完成的发明创造,单位与发明人或者设计人订有合同,对申请专利的权利和专利权的归属作出约定的,从其约定"的理解有所争议。主要有三种观点:其一,主要是利用本单位的物质技术条件所完成的发明创造也能由单位与发明人或者设计人订立合同,将专利申请权和专利权归属于发明人或者设计人。其二,只有利用本单位的物质技术条件所完成的发明创造才能由单位与发明人或者设计人订立合同,将专利申请权和专利权归属于发明人或者设计人。其三,上述两种情况都允许双方订立合同约定专利申请权和专利权的归属。换句话说,可以将职务发明创造约定为非职务发明,也可以将非职务发明创造约定为职务发明创造。

[②] 详细论述参见本章"发明人或者设计人权利"部分。

人有权在专利文件中写明自己是发明人或者设计人。

其二,获得奖励和报酬的权利。

(二)发明人或者设计人属于不同单位

如果发明人或者设计人属于不同的单位,这些单位之间有合作关系或者委托关系的,按照《专利法》第8条规定,两个以上单位或者个人合作完成的发明创造、一个单位或者个人接受其他单位或者个人委托所完成的发明创造,除另有协议的以外,申请专利的权利属于完成或者共同完成的单位或者个人;申请被批准后,申请的单位或者个人为专利权人。根据该条规定,在发明人或者设计人属于不同单位的情况时,对于委托完成的发明创造以及合作完成的发明创造,首先实行合同约定优先的原则,即委托方与受托方、合作各方如果对专利申请权或者专利权有协议约定的,依照协议的约定处理专利权的归属问题。如果各方没有协议约定或者约定不明确的,申请专利的权利属于完成或者共同完成的单位。至于具体的完成或者共同完成的单位是哪些?就合作完成的发明创造而言是指合作各方。而就委托完成的发明创造而言,完成发明创造的单位一般是指受托方,在这一点上,我国与西方国家的做法不同。

实务指引

案情回放:上诉人(原审被告)和两被诉人(均为原审原告)同为第三人(某数码锁具有限公司)的股东。同时,上诉人担任该公司执行董事、总经理。该公司的经营范围为数码智能锁具、数码智能安全防范设备的制造、销售等。第三人就数码智能锁项目向科技局申报,并与其签订了《科技项目合同》,该项目设计锁、钥匙、钥匙设定器三种产品,项目负责人为上诉人。之后,第三人为项目投入了大量的人力、物力、财力,第三人向工商局提交的《申请报告》称:本公司自注册成立两年来,投入大量的财力和人力开发自主知识产权的涉案项目"数码智能锁"。后上诉人以其个人名义向国家知识产权局提出关于"一种有钥匙提供电源的微功耗电子锁具"的发明专利申请、实用新型专利申请各一项。该专利申请文件与第三人涉案项目的图纸所记载的技术方案相同。

判决要旨:《专利法》规定,执行本单位的任务或者主要是利用本单位的物质技术条件所完成的发明创造为职务发明创造。职务发明创造申请专利的权利属于该单位;申请被批准后,该单位为专利权人。在本案中,第三人的设计图纸等技术资料所反映的技术方案与上诉人的专利申请技术方案相同,可以认定是同一技术方案。第三人成立后,对上述技术方案项目申报了市科技发展项目,上诉人作为该项目的负责人,第三人的其他研究人员也参加了该项目的研发。第三人为完成该技术方案投入的相当的人力、物力。因此,涉案专利申请技术方案应当是上诉人等人为执行第三人的任务,并且利用其物质技术条件所完成的职务发明创造。该技术方案的专利申请权应当属于第三人。

司考链接

1. 甲钢铁公司委托乙研究所为其开发一种新的钢铁冶炼方法,乙在开发过程中由于研究人员短缺,经甲同意邀请已退休两年的科研人员丙一起进行开发,并共同完成了该项任务。甲、乙、丙之间均未就开发成果申请专利的事宜进行约定。下列关于该钢铁冶炼方法专利申请权归属的说法哪些是正确的?

A. 属于乙
B. 属于甲和乙共有
C. 属于乙和丙共有
D. 属于甲、乙、丙共有

答案:C

2. 某外资企业员工李某在中国完成了一项职务发明创造。该外资企业就该发明在我国获得了专利权,随后将该专利权转让给其外国母公司。下列说法哪些是正确的?

A. 该外资企业应当给予李某奖励
B. 李某有在专利文件中写明自己是发明人的权利
C. 该专利权的转让除应向国家知识产权局登记外,无需办理其他任何手续
D. 如果李某因奖励事宜与该外资企业发生纠纷,李某只能向劳动争议仲裁委员会申请仲裁

答案:AB

3. 在办理专利申请权或专利权的转让手续时,下列哪些情形应当出具商务主管部门颁发的《技术出口许可证》或者《技术出口合同登记证书》?

A. 广州市市民王某向国家知识产权局提交了一件外观设计专利申请并获得专利权,之后将该专利权转让给一家日本的企业
B. 北京市的一所大学与美国的一所大学共同向国家知识产权局提交了一件发明专利申请,之后将该专利申请权转让给一家韩国的企业
C. 上海市市民刘某向国家知识产权局提交了一件发明专利申请,之后刘某在美国作访问学者期间,将其专利申请权转让给一家美国的企业
D. 天津市的一家民营企业向国家知识产权局提交了一件发明专利申请并获得了专利权,之后将专利权转让给在中国内地注册的一家外资企业

答案:BC

4. 某国有企业员工李某在执行本单位任务时独立完成了一项发明。该国有企业就该发明提交的专利申请文件中将李某和总工程师张某署名为共同发明人,并在专利权授予5个月后,发给李某3000元和张某1000元人民币作为奖金。此外,该国有企业每年从获得的实施许可费100万元中拿出15万元和5万元分别支付给李某和张某作为报酬。下列哪些说法是正确的?

A. 该国有企业不应当将张某署名为发明人

B. 该国有企业给予李某奖金的时间晚于法定期限

C. 该国有企业给予李某 15 万元的报酬低于法定标准

D. 该国有企业给予李某 3000 元的奖金低于法定标准

答案：AB

5. 甲公司员工张某和李某承担公司交付的任务共同开发一种新型记忆材料，开发的场地和设备由乙公司依据甲乙之间的租用合同提供。张某和李某都对该新型记忆材料的实质性特点作出了创造性贡献。在研发工作后期，张某因劳资纠纷辞职离开了甲公司。下列哪些说法是正确的？

A. 就该新型材料申请专利的权利属于张某和甲公司共有

B. 就该新型材料申请专利的权利属于甲公司和乙公司共有

C. 该新型材料的发明人仅为李某

D. 该新型材料的发明人为张某和李某

答案：D

6. 下列关于发明人、设计人的说法哪些是正确的？

A. 发明人或者设计人有在专利文件中不公开自己姓名的权利

B. 职务发明的发明人在其发明被授予专利权后有权获得奖励

C. 职务发明的发明人在其发明被授予专利权后有权自行实施

D. 发明人或者设计人有在专利文件中写明自己是发明人或者设计人的权利

答案：ABD

推荐阅读

1. 尹新天：《中国专利法详解》，知识产权出版社 2011 年版。第 73—95 页，本部分详细论述了职务发明创造的界定、权利划分、与发明创造的权利归属有关的争议及其解决途径、合作以及委托完成的发明创造申请专利的权利以及专利权的归属。第 192—206 页，本部分详细论述了职务发明创造发明人、设计人的奖励和报酬制度。

2. 胡凤滨主编：《中国指导案例、参考案例判旨总提炼 知识产权纠纷》，法律出版社 2012 年版，第 4—13 页。涉及案例阐述了如何认定职务发明创造。

第三章 授予专利权的实质条件

要点提示

本章重点掌握的知识点：发明、实用新型、外观设计的含义。新颖性、创造性、实用性的含义及其具体判断方法。不授予专利权情形的种类。

本章知识结构图

授予专利权的实质条件
- 可申请专利的客体
  - 发明
  - 实用新型
  - 外观设计
- 发明和实用新型专利申请的授权条件
  - 新颖性
  - 创造性
  - 实用性
- 外观设计专利申请的授权条件
  - 新颖性
  - 创造性
  - 不得与他人在申请日以前已经取得的合法权利相冲突
- 不授予专利权的情形：对违反国家法律、社会公德或者妨害公共利益的发明创造；对违反法律、行政法规的规定获取或者利用遗传资源，并依赖该遗传资源完成的发明创造；科学发现；智力活动的规则和方法；疾病的诊断和治疗方法；动物和植物品种；用原子核变换方法获得的物质；对平面印刷品的图案、色彩或者二者的结合作出的主要起标识作用的设计。

拓展贴士

如果从广义上理解"授予专利权的条件"，可以包括三个方面：第一，申请专利的客体应当满足的条件(禁止条件和实质条件)；第二，申请人提交的专利申请文件应当满足的条件；第三，办理专利申请手续应当满足的条件。本章所论述内容主要就第一点而言。对此，《专利法》从三个角度进行了规范：其一，可申请专利的客体的一般含义，体现在《专利法》第 2 条；其二，专利申请的客体获得授权的实质条件,体现在《专利法》第 22 条(发明和实用新型授权实质条件)、第 23 条(外观设计授权实质条件)的规定;其三,不授予专利权的情形,体现在《专利法》第 5 条和第 25 条。

第一节 可申请专利的客体

引导案例

案例 1:某人经过反复实验,发明了一种新的环保涂料,该涂料是否属于可申请专利的客体?

案例 2:某制药公司经过研究,发明了一种新的治疗肝炎的药品,该药品是否属于可申请专利的客体?

案例 3:某变压器厂发明了一种新的更有效地缠绕变压器线圈的方法,该方法是否属于可申请专利的客体?

案例 4:某陶瓷厂在自己生产的盘子上采用了一种新的且很有美感的图案,该图案是否属于可申请专利的客体?

可申请专利的客体,是指依法以专利形式保护的发明创造成果,是依法应该被授予专利权,记载于专利文献中的技术成果。世界各国法律对具体哪些发明创造可以被授予专利权的规定不尽相同。在绝大多数国家,专利仅指发明,专利的含义与发明一样,《巴黎公约》中所使用的专利一词就是发明的意思。少数国家的法律中,专利不仅指发明,还包括实用新型和外观设计。但对于后两者的保护,有放在专利法中规范的,也有单独立法规范的。但总的来说,发明都是各国专利法规范的主要对象。我国《专利法》第 2 条第 1 款规定:"本法所称的发明创造是指发明、实用新型和外观设计。"因此,在我国可申请专利的客体有发明、实用新型和外观设计。

一、发明

《专利法》第 2 条第 2 款规定:"发明,是指对产品、方法或者其改进所提出的新的技术方案。"为了更严格界定发明的含义,《专利法》第 5 条与第 25 条采用反面定义的方法,即采取排除方法明确了不予专利保护的发明创造的范围与界限。

需要注意的是此处对发明含义的界定是对可申请专利保护的发明客体的一般性定义,不是判断新颖性、创造性的具体审查标准。

在上述定义中,能够对发明专利权的保护客体产生限制作用的主要是"技术方案"这一措辞。那么何谓"技术方案"呢?2010年《专利审查指南》进行了如下解释:"技术方案是对要解决的技术问题所采取的利用了自然规律的技术手段的集合。技术手段通常是由技术特征来体现的。未采用技术手段解决技术问题,以获得符合自然规律的技术效果的方案,不属于《专利法》第2条第2款规定的客体。气味或者诸如声、光、电、磁、波等信号或者能量也不属于《专利法》第2条第2款规定的客体。但利用其性质解决技术问题的,则不属此列。"因此,没有利用自然规律的方案不是发明,比如:财务结算办法、体育比赛规则。违背自然规律的所谓"创造"不是发明,比如:永动机。自然规律本身不是发明,比如:科学发现、能量守恒定律。但是要注意,《专利法》第25条没有明确规定对于计算机程序和商业规则和方法不能授予专利权,因此,2010年《专利审查指南》中专门加入了"关于涉及计算机程序的发明专利申请审查的若干规定"一章。2017年2月28日国家知识产权局发布了《关于修改〈专利审查指南〉的决定(2017)(局令第74号)》,该决定自2017年4月1日起施行。其第1条和第2条进一步详细明确了涉及商业规则和方法专利权申请的审查要求。① 2019年《专利审查指南》并未对此内容再次修改。

技术方案由技术特征组成,分为产品技术方案和方法技术方案两种。产品技术方案的技术特征可以是零件、部件、材料、器具、设备、装置的形状、结构、成分等;方法技术方案的技术特征可以是工艺、步骤、过程以及所采用的原料、设备、工具等。并且,各个技术特征之间的相互关系也是技术特征。

一般认为,《专利法》所规定的发明包括产品发明、方法发明、对产品或者方法改进的发明(改进发明)。产品发明所指产品是指人通过劳动生产制造出来的物品,没有经过人的劳动生产制造,纯粹属于自然状态的东西不是《专利法》意思上的产品,例如天然宝石。因此,产品发明是指针对能够制造出新产品且以该产品本身的技术特征作为权利保护范围的发明。产品发明具体可以分为三类:

---

① 一、第二部分第一章第4.2节的修改。在《专利审查指南》第二部分第一章第4.2节第(2)项之后新增一段,内容如下:【例如】涉及商业模式的权利要求,如果既包含商业规则和方法的内容,又包含技术特征,则不应当依据《专利法》第25条排除其获得专利权的可能性。本节其他内容无修改。

二、第二部分第九章第2节的修改。将《专利审查指南》第二部分第九章第2节第(1)项第一段中的"仅仅记录在载体(例如磁带、磁盘、光盘、磁光盘、ROM、PROM、VCD、DVD或者其他的计算机可读介质)上的计算机程序"修改为"仅仅记录在载体(例如磁带、磁盘、光盘、磁光盘、ROM、PROM、VCD、DVD或者其他的计算机可读介质)上的计算机程序本身"。将《专利审查指南》第二部分第九章第2节第(1)项第三段第一句中的"仅由所记录的程序限定的计算机可读存储介质"修改为"仅由所记录的程序本身限定的计算机可读存储介质"。本节其他内容无修改。

(1) 制造品的发明,如机器、设备、仪器、装置、用具、部件、零件等。(2) 材料发明,如化学物质(油漆、涂料)、合成物(水泥、玻璃)等。(3) 有新用途产品的发明,即在不改变物品结构的条件下,发现该物品从前不为人所知的新用途,也就是说将已知产品用于新的目的的发明。例如将作为木材杀菌剂的五氯酚制剂用作除草剂而取得了意想不到的效果,该用途发明具备创造性。方法发明所指方法是指解决某一技术问题所采用的手段和步骤。该方法具有过程或者时间的要素。因此,方法发明是指针对解决某一技术问题所采用的手段和步骤作出的新的技术方案的发明。方法可以分为产品制造方法和操作使用方法两种类型。前者作用于一定物品上,目的是使该物品在结构、形状或者物理化学特性上产生变化,比如齿轮的制造方法;后者不以改变方法涉及物品本身的结构、形状或者物理化学特性为目的,而是寻求方法涉及物品相互之间某种非物质性结果的新的技术方案,比如涉及测量、检验、通风、照明等的方法。由于发明专利保护的客体不是产品就是方法,前述的两种发明实际包括了可申请专利的所有客体。不过,由于开创发明难度高,并且开创发明涉及的产品和方法仍然会有改进的可能,因此《专利法》明确规定,对于产品发明和方法发明提出实质性革新的技术方案所形成的改进发明也是可以授予专利权的客体。可见,改进发明是在保护已知对象独特性的前提下对已有产品或方法赋予新的特性或进行新的部分质变。比如美国通用电气公司用充惰性气体的方法改进了爱迪生发明了白炽灯,显著的改进了白炽灯的质量。

《专利法》在界定发明的含义时,还使用了"新"一词,关于该词是否表明对发明专利的技术方案提出了新颖性要求。一般认为答案是否定的。主要理由是《专利法》第 22 条第 2 款对发明的新颖性含义作出专门界定,应当以此为依据判断发明专利申请新颖性。《专利法》第 2 条第 2 款使用"新"一词,只是表明能够获得发明专利的技术方案应当具有的性质,以免使公众误认为所有对产品、方法或者其改进所提出的技术方案都能够被授予发明专利。基于该理由,2010 年《专利审查指南》第二部分第一章 2 指出:"《专利法》所称的发明,是指对产品、方法或者其改进所提出的新的技术方案,这是对可申请专利保护的发明客体的一般性定义,不是判断新颖性、创造性的具体审查标准。"

在理解此处"发明"时,还有一点需要注意理解其与科学发现的关系。科学发现,是指对自然界中客观存在的物质、现象、变化过程及其特性和规律的揭示。按照《专利法》第 25 条规定对"科学发现"不授予专利权。发明和科学发现虽有本质不同,但两者关系密切。通常情形下,有很多发明是建立在科学发现的基础之上的,进而发明又促进了科学发现。发明与科学发现的这种密切关系在化学物质的"用途发明"上表现最为突出,当发现某种化学物质的特殊性质之后,利用这种性质的"用途发明"则应运而生。例如,发现卤化银在光照下有感光特性,这种科学发现不能被授予专利权,但是根据这种发现制造出的感光胶片以及此感光胶片的制造方法则可以被授予专利权。

二、实用新型

《专利法》第 2 条第 3 款规定:"实用新型,是指对产品的形状、构造或者其结合所提出的适于实用的新的技术方案。"

实用新型与发明保护的对象都是一种新的技术方案,但实用新型保护的只是产品的新的技术方案,不能是方法的新的技术方案。并且,按照《专利法》的规定,即使是涉及产品的技术方案,也只有对产品的形状、构造或者其结合所提出的适于实用的新的技术方案才能采用实用新型专利的保护。

实用新型专利所指产品,按照 2010 版《专利审查指南》的规定,应当是经过产业方法制造的,有确定形状、构造且占据一定空间的实体。一切方法以及未经人工制造的自然存在的物品不属于实用新型专利保护的客体。因此产品的制造方法、使用方法、通讯方法、处理方法、计算机程序以及将产品用于特定用途等都不属于实用新型专利保护的客体,但是,它们是发明专利保护的客体。不过要注意的是如果一项发明创造既包括对产品形状、构造的改进,也包括对生产该产品的专用方法、工艺或构成该产品的材料本身等方面的改进。实用新型专利仅保护针对产品形状、构造提出的改进技术方案。但是,如果某技术方案可以同时申请发明专利和实用新型专利时,是申请发明专利还是实用新型专利,或者同时提出两种专利申请,需要在考虑审查期限、技术方案特点、申请费用、维持费用、商业竞争布局等诸多因素之上仔细斟酌。

产品的形状是指产品所具有的、可以从外部观察到的确定的空间形状。对产品形状所提出的改进可以是对产品的三维形态所提出的改进,例如对凸轮形状、刀具形状作出的改进;也可以是对产品的二维形态所提出的改进,例如对型材的 断面形状的改进。无确定形状的产品,例如气态、液态、粉末状、颗粒状的物质或材料,其形状不能作为实用新型产品的形状特征。按照《专利审查指南》的规定,在对产品的形状进行判断时,应当注意以下问题:

(1) 不能以生物的或者自然形成的形状作为产品的形状特征。例如,不能以植物盆景中植物生长所形成的形状作为产品的形状特征,也不能以自然形成的假山形状作为产品的形状特征。

(2) 不能以摆放、堆积等方法获得的非确定的形状作为产品的形状特征。

(3) 允许产品中的某个技术特征为无确定形状的物质,如气态、液态、粉末状、颗粒状物质,只要其在该产品中受该产品结构特征的限制即可,例如,对温度计的形状构造所提出的技术方案中允许写入无确定形状的酒精。

(4) 产品的形状可以是在某种特定情况下所具有的确定的空间形状。例如，具有新颖形状的冰杯、降落伞等。

产品的构造是指产品的各个组成部分的安排、组织和相互关系。产品的构造可以是机械构造，也可以是线路构造。机械构造是指构成产品的零部件的相对位置关系、连接关系和必要的机械配合关系等；线路构造是指构成产品的元器件之间的确定的连接关系。复合层可以认为是产品的构造，产品的渗碳层、氧化层等属于复合层结构。物质的分子结构、组分、金相结构等不属于实用新型专利给予保护的产品的构造，例如，仅改变焊条药皮组分的电焊条不属于实用新型专利保护的客体。按照《专利审查指南》的规定，在对产品的构造进行判断时，应当注意以下问题：

（1）权利要求中可以包含已知材料的名称，即可以将现有技术中的已知材料应用于具有形状、构造的产品上，例如复合木地板、塑料杯、记忆合金制成的心脏导管支架等，不属于对材料本身提出的改进。

（2）如果权利要求中既包含形状、构造特征，又包含对材料本身提出的改进，则不属于实用新型专利保护的客体。例如，一种菱形药片，其特征在于，该药片是由20%的A组分、40%的B组分及40%的C组分构成的。由于该权利要求包含了对材料本身提出的改进，因而不属于实用新型专利保护的客体。

发明专利和实用新型专利都涉及对产品的保护，但是要特别注意，前述有关对产品的形状、构造或其结合在保护时进行限制的规定只适用于实用新型专利产品，发明专利产品涉及的形状、构造及其结合不受上述规定的限制。

《专利法》在界定实用新型含义时，还使用了"新的"和"适于适用"这两个词。基于前面有关发明含义中"新"一词的理解，此处的"新的"和"适于适用"这两个词也是对实用新型产品特性的一般性界定，不是"新颖性"和"创造性"标准的判断。对此，《专利审查指南》第一部分第二章6指出"根据《专利法》第2条第3款的规定，《专利法》所称实用新型，是指对产品的形状、构造或者其结合所提出的适于实用的新的技术方案。这是对可以获得专利保护的实用新型的一般性定义，而不是判断新颖性、创造性、实用性的具体审查标准。"

三、外观设计

《专利法》第2条第4款规定："外观设计，是指对产品的形状、图案或者其结合以及色彩与形状、图案的结合所作出的富有美感并适于工业应用的新设计。"

外观设计必须以产品为载体，应用在产品之上，因此不能重复生产的手工艺品（例如根据树根形状做成的根雕艺术品）、农产品（例如通过嫁接技术在一株树上种出多种水果品种）、畜产品（例如通过基因改造而繁殖的动物）、自然物（例如南京雨花石）不能作为外观设计的载体。至于何谓产品，依照发明和实用新型产品含义的界定,同样是指经过产业方法制造的,有确定形状、构造且占据一定空间的实体。

外观设计产品的形状,是指对产品造型的设计,也就是指产品外部的点、线、面的移动、变化、组合而呈现的外表轮廓,即对产品的结构、外形等同时进行设计、制造的结果。

外观设计产品的图案,是指由任何线条、文字、符号、色块的排列或组合而在产品的表面构成的图形。图案可以通过绘图或其他能够体现设计者的图案设计构思的手段制作。产品的图案应当是固定、可见的,而不应是时有时无的或者需要在特定的条件下才能看见的。

外观设计产品的色彩,是指用于产品上的颜色或者颜色的组合,制造该产品所用材料的本色不是外观设计的色彩。

外观设计的形状、图案、色彩,一般被称为外观设计要素,它们是相互依存的,有时其界限是难以界定的,例如多种色块的搭配即成图案。

外观设计应当具有美感,是指在判断是否属于外观设计专利权的保护客体时,关注的是产品的外观给人的视觉感受,而不是产品的功能特性或者技术效果。这一点将外观设计专利权保护客体的属性与发明和实用新型专利权保护客体的属性区分开来,前者保护的是一种使人产生视觉效果的设计方案,而后两者保护的是一种技术方案。外观设计的功能性设计特征是指那些在外观设计产品的一般消费者看来,由产品所要实现的特定功能唯一决定而不考虑美学因素的特征。通常情况下,设计人在进行产品外观设计时,会同时考虑功能因素和美学因素。因此,外观设计的功能性设计特征包括两种:一是实现特定功能的唯一设计;二是实现特定功能的多种设计之一,但是该设计仅由所要实现的特定功能决定而与美学因素的考虑无关。对功能性设计特征的认定,不在于该设计是否因功能或技术条件的限制而不具有可选择性,而在于外观设计产品的一般消费者看来该设计是否仅仅由特定功能所决定,而不需要考虑该设计是否具有美感。一般而言,功能性设计特征对于外观设计的整体视觉效果不具有显著影响;而功能性与装饰性兼具的设计特征对整体视觉效果的影响需要考虑其装饰性的强弱,装饰性越强,对整体视觉效果的影响相对较大,反之则相对较小。[①]

适于工业应用,是指使用外观设计的产品能够通过工业生产过程大量复制生产,也包括通过手工业形成批量生产。按照《专利审查指南》的表述,"是指该外观设计能应用于产业上并形成批量生产"。因此,即使有学者将《专利法》规定

---

① 参看最高人民法院在 2017 年指导案例 85 号:高仪股份公司诉浙江健龙卫浴有限公司侵害外观设计专利权纠纷案。

的"外观设计"称为"工业品外观设计",也要注意此处的"工业"一词并非狭义上工业的含义。外观设计必须"适于工业应用"这一要求,也是外观设计与美术作品重要的区别,按照一般理解,在美术作品创作中,即使同一个作者也不可能创作出完全相同的作品。

同样注意的是,本款所指"新设计"中的"新"是对可申请专利保护的外观设计客体的一般性定义,不是判断外观设计授权的具体审查标准。

按照《专利审查指南》的规定,以下属于不授予外观设计专利权的情形:

(1) 取决于特定地理条件、不能重复再现的固定建筑物、桥梁等。例如,包括特定的山水在内的山水别墅。

(2) 因其包含有气体、液体及粉末状等无固定形状的物质而导致其形状、图案、色彩不固定的产品。

(3) 产品的不能分割或者不能单独出售且不能单独使用的局部设计,例如袜跟、帽檐、杯把等。

(4) 对于由多个不同特定形状或者图案的构件组成的产品,如果构件本身不能单独出售且不能单独使用,则该构件不属于外观设计专利保护的客体。例如,一组由不同形状的插接块组成的拼图玩具,只有将所有插接块共同作为一项外观设计申请时,才属于外观设计专利保护的客体。

(5) 不能作用于视觉或者肉眼难以确定,需要借助特定的工具才能分辨其形状、图案、色彩的物品。例如,其图案是在紫外灯照射下才能显现的产品。

(6) 要求保护的外观设计不是产品本身常规的形态,例如手帕扎成动物形态的外观设计。

(7) 以自然物原有形状、图案、色彩作为主体的设计,通常指两种情形,一种是自然物本身;一种是自然物仿真设计。

(8) 纯属美术、书法、摄影范畴的作品。

(9) 仅以在其产品所属领域内司空见惯的几何形状和图案构成的外观设计。

(10) 文字和数字的字音、字义不属于外观设计保护的内容。

(11) 游戏界面以及与人机交互无关或者与实现产品功能无关的产品显示装置所显示的图案,例如,电子屏幕壁纸、开关机画面、网站网页的图文排版。①

---

① 《国家知识产权局关于修改〈专利审查指南〉的决定》(局令第 68 号)[发布:2014.03.12 实施:2014.05.01]修改。原(11)表述为:产品通电后显示的图案。例如,电子表表盘显示的图案、手机显示屏上显示的图案、软件界面等。

第二节 发明和实用新型专利的授权条件

 引导案例

案例1: 甲于2005年5月9日在我国政府主办的一个国际展览会上首次展出了其研制的新产品,2005年9月10日出版发行的《中国电子产品》上对该新产品进行了详细的介绍。乙于2005年10月10日独立作出了与甲完全相同的新产品,并于2005年10月15日提出了专利申请。甲于2005年11月1日也提出了专利申请。问:甲的申请有无新颖性?

案例2: 某人申请对一种利用长江某段的独特地形建造水电站的方法申请专利。问:该方法是否可以被授予专利权?

案例3: 要求保护的发明是一种氦气检漏装置,其包括:检测真空箱是否有整体泄漏的整体泄漏检测装置;对泄漏氦气进行回收的回收装置;和用于检测具体漏点的氦质谱检漏仪,所述氦质谱检漏仪包括有一个真空吸枪。

对比文件1的某一部分公开了一种全自动氦气检漏系统,

该系统包括:检测真空箱是否有整体泄漏的整体泄漏检测装置和对泄漏的氦气进行回收的回收装置。该对比文件1的另一部分公开了一种具有真空吸枪的氦气漏点检测装置,其中指明该漏点检测装置可以是检测具体漏点的氦质谱检漏仪,此处记载的氦质谱检漏仪与要求保护的发明中的氦质谱检漏仪的作用相同。问:申请有无创造性?

世界各国专利法都规定,申请专利权需要具备一定的条件。这种条件可以分为形式条件和实质条件两类。关于专利申请的形式条件主要在本书的第四章和第五章介绍。本节介绍的是申请发明和实用新型专利的授权实质条件。《专利法》第22条对申请发明和实用新型专利的授权实质条件作出了规定。[①] 发明和实用新型专利请求保护的对象都是新的技术方案,二者区别主要体现为创造性程度高低要求不同,因此一般将二者的授权实质条件放在一起论述。按照《专利法》规定,申请专利的发明和实用新型必须具备新颖性、创造性、实用性这三个授权实质条件。如果不具备这三个条件,专利申请将被驳回,即使某项专利已经被授予专利权,自国务院专利行政部门公告授予专利权之日起,任何单位或者个人认为该专利权的授予不符合这三个条件的(还有其他可以被无效的理由),可以请求专利复审委员会宣告该专利权无效。在国际上,人们普遍将新颖性、创造性、实用性合称为"专利性条件",简称为"三性",但也有人认为在我国"专利性条件"还应当包括《专利法》第2条[②]、第5条[③]、第25条[④]的规定。

一、新颖性

新颖性是发明和实用新型专利申请获得授权的首要条件。那么怎么判断一项发明和实用新型专利申请有无新颖性呢,《专利法》第22条第2款规定:"新颖性,是指该发明或者实用新型不属于现有技术;也没有任何单位或者个人就同样的发明或者实用新型在申请日以前向国务院专利行政部门提出过申请,并记载在申请日以后公布的专利申请文件或者公告的专利文件中。"该款前段是关于现有技术的规定,后段是关于抵触申请的规定。《专利法》第22条第5款规定:"本法所称现有技术,是指申请日以前在国内外为公众所知的技术。"由《专利法》表

[①] 《专利法》第22条:授予专利权的发明和实用新型,应当具备新颖性、创造性和实用性。
新颖性,是指该发明或者实用新型不属于现有技术;也没有任何单位或者个人就同样的发明或者实用新型在申请日以前向国务院专利行政部门提出过申请,并记载在申请日以后公布的专利申请文件或者公告的专利文件中。
创造性,是指与现有技术相比,该发明具有突出的实质性特点和显著的进步,该实用新型具有实质性特点和进步。
实用性,是指该发明或者实用新型能够制造或者使用,并且能够产生积极效果。
本法所称现有技术,是指申请日以前在国内外为公众所知的技术。
[②] 《专利法》第2条 本法所称的发明创造是指发明、实用新型和外观设计。
发明,是指对产品、方法或者其改进所提出的新的技术方案。
实用新型,是指对产品的形状、构造或者其结合所提出的适于实用的新的技术方案。
外观设计,是指对产品的形状、图案或者其结合以及色彩与形状、图案的结合所作出的富有美感并适于工业应用的新设计。
[③] 《专利法》第5条 对违反法律、社会公德或者妨害公共利益的发明创造,不授予专利权。
对违反法律、行政法规的规定获取或者利用遗传资源,并依赖该遗传资源完成的发明创造,不授予专利权。
[④] 《专利法》第25条 对下列各项,不授予专利权:
(1)科学发现;(2)智力活动的规则和方法;(3)疾病的诊断和治疗方法;(4)动物和植物品种;(5)用原子核变换方法获得的物质;(6)对平面印刷品的图案、色彩或者二者的结合作出的主要起标识作用的设计。
对前款第(4)项所列产品的生产方法,可以依照本法规定授予专利权。

述可知,对于发明和实用新型专利申请新颖性判断,采用相同的标准。

分析《专利法》规定,可以看出要判断一项发明和实用新型专利申请有无新颖性,需要从两个方面进行分析:第一,是否是现有技术;第二,是否构成抵触申请。如果一项发明创造既不是现有技术,又不构成抵触申请,那么,该申请就具有新颖性;反之,则没有新颖性。因此,准确理解现有技术和抵触申请是判断新颖性有无的关键问题。

另外要注意的是,根据《专利法》第40条的规定,实用新型专利申请经初步审查没有发现驳回理由的,由国务院专利行政部门作出授予实用新型专利权的决定,发给相应的专利证书,同时予以登记和公告。因此,《专利审查指南》规定,在实用新型专利申请初步审查中,审查员一般不通过检索来判断实用新型是否明显不具备新颖性。审查员可以根据未经其检索获得的有关现有技术或抵触申请的信息判断实用新型是否明显不具备新颖性。但是,实用新型涉及非正常申请的,例如明显抄袭现有技术或者属于内容明显实质相同的专利申请重复提交,审查员应当根据检索获得的对比文件或者其他途径获得的信息判断实用新型是否明显不具备新颖性。

(一) 现有技术

现有技术,按《专利法》规定是指申请日以前在国内外为公众所知的技术。有人又称为已知技术、先行技术、公知技术。

要准确理解现有技术的含义,必须注意以下几点:

1. 现有技术的公开时间

现有技术的时间界限是申请日,享有优先权的,则指优先权日。申请日以前公开的技术内容都属于现有技术,但申请日当天公开的技术内容不包括在现有技术范围内。具体申请日的判断,按照《专利法》第28条规定:"国务院专利行政部门收到专利申请文件之日为申请日。如果申请文件是邮寄的,以寄出的邮戳日为申请日。"[①]对于专利申请文件是邮寄的情况,有可能邮戳日不清楚。对于这种情况,《专利法实施细则》第4条第1款规定:"向国务院专利行政部门邮寄的各种文件,以寄出的邮戳日为递交日;邮戳日不清晰的,除当事人能够提出证明外,以国务院专利行政部门收到日为递交日。"专利申请文件当然属于可以向国务院专利行政部门邮寄的文件之一,因此当专利申请文件是邮寄的,但寄出的邮戳日不清晰的,应当以国务院专利行政部门收到专利申请文件之日为申请日。所以,如果申请人是采用邮寄方式提出专利申请,需要注意邮戳日是否清晰。对

---

① 但是要注意的是,按照《专利法实施细则》第11条第1款规定:除《专利法》第28条和第42条规定的情形外,《专利法》所称申请日,有优先权的,指优先权日。第2款规定:本细则所称申请日,除另有规定的外,是指《专利法》第28条规定的申请日。因此要注意,《专利法》第28条所说的申请日不能再包括优先权日。

于专利申请文件有瑕疵的情况,《专利法实施细则》第 40 条规定:"说明书中写有对附图的说明但无附图或者缺少部分附图的,申请人应当在国务院专利行政部门指定的期限内补交附图或者声明取消对附图的说明。申请人补交附图的,以向国务院专利行政部门提交或者邮寄附图之日为申请日;取消对附图的说明的,保留原申请日。"

总的来说,对申请日的确定按照如下顺序明确:首先,寄出的邮戳日清晰的,邮戳日为申请日;其次,寄出的邮戳日不清晰的,以国务院专利行政部门收到专利申请文件之日为申请日;再次,申请人补交附图的,以向国务院专利行政部门提交或者邮寄附图之日为申请日。

而对于电子申请,《专利审查指南》规定:"专利局电子专利申请系统收到符合《专利法》及其实施细则规定的专利申请文件之日为申请日。"[①]

2. 现有技术的公开地域

按照《专利法》规定,现有技术的公开地域是"国内外"。该地域标准被称为"世界新颖性标准"或"绝对新颖性标准",也就是说一项发明或者实用新型要在全世界范围内没有按照下文所述的公开方式公开过,该发明或者实用新型才有新颖性。因此,在专利无效程序中,无效宣告请求人往往通过举证证明专利权人的专利已经在世界上某处被公开过,请求宣告专利权人的专利无效。

3. 现有技术的公开方式

按照《专利审查指南》规定,现有技术公开方式包括出版物公开、使用公开和以其他方式公开三种,均无地域限制。

(1) 出版物公开。

《专利法》意义上的出版物是指记载现有技术或设计内容的独立存在的传播体,并且应当表明或者有其他证据证明其公开发表或出版的时间。要注意此处出版物的含义与著作权法中的出版物的含义是不一样的。

从出版物的存在形式来看,大致可以分为三类:其一,纸质文件,例如专利文献、科技杂志、科技书籍、学术论文、专业文献、教科书、技术手册、正式公布的会议记录或者技术报告、报纸、产品样本、产品目录、广告宣传册等;其二,视听资料,是指用电、光、磁、照相等方法制成的视听资料,例如缩微胶片、影片、照相底片、录像带、磁带、唱片、光盘等;其三,以其他形式存在的资料,例如存在于互联网或其他在线数据库中的资料等。

出版物不受地理位置、语言或者获得方式的限制,也不受年代的限制。出版

---

① 《专利审查指南》第五部分第十一章关于电子申请的若干规定:电子申请是指以互联网为传输媒介将专利申请文件以符合规定的电子文件形式向专利局提出的专利申请。《专利法》及《专利法实施细则》和本指南中关于专利申请和其他文件的规定,除针对以纸件形式提交的专利申请和其他文件的规定之外,均适用于电子申请。

物的出版发行量多少、是否有人阅读过、申请人是否知道是无关紧要的。但印有"内部资料""内部发行"等字样的出版物,确系在特定范围内发行并要求保密的,不属于公开出版物。

出版物的印刷日视为公开日,有其他证据证明其公开日的除外。印刷日只写明年月或者年份的,以所写月份的最后一日或者所写年份的 12 月 31 日为公开日。审查员认为出版物的公开日期存在疑义的,可以要求该出版物的提交人提出证明。

(2) 使用公开

由于使用而导致技术方案的公开,或者导致技术方案处于公众可以得知的状态,这种公开方式称为使用公开。使用公开的方式包括能够使公众得知其技术内容的制造、使用、销售、进口、交换、馈赠、演示、展出等方式。只要通过上述方式使有关技术内容处于公众想得知就能够得知的状态,就构成使用公开,而不取决于是否有公众实际知道。但是,未给出任何有关技术内容的说明,以致所属技术领域的技术人员无法得知其结构和功能或材料成分的产品展示,不属于使用公开。如果使用公开的是一种产品,即使所使用的产品或者装置需要经过破坏才能够得知其结构和功能,也仍然属于使用公开。此外,使用公开还包括放置在展台上、橱窗内公众可以阅读的信息资料及直观资料,例如招贴画、图纸、照片、样本、样品等。使用公开以公众能够得知该产品或者方法之日为公开日。

(3) 以其他方式公开

为公众所知的其他方式,主要是指口头公开等,例如,口头交谈、报告、讨论会发言、广播、电视、电影等能够使公众得知技术内容的方式。口头交谈、报告、讨论会发言以其发生之日为公开日。公众可接收的广播、电视或电影的报道,以其播放日为公开日。

4. 现有技术判断中"公众"的含义

在理解现有技术时,还要注意如何理解"公众"的含义。在理解该词时,要注意以下几点:其一,对于能够得知的技术方案内容的"公众"没有任何限制。此处的"公众"是指世界上的任何自然人以及各国法律承认的法人和非法人组织。但是要注意,此处的"公众"不包括负有保密义务的人。因为负有保密义务的人,按照法定(比如专利审查员)或者约定(比如与单位签有保密协议的工作人员)承担保密义务。另外,负有保密义务的人还包括按照社会观念或者商业习惯被认为应当承担保密义务的情形中的人(例如在商业谈判中了解对方技术方案秘密的谈判人员)。前述三种人员会合法接触到专利申请涉及的技术方案,他们当然处于能够得知技术方案的状态,但该状态不叫"为公众得知的状态"。但是,如果这些负有保密义务的人泄露技术方案导致技术方案公开,使"其他公众"能够得知这些技术方案,在满足其他条件下,这些技术方案也就构成了现有技术的一部分

(在此种情形下,申请专利的发明创造有 6 个月的新颖性宽限期,具体论述请参考本节(三)"不丧失新颖性的例外"第三点相关内容)。其二,按照不同的技术方案公开方式,能够获知技术方案的公众的范围和数量是有所不同的,但能够获知技术方案的公众的范围和数量的不同不影响公开的技术方案被认定为现有技术。例如通过出版物公开,能够得知技术方案的公众的范围和数量可能很广;通过一场没有录音录像的演讲公开,能够得知技术方案的公众的范围和数量可能较少,但这两种情况公开的技术方案都应当认定为是现有技术。

5. 现有技术判断中"所知"的含义

现有技术判断中"所知"是指"能够得知"的一种状态。因此,现有技术应当是在申请日以前公众能够得知的技术方案内容。换句话说,现有技术应当在申请日以前处于能够为公众获得的状态,并包含有能够使公众从中得知实质性技术方案知识的内容。"能够得知"应当是一种事实判断,虽然技术方案在公开后会有不同的存在方式,但都处于一般公众可以通过公开渠道获得技术方案的可能性。因此"能够得知"强调的是技术方案处于公众想知道就能够知道的状态,而不是公众实际已经得知的状态。具体来说,在判断是否"能够得知"时,要联系现有技术方案不同的公开方式综合判断。对于出版物公开而言,按照出版业惯例或者合同约定,出版社在出版之前对投稿人稿件负有保密义务,即使编辑人员得知,也不能认为技术方案处于公众能够得知的状态。对于使用公开和其他方式公开而言,不管公开的方式如何,只要通过这些方式使有关技术方案处于公众想得知就能够得知的状态,就构成公开,而不取决于是否有公众实际得知。

(二) 抵触申请

《专利法》第 22 条第 2 款后半部分规定"没有任何单位或者个人就同样的发明或者实用新型在申请日以前向国务院专利行政部门提出过申请,并记载在申请日以后公布的专利申请文件或者公告的专利文件中"。这就是我国有关是否构成抵触申请的规定,这是判断新颖性时要考虑的第二种情况。在某些国家和地区的专利法中,抵触申请就是现有技术,只是用来判断有无新颖性。在我国,抵触申请不属于现有技术,只是用来判断有无新颖性,不能用于判断有无创造性。一般认为,抵触申请所依据的法理是防止重复授权,但也有人认为抵触申请比起禁止重复授权原理来说,要求更严,因为比如说,被在先申请人放弃的在先申请仍然能够作为抵触申请来影响在后申请的新颖性,或者在先申请根本没有要求保护的范围也能作为抵触申请影响在后申请的新颖性。

根据《专利法》规定可以看出,在判断抵触申请时,涉及两件独立的专利申请。第一件申请是"任何单位或者个人就同样的发明或者实用新型在申请日以前向国务院专利行政部门提出过的,并记载在申请日以后公布的专利申请文件或者公告的专利文件中"的专利申请。第二件申请是专利申请人提出的专利申请。在专利审查中，由于第一件专利申请是在第二件专利申请之前提出的，所以一般把第一件申请称为"在先申请"，把第二件申请称为"在后申请"。如果"在先申请"构成对"在后申请"的抵触，那么其就是"在后申请"的抵触申请，会导致在后申请丧失新颖性，从而无法获得专利权。由此可见，准确判断"在先申请"和"在后申请"的含义，特别是"在先申请"的含义是理解抵触申请的关键所在。联系《专利审查指南》规定和审查实践经验，在判断抵触申请时，要注意以下问题：

第一，在先申请的申请日（有优先权日的指优先权日）应当早于在后申请的申请日（有优先权日的指优先权日），但不包括两件申请的申请日相同的情况。

第二，在先申请的公布或者公开日[①]应当晚于在后申请的申请日（有优先权日的指优先权日），但包括在先申请的公布或者公开日与在后申请的申请日相同的情况。在先申请为发明专利申请时，所属公布日是指《专利法》第 34 规定的发明专利申请经初步审查后的公布日。[②] 在先申请为实用新型专利申请时，所述公告日是指《专利法》第 40 条规定的实用新型专利授权公告日。[③] 例如，申请日为 2014 年 3 月 15 日，公布日为 2015 年 4 月 26 日的一件在先发明专利，对于申请日为 2014 年 3 月 16 日[④]到 2015 年 4 月 26 日的每一件同样的发明或者实用新型专利申请来说，都构成抵触申请。

第三，在判断抵触申请时，在先申请和在后申请可以是同一个申请人，因为《专利法》第 22 条规定的是"也没有任何单位或者个人……"

第四，在先申请和在后申请应当是"同样的发明或实用新型"专利申请，在判断两件申请是不是"同样"时，不仅要查阅在先专利或专利申请的权利要求书，而且要查阅其说明书（包括附图），应当以其全文内容为准。如果其技术领域、所解决的技术问题、技术方案和预期效果实质上相同，则认为两者为同样的发明或者实用新型。具体来说，审查员首先应当判断被审查专利申请（在后申请）的技术方案与对比文件（具体到新颖性审查就是指在先申请）的技术方案是否实质上相同，如果专利申请与对比文件公开的内容相比，其权利要求所限定的技术方案与对比文件公开的技术方案实质上相同，所属技术领域的技术人员根据两者的

---

① 根据《专利法》，发明专利申请是早期公开，延后审查的实质审查制度，实用新型专利申请是形式审查后即授权的形式审查制度。所以发明专利申请文件的公布日一般会早于授权公告日。由此可以理解《专利法》第 22 条"公布的专利申请文件或者公告的专利文件"的表述。

② 《专利法》第 34 条：国务院专利行政部门收到发明专利申请后，经初步审查认为符合本法要求的，自申请日起满 18 个月，即行公布。国务院专利行政部门可以根据申请人的请求早日公布其申请。

③ 《专利法》第 40 条：实用新型和外观设计专利申请经初步审查没有发现驳回理由的，由国务院专利行政部门作出授予实用新型专利权或者外观设计专利权的决定，发给相应的专利证书，同时予以登记和公告。实用新型专利权和外观设计专利权自公告之日起生效。

④ 不包括 2014 年 3 月 15 日，因为这是属于同日申请的情况。按照《专利法》规定，两个以上的申请人同日（指申请日；有优先权的，指优先权日）分别就同样的发明创造申请专利的，应当在收到国务院专利行政部门的通知后自行协商确定申请人。

技术方案可以确定两者能够适用于相同的技术领域，解决相同的技术问题，并具有相同的预期效果，则认为两者为同样的发明或者实用新型。

第五，只要在先申请的申请日早于在后申请的申请日，公布日或者公告日迟于在后申请的申请日，就有可能构成在后申请的抵触申请，因此，只要满足前述条件，不论在先申请的审查结果如何，其作为在后申请的抵触申请的效力都不会消失。因此，即使在先申请在被授权前被撤回、视为撤回、被驳回，在被授权之后被放弃、被宣告无效等，其作为在后申请的抵触申请的效力都不会消失。

第六，按照《专利法》，抵触申请不构成现有技术的一部分。因为按照《专利法》规定"在专利申请公布或者公告前，国务院专利行政部门的工作人员及有关人员对其内容负有保密责任"。因此，在先申请涉及的技术方案是处于保密状态的，不是"申请日以前在国内外为公众所知的技术"。

（三）不丧失新颖性的例外

现实生活中，为了促使技术方案早日公开或者因为某种发明人、设计人意志以外的原因导致发明创造被公开，为了对发明人或者设计人予以保护，各国专利法几乎都规定了发明创造在申请日以前一定时间内，有某些特定情形的，不丧失新颖性。根据《专利法》第24条规定：申请专利的发明创造在申请日以前6个月内，有下列三种情形之一的，不丧失新颖性：

1. 在中国政府主办或者承认的国际展览会上首次展出的

理解本规定，首先注意两点。其一，对国际展览会的认定。按照《专利法实施细则》第30条的规定：中国政府承认的国际展览会，是指《国际展览会公约》[①]规定的在国际展览局注册或者由其认可的国际展览会。按照《专利审查指南》，所谓国际展览会，即展出的展品除了举办国的产品以外，还应当有来自外国的展品。其二，对主办方的认定。按照《专利审查指南》，中国政府主办的国际展览会，包括国务院、各部委主办或者国务院批准由其他机关或者地方政府举办的国际展览会。

申请专利的发明创造在申请日以前6个月内在中国政府主办或者承认的国际展览会上首次展出过，申请人要求不丧失新颖性宽限期的，应当在提出申请时在请求书中声明，并在自申请日起两个月内提交证明材料。国际展览会的证明材料，应当由展览会主办单位出具。证明材料中应当注明展览会展出日期、地点、展览会的名称以及该发明创造展出的日期、形式和内容，并加盖公章。

---

① 《国际展览会公约》于1928年11月22日在巴黎签署，并经1948年5月10日、1966年11月16日、1972年11月30日《议定书》和1982年6月24日及1988年5月31日《修正案》增补。中华人民共和国于1993年加入《国际展览会公约》，成为国际展览局的第46个成员。

2. 在规定的学术会议或者技术会议上首次发表的

按照《专利法实施细则》的规定，规定的学术会议或者技术会议，是指国务院有关主管部门或者全国性学术团体组织召开的学术会议或者技术会议。因此《专利审查指南》规定，规定的学术会议或者技术会议，不包括省以下或者受国务院各部委或者全国性学术团体委托或者以其名义组织召开的学术会议或者技术会议。在后者所述的会议上的公开将导致丧失新颖性，除非这些会议本身有保密约定。

申请专利的发明创造在申请日以前6个月内在规定的学术会议或者技术会议上首次发表过，申请人要求不丧失新颖性宽限期的，应当在提出申请时在请求书中声明，并在自申请日起2个月内提交证明材料。学术会议和技术会议的证明材料，应当由国务院有关主管部门或者组织会议的全国性学术团体出具。证明材料中应当注明会议召开的日期、地点、会议的名称以及该发明创造发表的日期、形式和内容，并加盖公章。

3. 他人未经申请人同意而泄露其内容的

他人未经申请人同意而泄露其内容所造成的公开，包括他人未遵守明示或者默示的保密约定而将发明创造的内容公开，也包括他人用威胁、欺诈或者间谍活动等手段从发明人或者申请人那里得知发明创造的内容而后造成的公开。申请专利的发明创造在申请日以前6个月内他人未经申请人同意而泄露了其内容，若申请人在申请日前已获知，应当在提出专利申请时在请求书中声明，并在自申请日起两个月内提交证明材料。若申请人在申请日以后得知的，应当在得知情况后两个月内提出要求不丧失新颖性宽限期的声明，并附具证明材料。审查员认为必要时，可以要求申请人在指定期限内提交证明材料。申请人提交的关于他人泄露申请内容的证明材料，应当注明泄露日期、泄露方式、泄露的内容，并由证明人签字或者盖章。申请人要求享有不丧失新颖性宽限期但不符合上述规定的，审查员应当发出视为未要求不丧失新颖性宽限期的通知书。

此处要注意是"他人"未经申请人同意而泄露申请人专利申请内容的情形，如果是申请人自己泄露（无论是故意还是过失）其专利申请内容的，该泄露使其技术方案处于公众能够得知的状态，那么其申请就会丧失新颖性。

在上述三种情形下，虽然申请专利的发明创造有6个月的宽限期，但是对于新颖性宽限期的效力只是在法律上"视为"该发明创造没有因为展出、发表或泄露而损失新颖性，并不能使该申请的申请日追溯至发明创造的展出日、发表日或泄露日。因此在发明创造被展出、发表或泄露之日至申请人的专利申请日之间，如果出现申请人自己公开以及他人公开专利技术方案的情形，就会导致申请人的申请丧失新颖性。

在认识上述三种情形时，还必须注意这三种情形不仅适用于发明专利申请，同样也适用与实用新型专利申请以及外观设计专利申请。①

二、创造性

申请专利的发明创造或者实用新型想要被授予专利权，仅有新颖性还是不够的，还必须具有创造性。《专利法》第 22 条第 3 款规定："创造性，是指与现有技术相比，该发明具有突出的实质性特点和显著的进步，该实用新型具有实质性特点和进步。"从表述上看，发明专利的创造性比实用新型专利多出了"突出的"和"显著的"要求，因此一般认为，实用新型的创造性要求比发明低，所以有人将实用新型称为"小发明"。要注意的是，新颖性和创造性判断是有区别的。首先，按照《专利法》的规定，对于抵触申请涉及的技术方案，在判断创造性不能认定为现有技术。因为按照《专利法》第 22 条第 2 款所述，在申请日以前由任何单位或个人向专利局提出过申请并且记载在申请日以公布的专利申请文件或者公告的专利文件中的内容，是属于抵触申请而不属于现有技术。其次，判断新颖性时，不允许把几件现有技术文件结合起来与申请的发明或者实用新型进行对比，因此只需要一项现有技术就能破坏申请的新颖性。而在进行创造性判断时，允许将一份或者多份现有技术中的不同的技术内容组合在一起与申请的发明或者实用新型进行对比。因此，在创造性判断时，应当将每一项权利要求的内容作为一个整体看待，并且需要对一项发明或者实用新型专利申请或者一项专利的各项权利要求分别进行判断，只有当所有权利要求都不具备创造性时，才能认定该专利申请或者专利所要求保护的技术方案不具备创造性。由此可见，新颖性和创造性的判断在逻辑上是一种递进关系，两者都是以现有技术作为基础。在判断时，首先应确定申请专利的发明或者实用新型在具有新颖性的前提下，再进一步判断该申请是否具备创造性，也就是判断发明或者实用新型专利申请或者专利的权利要求所要求保护的技术方案对于所属技术领域的技术人员来说是否是显而易见的，如果是非显而易见的，专利申请就具有创造性。

由于创造性的判断可能涉及多份对比文件的分析，并且在分析时判断主体的主观认知能力会有差异，因此创造性的判断比新颖性更为困难。总的来说，根据《专利法》的规定，判断创造性时要注意把握如下几个方面：

1. 比较的时间点

按照《专利法》的规定，在创造性判断时比较的时间点是"申请日以前"，此处

---

① 《专利法》第 23 条规定外观设计专利授权条件时，与发明和实用新型授权条件的表述不一样，因为该条第 1 款没有明确表述为该款就是外观设计的新颖性。但是理论界和实务界都认为该款就是规定的外观设计的新颖性，并且《专利审查指南》也是同样的观点。

申请日的判断与前文所属申请日的判断相同,同样,申请日当天公开的技术也不是现有技术。

2. 比较的技术差异

《专利法》规定,与现有技术相比,该发明具有突出的实质性特点和显著的进步,该实用新型具有实质性特点和进步。

(1) 突出的实质性特点。

判断发明是否具有突出的实质性特点,就是要判断对本领域的技术人员来说,要求保护的发明相对于现有技术是否显而易见。如果要求保护的发明相对于现有技术是显而易见的,则不具有突出的实质性特点;反之,如果对比的结果表明要求保护的发明相对于现有技术是非显而易见的,则具有突出的实质性特点。因此,如何理解"要求保护的发明相对于现有技术是否显而易见"就成为重要问题。对此,我国采用了世界上许多国家采用的"三步骤"判断模式。

首先,确定最接近的现有技术。最接近的现有技术,是指现有技术中与要求保护的发明最密切相关的一个技术方案,它是判断发明是否具有突出的实质性特点的基础。

其次,确定发明的区别特征和发明实际解决的技术问题。为此,首先应当分析要求保护的发明与最接近的现有技术相比有哪些区别特征,然后根据该区别特征所能达到的技术效果确定发明实际解决的技术问题。

最后,判断要求保护的发明对本领域的技术人员来说是否显而易见。在该步骤中,要从最接近的现有技术和发明实际解决的技术问题出发,判断要求保护的发明对本领域的技术人员来说是否显而易见。判断过程中,要确定的是现有技术整体上是否存在某种技术启示,即现有技术中是否给出将上述区别特征应用到该最接近的现有技术上以解决其存在的技术问题的启示,这种启示会使本领域的技术人员在面对所述技术问题时,有动机改进该最接近的现有技术并获得要求保护的发明。如果现有技术存在这种技术启示,则发明是显而易见的,不具有突出的实质性特点。

(2) 显著的进步。

发明有显著的进步,是指发明与现有技术相比能够产生有益的技术效果。在评价发明是否具备创造性时,不仅要考虑发明的技术方案本身,而且还要考虑发明所属技术领域、所解决的技术问题和所产生的技术效果,将发明作为一个整体看待。以下情况,通常应当认为发明具有有益的技术效果,具有显著的进步:发明与现有技术相比具有更好的技术效果,例如,质量改善、产量提高、节约能源、防治环境污染等;发明提供了一种技术构思不同的技术方案,其技术效果能够基本上达到现有技术的水平;发明代表某种新技术发展趋势;尽管发明在某些方面有负面效果,但在其他方面具有明显积极的技术效果。

3. 创造性判断的主体认知标准

判断一项专利申请有无创造性,本质上应当有一个客观的技术认知标准,但是在现实的专利审查过程中实际上是专利审查员在进行创造性的判断。这种判断会因为审查员专业认知能力不同可能会有不同,为了尽量统一技术认知标准,我国采用了"所属技术领域的技术人员的知识和能力"的标准。按照《专利审查指南》规定,所属技术领域的技术人员,也可称为本领域的技术人员,是指一种假设的"人",假定他知晓申请日或者优先权日之前发明所属技术领域所有的普通技术知识,能够获知该领域中所有的现有技术,并且具有应用该日期之前常规实验手段的能力,但他不具有创造能力。如果所要解决的技术问题能够促使本领域的技术人员在其他技术领域寻找技术手段,他也应具有从该其他技术领域中获知该申请日或优先权日之前的相关现有技术、普通技术知识和常规实验手段的能力。

三、实用性

《专利法》第 22 条第 4 款规定:"实用性是指该发明或者实用新型能够制造或者使用,并且能够产生积极效果。"由此可见,发明专利申请实用性审查和实用新型专利的实用性审查采用的标准相同。依据《专利审查指南》规定,实用性,是指发明或者实用新型申请的主题必须能够在产业上制造或者使用,并且能够产生积极效果。此处的"产业"包括工业、农业、林业、水产业、畜牧业、交通运输业以及文化体育、生活用品和医疗器械等行业。"能够制造或者使用"是指发明或者实用新型的技术方案具有在产业中被制造或使用的可能性。"能够产生积极效果",是指发明或者实用新型专利申请在提出申请之日,其产生的经济、技术和社会的效果是所属技术领域的技术人员可以预料到的。这些效果应当是积极的和有益的。按照《专利审查指南》的规定,以下几种情形不具备实用性:

1. 无再现性

再现性,是指发明创造所属技术领域的技术人员,根据专利申请文件公开的技术内容,能够重复实施专利申请中为解决技术问题所采用的技术方案。具有实用性的发明或者实用新型专利申请,应当具有再现性。反之,无再现性的发明或者实用新型专利申请不具备实用性。这种重复实施不得依赖任何随机的因素,并且实施结果应该是相同的。

2. 违背自然规律

具有实用性的发明或者实用新型专利申请应当符合自然规律。违背自然规律的发明或者实用新型专利申请是不能实施的,因此,不具备实用性。

3. 利用独一无二的自然条件的产品

具备实用性的发明或者实用新型专利申请不能是由自然条件限定的独一无

二的产品。利用特定的自然条件建造的自始至终都是不可移动的唯一产品不具备实用性。

4. 人体或者动物体的非治疗目的的外科手术方法

非治疗目的的外科手术方法,由于是以有生命的人或者动物为实施对象,无法在产业上使用,因此不具备实用性。

5. 测量人体或者动物体在极限情况下的生理参数的方法

测量人体或动物体在极限情况下的生理参数需要将被测对象置于极限环境中,这会对人或动物的生命构成威胁,不同的人或动物个体可以耐受的极限条件是不同的,需要有经验的测试人员根据被测对象的情况来确定其耐受的极限条件,因此这类方法无法在产业上使用,不具备实用性。

6. 无积极效果

具备实用性的发明或者实用新型专利申请的技术方案应当能够产生预期的积极效果。明显无益、脱离社会需要的发明或者实用新型专利申请的技术方案不具备实用性。

实用性的判断和新颖性以及创造性的判断涉及的侧重点有较大的区别。实用性判断涉及的是发明或者实用新型本身性质的认定;新颖性以及创造性的判断是与申请日以前的技术方案进行对比。在专利审查程序中,一般认为应当首先审查专利申请有无实用性,如果有,再进行新颖性判断,最后进行创造性判断。

实务指引

案情回放:

乙公司为"一种设有金属保护层的豆浆机"实用新型专利权人(专利号为ZL200920291188.4),该专利权于2010年11月24日授权公告(公告号为CN201640313U),目前该专利权处于有效法律状态。甲公司未经许可生产的DJ12B-Y85型SUPOR甲豆浆机再现了乙公司涉案专利权利要求的全部技术特征,落入了涉案专利权的保护范围。甲公司通过包括丁分公司在内的分布全国的销售终端进行销售,给乙公司造成巨大经济损失。乙公司于是向法院起诉甲公司及丁公司侵权,请求依法判令:丁分公司立即停止销售侵权的DJ12B-Y85型SUPOR甲豆浆机产品;甲公司立即停止制造、销售、许诺销售DJ12B-Y85型SUPOR甲豆浆机产品,并销毁库存侵权产品、销毁制造侵权产品的专用模具以及被控侵权产品的半成品;甲公司赔偿乙公司经济损失100万元并承担本案的全部诉讼费用。

一审法院经审理查明,2009年12月30日,乙公司向国家知识产权局申请了"一种设有金属保护层的豆浆机"实用新型专利,该专利权于2010年11月24日授权公告,专利号为ZL200920291188.4。该专利权年费缴纳至2014年12月

29日,目前该专利权处于有效的法律状态。

该涉案实用新型专利权利要求书中包括八项权利要求:1.一种设有金属保护层的豆浆机,包括机头和杯体,机头放置在杯体上,机头内置电机,机头包括机头上盖和机头下盖,其特征在于机头下盖外表面还包覆有一金属保护层。2.根据权利要求1所述设有金属保护层的豆浆机,其特征在于所述机头下盖与金属保护层之间设有密封件。3.根据权利要求2所述设有金属保护层的豆浆机,其特征在于所述密封件设置在金属保护层的顶部和/或底部。4.根据权利要求1所述设有金属保护层的豆浆机,其特征在于所述机头下盖与金属保护层为一体注塑成型。5.根据权利要求1至4任一项所述设有金属保护层的豆浆机,其特征在于所述金属保护层由不锈钢材料制成。6.根据权利要求1或2所述设有金属保护层的豆浆机,其特征在于所述机头下盖与金属保护层之间设有间隙。7.根据权利要求6所述设有金属保护层的豆浆机,其特征在于所述机头下盖外表面设有用于保证所述间隙均匀的凸起。8.根据权利要求7所述设有金属保护层的豆浆机,其特征在于所述凸起为纵向筋、横向筋或者网状筋。乙公司在本案诉讼中要求专利权保护范围为独立权利要求1加权利要求6、7、8。

2011年12月16日,国家知识产权局专利复审委员会(以下简称专利复审委员会)针对广东丙精品电器制造有限公司(以下简称丙公司)对涉案专利权提出的无效宣告请求,作出第17760号无效宣告请求审查决定书,宣告涉案实用新型专利权全部无效。乙公司不服第17760号无效宣告请求审查决定,提起行政诉讼。北京市第一中级人民法院作出(2012)一中知行初字第499号行政判决书,维持第17760号无效宣告请求审查决定。2013年7月12日,北京市高级人民法院作出(2013)高行终字第350号行政判决书,认为涉案专利权利要求7、8具有创造性,专利复审委员会及一审法院认定涉案专利权利要求7、8不具有创造性依据不足,依法改判,最终判决撤销北京市第一中级人民法院(2012)一中知行初字第499号行政判决;撤销专利复审委员会作出的第17760号无效宣告请求审查决定;专利复审委员会对涉案专利权的无效宣告请求重新作出审查决定。

甲公司对涉案专利权向专利复审委员会提出无效宣告申请,并于2013年12月6日被受理,甲公司据此申请中止诉讼。2014年6月11日,专利复审委员会作出第22995号无效宣告请求审查决定书,宣告涉案实用新型专利权的权利要求1—6无效,在权利要求7—8的基础上继续维持该专利权有效。

2013年10月17日、21日,山东省济南市某公证处依乙公司申请,指派公证人员随同乙公司职员到丁分公司电器商场,以普通消费者的身份购买了甲公司生产的10台不同型号的豆浆机(其中包括涉案的DJ12B-Y85型豆浆机,检验日期13-05-02),取得加盖丁分公司发票专用章的机打发票十张,涉案豆浆机对应的发票金额为549元。购买行为结束后,公证人员对所购豆浆机进行了封存,对封存过程进行了拍照,并出具了(2013)济槐荫证经字第172、173号公证书。

丁分公司对上述十款产品系其销售无异议,并提供购进甲豆浆机的货物清单及增值税发票。

甲公司认可上述十款产品系其生产、结构均相同。

将公证书公证封存的涉案被控侵权产品拆封查看,乙公司认为与其专利构成相同,丁分公司对于技术比对无异议,甲公司认为被控侵权产品缺少涉案专利权利要求6、7的技术特征,不构成侵权。

甲公司为支持其现有技术抗辩的主张,向一审法院提交了6篇专利文献。文献1,韩国专利文献(名称为"家用豆浆豆腐机的电机紧固力加强装置"、授权号20-0336989)及中文翻译、翻译机构的资质证明;文献2,我国授权的"一种谷物研磨机"实用新型专利公告文本(专利号为ZL200920106301.7);文献3,美国专利文献(专利号为US20090130275A1)及中文翻译;文献4,日本专利文献(专利号为JP4327168B2)及中文翻译;文献5,我国授权的"复合壳体豆浆机"实用新型专利公告文本(专利号为ZL200820186282.9);文献6,我国授权的"液体加热容器"实用新型专利公告文本(专利号为ZL200680000866.6)。乙公司、丁分公司对上述专利文献的真实性没有异议,但乙公司认为韩国专利的韩文翻译不具有权威性,该翻译机构虽有北京市高级人民法院的认证,但没有山东省高级人民法院的认证,而且即使依照该翻译,上述专利文献也与涉案专利技术无关,不能达到证明目的。一审法院认为,涉案专利、被控侵权产品所体现的技术方案涉及豆浆机机头下盖与金属保护层之间间隙构造的技术方案,而上述6篇专利文献中除文献5外,与诉争的技术方案均非同一领域的技术方案;文献5涉及的复合壳体豆浆机,反映的是豆浆机杯体的技术特征,亦与诉争的技术方案不相同,故上述6篇专利文献作为现有技术抗辩的依据不足。

一审法院认为,乙公司为涉案"一种设有金属保护层的豆浆机"实用新型专利的专利权人,该专利权现处于合法有效的法律状态,应受法律保护。关于本案是否应中止审理的问题,根据法律规定,人民法院受理的侵犯发明专利权纠纷案件或者经专利复审委员会审查维持专利权的侵犯实用新型、外观设计专利权纠纷案件,被告在答辩期间内请求宣告该项专利权无效的,人民法院可以不中止诉讼。本案中,北京市高级人民法院作出(2013)高行终字第350号行政判决书、专利复审委员会重新作出的第22995号无效宣告请求审查决定书,均认定涉案实用新型专利权在权利要求7—8的基础上有效。因此,乙公司主张的涉案专利权保护范围,其权利基础具有较强的法律稳定性,符合法律规定的可以不中止诉讼的情形,故一审法院对甲公司的该申请不予准许。

实用新型专利权的保护范围以其权利要求的内容为准,说明书及附图可以用于解释权利要求的内容。判断专利侵权的标准是认定被控侵权产品是否落入专利权利要求的保护范围,乙公司在本案中主张的专利权保护范围为独立权利要求1加权利要求6、7、8,因此本案的专利侵权判定应当将被控侵权产品的技术特征与乙公司主张的专利权保护范围内的全部技术特征进行对比。甲公司认为被控侵权产品缺少涉案专利权利要求6、7的技术特征,经当庭对比,被控侵权产品的机头下盖与金属保护层之间有间隙,机头下盖外表面沿圆周方向设有用于保证间隙均匀的凸起,凸起为纵向筋。因此,甲公司主张被控侵权产品缺少权利要求6、7的技术特征的抗辩不能成立,被控侵权产品覆盖了涉案专利权利要求的1、6、7、8项全部技术特征,落入了乙公司主张的专利权利要求的保护范围,构成对乙公司专利权的侵犯。

甲公司生产、销售侵犯乙公司实用新型专利权的豆浆机产品,应当承担停止侵权、赔偿损失的民事责任。乙公司要求甲公司销毁库存侵权产品、销毁制造侵权产品的专用模具以及被控侵权产品的半成品。一审法院认为,上述要求属于判决生效后执行停止侵权判决主项的具体措施,故一审法院在停止侵权判决主项中不具体涉及。

上诉人甲公司不服一审判决,提起上诉,请求撤销一审判决,依法改判驳回乙公司全部诉讼请求。其主要理由为:1.一审法院认定被控侵权产品落入涉案专利权保护范围不当。被控侵权产品机头下盖仅在下端设有凸起,机头下盖与金属层之间仅在下端部位有间隙,且不均匀,与涉案专利不一致。所以,被控侵权产品未落入涉案专利权保护范围。2.一审法院关于甲公司现有技术抗辩不成立的认定不当。(1)一审法院认定现有技术专利文献与被控侵权产品不属于同一技术领域不当。(2)现有技术专利文献1、2与3、4、5、6,系一项现有技术与公知常识的简单组合,应当认定甲公司现有技术抗辩成立。3.一审法院确定的赔偿数额过高。(1)甲公司的被控侵权产品市场份额较少。(2)一审法院确定的赔偿数额与其他案件存在重复计算的情况。(3)在乙公司未出示相关证据的情况下,一审法院直接认定了乙公司的销售额和利润率。4.一审法院程序违法。(1)甲公司已就涉案专利权的无效宣告请求审查决定提起行政诉讼,本案应中止诉讼。(2)一审法院有单方接触乙公司的情况。

被上诉人乙公司答辩称,一审判决认定事实清楚,适用法律正确,请求驳回上诉,维持原判。

一审被告丁分公司陈述意见称,其销售的被控侵权产品有合法来源,且不知道销售的系侵权产品,不应承担责任。

二审中,甲公司为证明一审法院单方接触乙公司而程序违法,提交(2014)京中信内经证字27778号公证书,该公证书内容为一审法院法官办理乙公司其他豆浆机专利侵权案的视频。乙公司质证称,对证据的真实性无异议,但对关联性有异议。本院认为,该证据所反映内容与本案无关,该证据对其证明对象不具有证明力,本院对该证据不予采信。

二审本院查明的事实与一审法院查明的一致。

判决要旨: 就甲公司的被控侵权行为是否侵害了涉案专利权,二审法院认为:

1. 被控侵权产品是否落入了涉案专利权的保护范围问题。《最高人民法院关于审理侵犯专利权纠纷案件应用法律若干问题的解释》第7条规定,被诉侵权技术方案包含与权利要求记载的全部技术特征相同或者等同的技术特征的,人民法院应当认定其落入专利权的保护范围。甲公司主张被控侵权产品机头下盖仅在下端设有凸起,机头下盖与金属层之间仅在下端部位有间隙,且不均匀,与涉案专利不一致。本院认为,首先,涉案专利权利要求并未限定整个机头下盖上均设有凸起,且从涉案专利说明书的图3、图4来看,涉案专利实施例中机头下盖的凸起也是设在了机头下盖的下端;其次,经当庭查看被控侵权产品,机头下盖与金属层之间具有均匀的间隙,虽然甲公司主张上述间隙不均匀,但其未能举证证明,且其认可间隙均匀并不是指间隙完全一样,大体上一致即可。此外,甲公司在一审及二审中均未对被控侵权产品的其他技术特征与涉案专利一致提出异议。综上,被诉侵权技术方案包含与乙公司在本案中主张保护的专利权利要求记载的全部技术特征相同的技术特征,落入了涉案专利权的保护范围。

2. 甲公司主张的现有技术抗辩是否成立问题。《最高人民法院关于审理侵犯专利权纠纷案件应用法律若干问题的解释》第14条规定,被诉落入专利权保护范围的全部技术特征,与一项现有技术方案中的相应技术特征相同或者无实质性差异的,人民法院应当认定被诉侵权人实施的技术属于《专利法》第62条规定的现有技术。甲公司主张其一审中提交的文献1作为一项现有技术,结合文献3—6作为公知常识来进行现有技术抗辩。本院认为,经比对,文献1仅公开了被控侵权产品与涉案专利权利要求1相对应的技术特征,而对于被控侵权产品与涉案专利权利要求6—8相对应的技术特征,甲公司主张属于公知常识,并提交了文献3—6证明其主张,但文献3—6均系不同的专利文献所涉及的技术方案,不属于公知常识,甲公司将文献3—6与文献1组合进行现有技术抗辩,实质上系属于用多项而非一项现有技术方案进行现有技术抗辩,与上述规定不符。且文献3涉及的是一种绝热容器,文献4涉及的是一种隔热盖,文献6涉及的是一种液体加热容器,文献3、4、6的技术领域与被控侵权产品均不属于相同或近似的技术领域;而文献5虽系同一技术领域,但文献5的相应技术特征部位与被控侵权产品不相对应,在功能与效果上亦均与被控侵权产品的相关部位技术特征不同。综上,甲公司认为被控侵权技术方案属于现有技术的主张缺乏事实与法律依据,其现有技术抗辩不能成立。

3. 甲公司关于被控侵权产品系实施的涉案专利抵触申请中的技术方案,不侵犯涉案专利权的主张是否成立问题。《中华人民共和国专利法》第 22 条第 2 款规定,专利的新颖性,是指该发明或实用新型不属于现有技术;也没有任何单位或个人就同样的发明或实用新型在申请日以前向国务院专利行政部门提出过申请,并记载在申请日以后公布的专利申请文件或公告的专利文件中。抵触申请即指与专利申请同样的技术方案或外观设计在专利申请日前已向国务院专利行政部门提出过申请,并记载在专利申请日后公布的专利申请文件或者公告的专利文件中的申请。可见,抵触申请中的技术方案必须是与专利同样的技术方案。本案中,甲公司主张其一审中提交的文献 2 作为涉案专利的抵触申请,结合文献 3—6 作为公知常识来进行抗辩。本院认为,甲公司认可文献 2 仅与涉案专利权利要求 1 的技术特征一致。而本案中,专利权人系用专利权利要求 1、6、7、8 来共同限定专利权的保护范围。所以,文献 2 并非与涉案专利同样的技术方案,其不构成涉案专利的抵触申请。所以,甲公司认为被控侵权产品系实施涉案专利的抵触申请中的技术方案,不侵犯涉案专利权的主张不能成立。

综上,由于被控侵权产品落入了涉案专利权的保护范围,同时,甲公司的现有技术抗辩不成立,甲公司关于被控侵权产品系实施涉案专利抵触申请中的技术方案而不侵权的抗辩亦不成立。所以,甲公司的被控侵权行为侵害了涉案专利权。

司考链接

1. 甲提交了一项发明专利申请,其申请日为 2006 年 3 月 11 日。在提交专利申请时,甲依据《专利法》第 24 条及《专利法实施细则》第 31 条的规定,在请求书中作了其发明创造不丧失新颖性的声明。甲在何时提交证明材料符合规定的期限?

A. 在提交申请文件的同时
B. 在 2006 年 5 月 11 日前
C. 在 2006 年 5 月 26 日前
D. 在提出实质审查请求后的三个月内

答案:AB

2. 某出版物标注的印刷日是 2005 年 11 月,则在专利审查中应如何认定该出版物的公开日?

A. 无法认定其公开日　　　B. 2005 年 11 月 1 日
C. 2005 年 11 月 30 日　　D. 2005 年 12 月 31 日

答案:C

3. 甲于 2005 年 5 月 9 日在我国政府主办的一个国际展览会上首次展出了其研制的新产品,2005 年 9 月 10 日出版发行的《中国电子产品》上对该新产品进行了详细的介绍。乙于 2005 年 10 月 10 日独立作出了与甲完全相同的新产品，并于 2005 年 10 月 15 日提出了专利申请。甲于 2005 年 11 月 1 日也提出了专利申请。下列说法中哪些是正确的？

  A. 甲的发明在其申请日前已经被出版物公开，因此不能被授予专利权

  B. 甲的发明享有六个月的新颖性宽限期，因此并不丧失新颖性

  C. 乙的发明属于独立做出，因此可以被授予专利权

  D. 乙的发明丧失了新颖性，因此不能被授予专利权

  答案：AD

4. 一件专利申请公开了一种组合物，该组合物由植物材料 A 经过步骤 X、Y 和 Z 加工处理制得，并公开了该组合物可用来杀菌。该申请的申请日为 2004 年 6 月 1 日。一篇 2003 年 3 月 1 日公开的文献记载了一种由植物材料 A 经过步骤 X、Y 和 Z 加工处理制得的染料组合物，该文献没有公开所得组合物可用来杀菌。相对于该篇文献，该申请下列哪些权利要求具有新颖性？

  A. 一种由植物材料 A 经过步骤 X、Y 和 Z 加工处理制得的组合物，其特征在于该组合物可以杀菌

  B. 一种杀菌组合物，该组合物由植物材料 A 经过步骤 X、Y 和 Z 加工处理制得

  C. 一种制备杀菌组合物的方法，该方法包括将植物材料 A 经过步骤 X、Y 和 Z 加工处理

  D. 一种杀菌方法，包括使用有效量的由植物材料 A 经过步骤 X、Y 和 Z 加工处理制得的一种组合物

  答案：D

5. 下列哪些不属于实用新型专利的保护客体？

  A. 一种钢笔，其特征在于由不锈钢制成

  B. 一种领带，其特征在于具有蝴蝶结和扣环

  C. 一种椭圆形药片，其特征在于该药片包括 X 组分、Y 组分

  D. 一种电线，其特征在于包括外层和内芯

  答案：AC

6. 下列哪些属于实用新型专利保护的客体？

  A. 一种添加有防腐剂的饮料

  B. 一种模具的加工过程

  C. 一种包含有指纹识别装置的防盗锁

  D. 一种表面印有乘法口诀的扑克牌

  答案：C

推荐阅读

尹新天：《中国专利法详解》，知识产权出版社 2011 年版，第 242—277 页。本部分详细论述了授予发明、实用新型专利权的条件。

第三节 外观设计专利的授权条件

  引导案例

> 案例 1：某人将他人所画的一幅百鸟朝凤图申请在窗帘上作为外观设计，是否合法？
>
> 案例 2：某人将一组由不同形状的插接块组成的拼图玩具，共同作为一项外观设计申请，是否合法？

申请专利的外观设计同样要具备一定的条件，按照《专利法》的规定，可以概括为新颖性、创造性、不得与他人在申请日以前已经取得的合法权利相冲突三个条件。① 外观设计保护的主要是美学思想，因此其授权实质条件与发明以及实用新型授权实质条件很大的区别。《专利法》没有明确将外观设计授权实质条件称为新颖性、创造性，但理论界和实务界基本都将《专利法》第 23 条第 1 款，第 2 款的规定分别表述为新颖性、创造性。因此本书也将这两款称为新颖性、创造性。

一、新颖性

按照《专利法》第 23 条第 1 款规定："授予专利权的外观设计，应当不属于现有设计；也没有任何单位或者个人就同样的外观设计在申请日以前向国务院专利行政部门提出过申请，并记载在申请日以后公告的专利文件中。"虽然《专利法》没有明确指明此处是关于新颖性的规定，但根据本款规定的具体内容，学界一般认为该款规定的是外观设计专利授权的新颖性条件。按照本款规定，申请

---

① 《专利法》第 23 条：授予专利权的外观设计，应当不属于现有设计；也没有任何单位或者个人就同样的外观设计在申请日以前向国务院专利行政部门提出过申请，并记载在申请日以后公告的专利文件中。
授予专利权的外观设计与现有设计或者现有设计特征的组合相比，应当具有明显区别。
授予专利权的外观设计不得与他人在申请日以前已经取得的合法权利相冲突。
本法所称现有设计，是指申请日以前在国内外为公众所知的设计。

的外观设计如果不是现有设计和抵触申请,该外观设计申请具有新颖性;反之,则没有新颖性。因此只要把握了现有设计和抵触申请的含义,就能准确理解外观设计的新颖性。

(一)现有设计

所谓现有设计,按照《专利法》第23条第4款规定:"本法所称现有设计,是指申请日以前在国内外为公众所知的设计。"此处的申请日如果有优先权的,指优先权日。关于现有设计的公开时间、公开地域、公开方式、新颖性判断中"公众"的含义、新颖性判断中"所知"的含义与前文有关现有技术的判断一致,在此不赘述。不属于现有设计,是指在现有设计中,既没有与申请专利相同的外观设计,也没有与申请专利实质相同的外观设计。

(二)抵触申请

所谓外观设计抵触申请,按照《专利法》第23条第1款规定,是指任何单位或者个人就同样的外观设计在申请日以前向国务院专利行政部门提出过申请,并记载在申请日以后公告的专利文件中的专利申请。关于外观设计抵触申请的判断,与前文有关发明和实用新型抵触申请的判断相同,在此也不赘述。

在判断外观设计的新颖性时,如下几点需要注意:

1. 同样外观设计的认定

同样的外观设计是指两项外观设计相同或者实质相同。应当以表示在两件外观设计专利申请或专利的图片或者照片中的产品的外观设计为准。如果在后申请的外观设计与在先申请的外观设计相同或者实质相同,则在后申请的外观设计不具备新颖性。

外观设计相同,是指申请的外观设计与对比设计是相同种类产品的外观设计,并且申请的外观设计的全部外观设计要素与对比设计的相应设计要素相同。外观设计要素是指外观设计产品的形状、图案以及色彩。按照《最高人民法院关于审理侵犯专利权纠纷案件应用法律若干问题的解释》第9条规定:"人民法院应当根据外观设计产品的用途,认定产品种类是否相同或者相近。确定产品的用途,可以参考外观设计的简要说明、国际外观设计分类表、产品的功能以及产品销售、实际使用的情况等因素。"

相同种类产品是指用途完全相同的产品。在确定产品的种类时,可以参考产品的名称、国际外观设计分类以及产品销售时的货架分类位置。例如机械表和电子表尽管内部结构不同,但是它们的用途是相同的,所以属于相同种类的产品。实质相同的判断仅限于相同或者相近种类的产品外观设计。对于产品种类不相同也不相近的外观设计,不进行申请的外观设计与对比设计是否实质相同的比较和判断,即可认定二者不构成实质相同,例如,毛巾和地毯的外观设计。

如果申请的外观设计与对比设计仅属于常用材料的替换,或者仅存在产品功能、内部结构、技术性能或者尺寸的不同,而未导致产品外观设计的变化,二者仍属于相同的外观设计。

相近种类的产品是指用途相近的产品。例如,玩具和小摆设的用途是相近的,两者属于相近种类的产品。应当注意的是,当产品具有多种用途时,如果其中部分用途相同,而其他用途不同,则二者应属于相近种类的产品。如有 MP3 功能的手表与普通手表都具有计时的用途,二者属于相近种类的产品。

2. 外观设计是否相同或者近似的判断主体

外观设计是否相同或者近似的判断主体是申请外观设计专利产品的"一般消费者"。按照《最高人民法院关于审理侵犯专利权纠纷案件应用法律若干问题的解释》第 10 条规定:"人民法院应当以外观设计专利产品的一般消费者的知识水平和认知能力,判断外观设计是否相同或者近似。"可以认为此处"一般消费者"的作用类似于发明和实用新型创造性判断主体"所属技术领域的技术人员"。在具体判断是否为相同(实质相同)外观设计时,应当以涉案专利产品的一般消费者的知识水平和认知能力进行评价。不同种类的产品具有不同的消费者群体,并且,作为某种类外观设计产品的一般消费者应当具备如下特点:其一,对涉案专利申请日之前相同种类或者相近种类产品的外观设计及其常用设计手法具有常识性的了解;其二,对外观设计产品之间在形状、图案以及色彩上的区别具有一定的分辨力,但不会注意到产品的形状、图案以及色彩的微小变化。

3. 以外观设计的整体视觉效果综合判断外观设计是否相同或者近似

按照《最高人民法院关于审理侵犯专利权纠纷案件应用法律若干问题的解释》第 11 条规定:人民法院认定外观设计是否相同或者近似时,应当根据授权外观设计、被诉侵权设计的设计特征,以外观设计的整体视觉效果进行综合判断;对于主要由技术功能决定的设计特征以及对整体视觉效果不产生影响的产品的材料、内部结构等特征,应当不予考虑。下列情形,通常对外观设计的整体视觉效果更具有影响:(1) 产品正常使用时容易被直接观察到的部位相对于其他部位;(2) 授权外观设计区别于现有设计的设计特征相对于授权外观设计的其他设计特征。被诉侵权设计与授权外观设计在整体视觉效果上无差异的,人民法院应当认定两者相同;在整体视觉效果上无实质性差异的,应当认定两者近似。

按照《专利审查指南》规定,如果一般消费者经过对申请的外观设计与对比设计的整体观察可以看出,二者的区别仅属于下列情形,则二者实质相同:

(1) 其区别在于施以一般注意力不能察觉到的局部的细微差异,例如,百叶窗的外观设计仅有具体叶片数不同;

(2) 其区别在于使用时不容易看到或者看不到的部位,但有证据表明在不容易看到部位的特定设计对于一般消费者能够产生引人瞩目的视觉效果的情况除外；

（3）其区别在于将某一设计要素整体置换为该类产品的惯常设计的相应设计要素，例如，将带有图案和色彩的饼干桶的形状由正方体置换为长方体；

（4）其区别在于将对比设计作为设计单元按照该种类产品的常规排列方式作重复排列或者将其排列的数量作增减变化，例如，将影院座椅成排重复排列或者将其成排座椅的数量作增减；

（5）其区别在于互为镜像对称。

要注意的是，按照《专利审查指南》的规定，判断对比设计是否构成涉案专利的抵触申请时，应当以对比设计所公告的专利文件全部内容为判断依据。

二、创造性

按照《专利法》第 23 条第 2 款规定："授予专利权的外观设计与现有设计或者现有设计特征的组合相比，应当具有明显区别。"虽然《专利法》在此也没有明确指明此处是关于创造性的规定，但根据本款规定的具体内容，学界一般认为该款规定的是外观设计专利授权的创造性条件。要理解该款的规定，主要是理解现有设计、相同或者实质相同外观设计、明显区别的含义。关于前两者的含义同前文相同。下面分析后者的含义：

申请授予专利权的外观设计与现有设计或者现有设计特征的组合相比，应当具有明显区别，主要是指申请的外观设计不是由现有设计转用、组合方式得到的，具体来说，申请的外观设计与现有设计或者现有设计特征的组合相比不具有明显区别是指如下几种情形：

1. 申请的外观设计与相同或者相近种类产品现有设计相比不具有明显区别。前述含义是指"一般消费者经过对涉案专利与现有设计的整体观察可以看出，二者的差别对于产品外观设计的整体视觉效果不具有显著影响"。

2. 申请的外观设计是由现有设计转用得到的，二者的设计特征相同或者仅有细微差别，且该具体的转用手法在相同或者相近种类产品的现有设计中存在启示；前述"转用"是指将产品的外观设计应用于其他种类的产品，模仿自然物、自然景象以及将无产品载体的单纯形状、图案、色彩或者其结合应用到产品的外观设计中，也属于转用。以下几种类型的转用属于明显存在转用手法的启示的情形，由此得到的外观设计与现有设计相比不具有明显区别：

（1）单纯采用基本几何形状或者对其仅作细微变化得到的外观设计；

（2）单纯模仿自然物、自然景象的原有形态得到的外观设计；

（3）单纯模仿著名建筑物、著名作品的全部或者部分形状、图案、色彩得到的外观设计；

（4）由其他种类产品的外观设计转用得到的玩具、装饰品、食品类产品的外观设计。上述情形中产生独特视觉效果的除外。

3. 申请的外观设计是由现有设计或者现有设计特征组合得到的,现有设计与申请的外观设计的相应设计部分相同或者仅有细微差别,且该具体的组合手法在相同或者相近种类产品的现有设计中存在启示。"现有设计或者现有设计特征的组合"所指的组合包括拼合和替换,是指将两项或者两项以上设计或者设计特征拼合成一项外观设计,或者将一项外观设计中的设计特征用其他设计特征替换。以一项设计或者设计特征为单元重复排列而得到的外观设计属于组合设计。上述组合也包括采用自然物、自然景象以及无产品载体的单纯形状、图案、色彩或者其结合进行的拼合和替换。以下几种类型的组合属于明显存在组合手法的启示的情形,由此得到的外观设计属于与现有设计或者现有设计特征的组合相比没有明显区别的外观设计:

(1) 将相同或者相近种类产品的多项现有设计原样或者作细微变化后进行直接拼合得到的外观设计。例如,将多个零部件产品的设计直接拼合为一体形成的外观设计。

(2) 将产品外观设计的设计特征用另一项相同或者相近种类产品的设计特征原样或者作细微变化后替换得到的外观设计。

(3) 将产品现有的形状设计与现有的图案、色彩或者其结合通过直接拼合得到该产品的外观设计;或者将现有设计中的图案、色彩或者其结合替换成其他现有设计的图案、色彩或者其结合得到的外观设计。

上述情形中产生独特视觉效果的除外。独特视觉效果,是指涉案专利相对于现有设计产生了预料不到的视觉效果。在组合后的外观设计中,如果各项现有设计或者设计特征在视觉效果上并未产生呼应关系,而是各自独立存在、简单叠加,通常不会形成独特视觉效果。外观设计如果具有独特视觉效果,则与现有设计或者现有设计特征的组合相比具有明显区别。

三、不得与他人在申请日以前已经取得的合法权利相冲突

《专利法》第23条第3款规定:"授予专利权的外观设计不得与他人在申请日以前已经取得的合法权利相冲突。"因此,一项外观设计专利权被认定与他人在申请日(有优先权的,指优先权日)之前已经取得的合法权利相冲突的,应当宣告该项外观设计专利权无效。理解上述规定时要注意如下几点:

1. 权利冲突的主体

此处权利冲突的主体是"外观设计专利权人"与"他人"。此处的"他人",是指"外观设计专利权人"以外的民事主体,包括自然人、法人或者非法人组织。外观设计专利权人自己是有权将其合法的权利申请为外观设计专利的人。

2. "合法权利"的范围

按照《最高人民法院关于审理专利纠纷案件适用法律问题的若干规定》第15条规定:"人民法院受理的侵犯专利权纠纷案件,涉及权利冲突的,应当保护在先依法享有权利的当事人的合法权益。"第16条规定:"专利法第23条(指2008年修改前的《专利法》)所称的在先取得的合法权利包括:商标权、著作权、企业名称权、肖像权、知名商品特有包装或者装潢使用权等。"

3. "合法权利"取得时间点的判断

"在先取得的合法权利"判断时间点是以"申请日"为判断标准。因此,在申请日以前已经取得,是指在先合法权利的取得日在涉案专利申请日之前。就在先合法权利的取得日而言,大致有两类情形:其一,需要通过一定行政确权程序取得,比如商标权、企业名称权;其二,以某种法律事实自动取得,比如著作权、肖像权以及知名商品特有包装或者装潢使用权。对于前者,合法权利的取得时间比较容易认定,因而相应的纠纷也比较容易解决;对于后者,合法权利的取得时间认定较难,因此相应的纠纷解决较难。

4. "相冲突"的判断

与已经取得的合法权利相冲突,是指未经权利人许可,外观设计专利使用了在先合法权利的客体,从而导致专利权的实施已经或者将会损害在先权利人的相关合法权利或者权益的情形。

5. 证明责任

《专利法实施细则》第66第3款的规定:"以不符合《专利法》第23条第3款的规定为理由请求宣告外观设计专利权无效,但是未提交证明权利冲突的证据的,专利复审委员会不予受理。"也就是说,无效宣告程序中的请求人以他人的外观设计专利权侵犯其合法在先权利为理由向专利复审委员会提出无效宣告请求的,需要举证证明其是合法的在先权利人或者利害关系人以及在先权利有效。

实务指引

案例:

案情回放:甲家具厂是名称为"三抽柜(蛋形)"的外观设计专利(即本案专利)独占许可使用权人。本案专利产品是一款三抽屉柜子,由柜顶、柜体和柜脚三个部分组成。从主视图看,柜体有三个抽屉上下依次排列,抽屉均呈长方形,中间有一个圆形拉手,每两个抽屉之间有一条状间隔,正面有一个类似百合花状图案贯通三个抽屉。从俯视图看,柜顶呈椭圆状,边缘有围栏式的突起,使柜顶呈一个盆状,盆中央是一个与主视图类似的百合花状图案。从左视图看,柜体上设置有一个长条形八角装饰块,其内有一个类似百合花形状图案。右视图与左视图对称。从后视图看,柜体左右两侧各有一条饰条,中间位置为空白。从仰视图看,柜脚外形也呈椭圆形,在椭圆形中对称分布四只T形脚座。乙公司生产、销售了具有三个抽屉的椭圆形柜子。2010年9月6日,甲家具厂提起诉讼,请求判令乙公司承担侵权责任。广东省中山市中级人民法院一审认为,本案专利与被诉侵权产品均是有三个抽屉的椭圆形柜子,二者在柜顶、柜体和柜脚三个部分的外观形状相似,但在柜体表面花状图案、图案的表现形式以及外观形状与图形结合方面存在的差异使二者的整体视觉效果不同,因此被诉侵权产品与本案专利不相似,乙公司生产、销售被诉侵权产品的行为不构成侵权。故判决驳回甲家具厂的诉讼请求。甲家具厂不服,提起上诉。广东省高级人民法院二审认为,四方形三抽柜和八边形装饰框与"蛋形"圆柱体柜体按照特定方式结合、布局,是本案专利最显著的设计特征,在乙公司未举证证明本案专利产品的形状为该类产品惯常设计的情况下,该特征对于整体视觉效果的影响更大,被诉侵权产品具备该特征。被诉侵权产品与本案专利在装饰图案的方面的差异仅为局部的、细微的差异。因此,应当认定被诉侵权设计与本案专利设计构成近似。遂判决撤销一审判决,判令乙公司承担侵权责任。乙公司不服,向最高人民法院申请再审。最高人民法院于2011年11月22日裁定驳回了乙公司的再审申请。

最高人民法院审查认为:被诉侵权产品与涉案外观设计专利产品均为蛋形三抽柜,二者在柜顶、柜体和柜脚部分的外观形状基本相同。其主要的区别点是装饰图案不同:一是前者柜顶无装饰,后者柜顶有百合花装饰;二是后者以一支飘逸、匀称遍布状百合花装饰的部分,前者均以一团簇状牡丹花装饰。结合本案的现有证据来看,四方形三抽柜和八边形装饰框与"蛋形"柜体的组合和布局是本案专利设计区别于现有设计的设计特征。因此,被诉侵权产品和本案专利产品的外观设计在柜体的整体形状、柜体各组成部分的形状以及布局方式上的基本相同相比其他设计特征对于外观设计的整体视觉效果更具有影响。被诉侵权设计与本案专利设计虽然在装饰图案上存在差异,但二者均为花卉图案,图案的题材相同,在柜体的装饰布局上也基本相同,被诉侵权设计实质采用了本案专利设计的设计方案。以牡丹花图案替换本案专利设计的百合花图案,这种简单替换所导致的差异对于整体视觉效果的影响是局部的、细微的,以一般消费者的知识水平和认知能力来判断,该差异不足以将被诉侵权设计和本案专利设计区分开来,对于判断被诉侵权设计和本案专利设计在整体视觉效果上构成近似无实质性影响。

判决要旨:最高人民法院认为,外观设计专利区别于现有设计的设计特征对于外观设计的整体视觉效果更具有显著影响;在被诉侵权设计采用了涉案外观设计专利的设计特征的前提下,装饰图案的简单替换不会影响两者整体视觉效果的近似。

司考链接

1. 甲、乙先后就同样的发明创造提出发明专利申请,甲的申请日是2005年3月28日,乙的申请日是2005年5月9日。如果没有其他事实发生,则以下说法中哪些是正确的?

A. 如果甲在2005年4月2日撤回了其申请,则乙申请的新颖性不受影响

B. 如果甲的申请在2006年9月8日公布,随后甲撤回其申请,则乙申请的新颖性会受到影响

C. 如果甲在2005年5月11日撤回了其申请,则乙申请的新颖性会受到影响

D. 如果甲在2005年4月2日撤回其申请后,又于2005年5月8日提出了另一件相关的申请,并要求了其2005年3月28日申请的优先权,则其新申请公布后,乙申请的新颖性会受到影响

答案:ABD

2. 下列各项发明主题中哪些不具有实用性?

A. 一种采用外科手术从活牛身体上摘取牛黄的方法

B. 一种通过逐渐降低羊的体温以测量其耐寒程度的方法

C. 一种用于实施外科手术方法的微型机器人

D. 一种会使患者服用后食欲减退的治疗肺炎的药品

答案:AB

3. 以下有关外观设计相同或相近似判断的观点中哪些是正确的?

A. 对于外观设计无法看清的部分,可使用放大镜进行观察

B. 汽车和玩具汽车不属于同一种类的产品

C. 对于伞具这类产品,应当以其出售时的形状来判断

D. 外观设计相同和相近似判断仅以产品的外观作为判断的对象

答案:B

推荐阅读

尹新天:《中国专利法详解》,知识产权出版社2011年版,第279—316页。本部分详细论述了授予外观设计专利权的条件。

第四节 不授予专利权的情形

引导案例

> 案例1：一种使盗窃者双目失明的防盗装置及其实施方法能否被授予专利权？
> 案例2：一种外科手术治疗方法能否被授予专利权？
> 案例3：一种新型的水稻品种能否被授予专利权？
> 案例4：一种新型的小麦品种培育方法能否被授予专利权？

本节所指不授予专利权的情形主要是《专利法》第5条和第25条的规定。《专利法》第5条规定："对违反法律、社会公德或者妨害公共利益的发明创造，不授予专利权。对违反法律、行政法规的规定获取或者利用遗传资源，并依赖该遗传资源完成的发明创造，不授予专利权。"《专利法》第25条规定："对下列各项，不授予专利权：(1) 科学发现；(2) 智力活动的规则和方法；(3) 疾病的诊断和治疗方法；(4) 动物和植物品种；(5) 用原子核变换方法获得的物质；(6) 对平面印刷品的图案、色彩或者二者的结合作出的主要起标识作用的设计。对前款第(4)项所列产品的生产方法，可以依照本法规定授予专利权。"一般认为，《专利法》第5条的规定是不授予专利权的一般性规定，《专利法》第25条是不授予专利权的特别规定。"不授予专利权"的含义包括两个方面：其一，在对专利申请的审查过程中，应当判断专利申请是否属于前述两种情形，如果是的话，该申请应当被驳回，不授予专利权；其二，如果专利申请存在前述两种情形，但是在专利申请过程中却未能发现，则任何人在该专利申请被授权后，有权依法提起专利权无效宣告，最终导致专利申请不授予专利权。

一、违反法律、社会公德或者妨害公共利益的发明创造，不授予专利权

（一）违反法律的发明创造

按《专利审查指南》规定，此处的"法律"仅指全国人大及其常委会制定的规范性法律文件，即狭义的法律。但是在理解该规定时要注意以下两种情况：(1) 发明创造本身并没有违反法律，但由于其被滥用而违反国家法律的，不属于违反法律的发明创造。例如，用于医疗的各种毒药、麻醉剂、镇静剂和用于娱乐的棋牌等。(2) 不包括仅发明创造的实施为国家法律所禁止的情形。意思是，

仅仅是某种发明创造的产品的生产、销售或使用受到国家法律的限制或约束,但该产品本身及其制造方法并不属于违反国家法律的发明创造。例如,用于国防的各种武器,该武器的生产、销售或使用受到国家法律的限制或约束,但该武器本身及其制造方法可以被授予专利权。

(二) 违反社会公德的发明创造

社会公德是指公众普遍认为是正当的、并被接受的伦理道德观念和行为准则。其内涵基于一定的文化背景,随着时间的推移和社会的进步不断地发生变化,而且因地域不同而各异。按照《专利审查指南》规定,是否违反社会公德的判断仅限于中国境内。

(三) 妨碍公共利益的发明创造

妨碍公共利益是指发明创造的实施或使用会给公众或社会造成危害,或者会使国家和社会的正常秩序受到影响。例如:发明创造以致人伤残或损害财物为手段,如一种使盗窃者双目失明的防盗装置及其实施方法;发明创造的实施或使用会严重污染环境、浪费能源或资源、破坏生态平衡、危害公众健康。

(四) 部分违反第五条的申请

如果专利申请只是部分违反《专利法》第5条的规定,专利审查员应当通知申请人修改,如申请人拒绝修改,不能授予专利权。如一种"投币式弹子游戏机",游戏者如果达到一定分数,机器抛出一定数量的钱币。审查员应当通知申请人将抛出钱币的部分删除或对其进行修改。

二、违反法律、行政法规的规定获取或者利用遗传资源,并依赖该遗传资源完成的发明创造,不授予专利权

(一) 本规定涉及术语的法律含义

1. "遗传资源"的含义

《专利法实施细则》第26条第1款规定:"专利法所称遗传资源,是指取自人体、动物、植物或者微生物等含有遗传功能单位并具有实际或者潜在价值的材料……"按照我国已经加入的《生物多样该公约》,"遗传资源"是指具有现实或潜在价值的遗传材料,包括植物、动物、微生物或其他来源的任何含有遗传功能单位的材料,包括动物、植物、微生物的DNA、基因、基因组、细胞、组织、器官等遗传材料及相关信息。遗传资源所包含的丰富生命遗传信息,对生物制药、动植物育种、生命科学研究等有重要意义。遗传功能是指生物体通过繁殖将性状或者特征代代相传或者使整个生物体得以复制的能力。遗传功能单位是指生物体的基因或者具有遗传功能的DNA或者RNA片段。取自人体、动物、植物或者微生物等含有遗传功能单位的材料,是指遗传功能单位的载体,既包括整个生物体,也包括生物体的某些部分,例如器官、组织、血液、体液、细胞、基因组、基因、

DNA 或者 RNA 片段等。

2. "违反法律、行政法规的规定"的含义

此处的"法律"是指全国人大以及全国人大常委会制定的规范性法律文件。"行政法规"是指国务院制定的规范性法律文件。截至目前,全国人大以及全国人大常委会制定的涉及遗传资源保护的法律主要有《中华人民共和国种子法》《中华人民共和国野生动物保护法》《中华人民共和国渔业法》《中华人民共和国森林法》《中华人民共和国草原法》《中华人民共和国环境保护法》《中华人民共和国水土保持法》《中华人民共和国畜牧法》等。国务院制定的涉及遗传资源保护的行政法规主要有:《中华人民共和国植物新品种保护条例》《中华人民共和国植物检疫条例》《中华人民共和国野生药材资源保护条例》《中华人民共和国中药品种保护条例》《中华人民共和国自然保护区条例》等。

3. "获取或者利用遗传资源,并依赖该遗传资源完成"的含义

获取遗传资源是指专利申请人取得该遗传资源。利用遗传资源是指专利申请人对遗传资源的遗传功能单位进行分离、分析、处理等,从而完成发明创造,实现其遗传资源的价值。依赖遗传资源完成的发明创造,是指利用了遗传资源的遗传功能完成的发明创造。

(二)申请人的说明义务及违反该义务时的法律后果

《专利法》第 26 条第 5 款规定:"依赖遗传资源完成的发明创造,申请人应当在专利申请文件中说明该遗传资源的直接来源和原始来源;申请人无法说明原始来源的,应当陈述理由。"遗传资源的直接来源,是指获取遗传资源的直接渠道。申请人说明遗传资源的直接来源,应当提供获取该遗传资源的时间、地点、方式、提供者等信息。遗传资源的原始来源,是指遗传资源所属的生物体在原生环境中的采集地。遗传资源所属的生物体为自然生长的生物体的,原生环境是指该生物体的自然生长环境;遗传资源所属的生物体为培植或者驯化的生物体的,原生环境是指该生物体形成其特定性状或者特征的环境。申请人说明遗传资源的原始来源,应当提供采集该遗传资源所属的生物体的时间、地点、采集者等信息。

就依赖遗传资源完成的发明创造申请专利,申请人应当在请求书中对于遗传资源的来源予以说明,并填写遗传资源来源披露登记表,写明该遗传资源的直接来源和原始来源。申请人无法说明原始来源的,应当陈述理由。对于不符合规定的,审查员应当发出补正通知书,通知申请人补正。期满未补正的,审查员应当发出视为撤回通知书。补正后仍不符合规定的,该专利申请应当被驳回。

三、不授予专利权的其他情形

（一）科学发现

科学发现,是指对自然界中客观存在的物质、现象、变化过程及其特性和规律的揭示。这些被认识的物质、现象、过程、特性和规律不同于改造客观世界的技术方案,不是《专利法》意义上的发明创造,因此不能被授予专利权。发明则指人们设计和制造前所未有的东西。发明和发现虽有本质不同,但两者关系密切。通常,很多发明是建立在发现的基础之上的,进而发明又促进了发现。二者关系在用途发明上表现很典型,如遗传基因专利、医药用途发明专利。

（二）智力活动的规则和方法

智力活动的规则和方法是指指导人们思维、推理、分析和判断的规则和方法。由于其没有采用技术手段或者利用自然规律,也未解决技术问题和产生技术效果,因而不构成技术方案,不能被授予专利权。不过要注意,进行这类智力活动的新设备、新装置、新工具,只要符合专利条件,是可以取得专利的。并且,如果一项专利申请的权利要求既包含智力活动的规则和方法的内容,又包含技术特征,则该权利要求就整体而言并不是一种智力活动的规则和方法,该申请有可能获得专利权。

（三）疾病的诊断和治疗方法。

指以有生命的人体和动物体的疾病为直接实施对象,进行识别、确定或者消除病因或病灶的过程。出于人道主义的考虑和社会伦理的原因,医生在诊断和治疗过程中应当有选择各种方法和条件的自由。另外,这类方法直接以有生命的人体或动物体为实施对象,无法在产业上利用,不属于《专利法》意义上的发明创造。因此疾病的诊断和治疗方法不能被授予专利权。但是要注意的是为疾病的诊断和治疗而使用的仪器、器械、装置以及化学物质和组合物等是可以被授予专利权的。

疾病的诊断方法指为识别、研究和确定有生命的人体或动物体病因或病灶状况的过程。具体来说,像以下方法属于疾病的诊断方法,不能被授予专利权：血压测量法、诊脉法、足诊法、X光诊断法、超声诊断法、胃肠造影诊断法、内窥镜诊断法、同位素示踪影像诊断法、红外光无损诊断法、患病风险度评估方法、疾病治疗效果预测方法、基因筛查诊断法。疾病的治疗方法,是指为使有生命的人体或者动物体恢复或获得健康或减少痛苦,进行阻断、缓解或者消除病因或病灶的过程。治疗方法包括以治疗为目的或者具有治疗性质的各种方法。预防疾病或者免疫的方法视为治疗方法。对于既可能包含治疗目的,又可能包含非治疗目的的方法,应当明确说明该方法用于非治疗目的,否则不能被授予专利权。像以下几类方法是属于或者应当视为治疗方法的例子,不能被授予专利权：以治疗为目的的针灸、麻醉、推拿、按摩、刮痧、气功、催眠、药浴、空气浴、阳光浴、森林浴和护理方法。

（四）动物和植物品种

《专利法》所述动物是指不能自己合成，而只能靠摄取自然的碳水化合物及蛋白质来维系其生命的生物，但不包括人。《专利法》所称的植物，是指可以借助光合作用，以水、二氧化碳和无机盐等无机物合成碳水化合物、蛋白质来维系生存，并且通常不发生移动的生物。动物和植物品种可以通过《专利法》以外的其他法律法规予以保护，比如我国有《植物新品种保护条例》，对植物新品种提供品种权保护。而且按照《专利审查指南》，在我国微生物和微生物方法可以获得专利保护。所谓微生物发明是指利用各种细菌、真菌、病毒等微生物去生产一种化学物质（如抗生素）或者分解一种物质等的发明。但要注意，动物和植物品种产品的生产方法，可以依照《专利法》规定授予专利权。所谓动物和植物品种产品的生产方法是指非生物学的方法，不包括主要是生物学方法在内。判断依据是人的技术在该方法中的介入程度。如果人的技术介入对该方法所要达到的目的或效果起到主要的控制作用或者决定性作用，则这种方法不属于生物学方法。

（五）用原子核变换方法获得的物质。

用原子核变换方法获得的物质是指用于核裂变或者核聚变的方法获得的元素或者化合物。现在世界上除美国和日本正在考虑对这类物质授予专利外，大多数国家不予以专利保护。其主要原因是出于国防上的考虑，不宜公开。即使赞成对这一类发明创造授予专利权的美国和日本，对于纯粹用于核武器的物质发明也不主张授予专利。根据我国的情况以及参考其他国家的做法，我国对这类物质不授予专利权。

（六）对平面印刷品的图案、色彩或者二者的结合作出的主要起标识作用的设计。

一般认为，该规定目的主要在于提高我国产品外观设计水平，同时减少外观设计专利权与商标专用权、著作权之间的可能存在的交叉与冲突。

平面印刷品主要指平面包装袋、瓶贴、标贴等用于装入被销售的商品或者用于附着于其他商品之上、不单独向消费者出售的二维印刷品。

主要起标识作用强调二维印刷品的图案、色彩或者二者的结合主要是让消费者识别被装入的商品或者被附着的产品的来源或者生产者，而不是用于使被装入的商品外观或者被附着的产品外观本身"富有美感"而吸引消费者。因此像床单、窗帘、布匹等纺织品虽然是二维产品，但不属于"平面印刷品"，因为其花色或者图案通常并不是"主要起标识作用"。

司考链接

1. 下列哪些属于不授予专利权的主题？
A. 通过重组 DNA 技术由普通棉花获得的转基因棉花品种
B. 一种编排英汉词典的方法，该方法是根据英文单词使用频率的高低顺序进行编排
C. 通过高能加速器获得的一种新的铕同位素
D. 记载着计算机程序的光盘，虽然对该光盘本身的物理特性没有作出任何改进，但将该光盘上的程序装入到计算机后能使该计算机处理图像信息的功能得到增强

答案：ABCD

2. 下列各项发明主题中哪些不具有实用性？
A. 一种采用外科手术从活牛身体上摘取牛黄的方法
B. 一种通过逐渐降低羊的体温以测量其耐寒程度的方法
C. 一种用于实施外科手术方法的微型机器人
D. 一种会使患者服用后食欲减退的治疗肺炎的药品

答案：AB

3. 著名外科医生张某发明了一种用于清洗伤口的药水，按照其独特的方法涂抹该药水可促进伤口的愈合，张某欲就该药水和使用该药水促进伤口愈合的方法申请专利。下列说法哪些是正确的？
A. 该药水属于可授予专利权的主题
B. 使用该药水促进伤口愈合的方法属于可授予专利权的主题
C. 该药水和使用该药水促进伤口愈合的方法都属于可授予专利权的主题
D. 该药水和使用该药水促进伤口愈合的方法都不属于可授予专利权的主题

答案：A

推荐阅读

尹新天：《中国专利法详解》，知识产权出版社 2011 年版，第 47—69 页以及 335—354 页。这两部分详细论述了不授予专利权的情形。

第四章　专利申请文件

要点提示

本章重点掌握概念：1. 技术领域；2. 背景技术；3. 独立权利要求；4. 从属权利要求；5. 必要技术特征；6. 技术特征的概括；7. 简要说明。

本章知识结构图

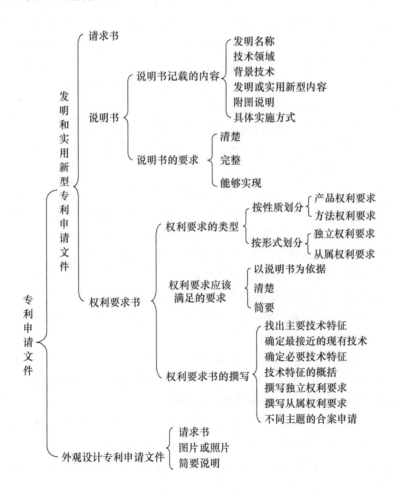

第一节 发明和实用新型专利申请文件

 引导案例

案例1：甲提交了一项发明专利申请，其申请日为2006年3月11日。在提交专利申请时，甲依据《专利法》第24条及《专利法实施细则》第31条的规定，在请求书中作了其发明创造不丧失新颖性的声明。甲在何时提交证明材料符合规定的期限？

案例2：专利复审委员会以不满足创造性为理由驳回了甲公司"一种彩铃选择方法、系统及相关装置"的专利申请，甲公司对驳回决定不服，向专利复审委员会提出了复审请求，未修改申请文件。专利复审委员会于2014年5月6日向甲公司发出复审通知书，复审通知书针对的文本为驳回决定所针对的文本，所引用的对比文件为驳回决定中的对比文件1。指出：权利要求1—21相对于对比文件1和本领域惯用技术手段的结合不具备《专利法》第22条第3款规定的创造性。

甲公司不满复审决定，向北京第一中级人民法院提起行政诉讼，提交了意见陈述书，同时提交了权利要求书的全文修改替换页。修改后的权利要求1内容如下：

1. 一种彩铃选择方法，其特征包括：主叫方发起呼叫请求，所述呼叫请求包含主叫方需要的彩铃类型；所述主叫方需要的彩铃类型包括：主叫方需要的被叫信息类型；主叫方获取彩铃服务器根据所述主叫方需要的彩铃类型发送的彩铃信息；所述彩铃信息包括被叫信息。

庭审后，专利复审委员会向法院提交了如下两份发明专利申请公开说明书作为参考，用以说明本专利申请中的"呼叫请求包含主叫方需要的彩铃类型以及根据主叫方需要的彩铃类型发送彩铃信息"**属于本领域惯用技术手段**：

1. CN1852364A，公开日为2006年10月25日。其权利要求15记载："主叫终端通过网络设备呼叫被叫终端，并在呼叫请求中携带用于表明由主叫终端播放个性化信息的业务标识。"

2. CN101188809A，公开日为2008年5月28日。其权利要求1记载："一种多媒体彩铃的实现方法，应用于下一代网络，其特征在于，包括：

在呼叫信令中添加媒体资源标识,通过呼叫信令将媒体资源标识推送到被叫终端。"

以上事实有被诉决定针对的本专利申请权利要求书与说明书、对比文件1以及当事人陈述等证据在案佐证。

法院认为:

对比文件1与本专利申请技术领域相同,所要解决的技术问题、技术效果或用途较为接近,可以作为判断本专利申请创造性的最接近现有技术。

本专利申请权利要求1请求保护一种彩铃选择方法,将其与对比文件1相比,二者的区别特征为:1. 呼叫请求包含主叫方需要的彩铃类型以及根据主叫方需要的彩铃类型发送彩铃信息;2. 所述主叫方需要的彩铃类型包括主叫方需要的被叫信息类型,所述彩铃信息包括被叫信息。基于上述区别特征可以确定,本专利申请权利要求1实际要解决的技术问题是如何使主叫方在发起呼叫请求时选择彩铃并获得被叫信息以提高用户体验。

鉴于甲公司对于将对比文件1作为最接近的现有技术、本专利申请权利要求1与对比文件1的区别技术特征以及本专利申请权利要求1实际要解决的技术问题均不持异议,故本案中有关本专利申请创造性的争议焦点在于现有技术是否存在相应技术启示。

就此问题,被诉决定认为:

对于区别特征1,对比文件1背景技术部分给出了主叫方定制彩铃类型的技术启示。而在呼叫请求中包括定制信息,可以方便地、即时地对定制内容进行选择,这是本领域技术人员容易想到的,也是本领域中的惯用技术手段。

对于区别特征2,设置主叫方需要的彩铃类型包括被叫信息类型,以及彩铃信息包括被叫信息,从而使得主叫方可以在定制彩铃时获得被叫信息,是本领域技术人员容易想到的。

甲公司则诉称:上述两项区别技术特征并非本领域中的惯用技术手段,在甲公司对此提出质疑后,专利复审委员会并未举证或充分说明理由。

区别特征1、2并未被载入上述3GPP标准文档,故区别特征1、2并非本领域惯用技术手段。因此被诉决定相关认定错误,应予撤销。

专利复审委员会辩称：坚持被诉决定的意见，并在庭后补充提交两份专利文献作为参考，辅助说明区别特征1在本专利申请的申请日前已经被本领域技术人员广泛使用，属于本领域惯用技术手段。

法院认为，本案争议焦点是区别特征1、2是否属于本领域惯用技术手段。

公知常识和现有技术均有可能破坏专利权的创造性，但公知常识的范围显然小于现有技术，某项现有技术只有在其所属领域基于申请日（或优先权日）前的该领域技术发展水平及该领域技术人员而言，已经被广泛地接受并应用，以至于该技术在该领域已经达到了"公知化"的程度，才能被认定为公知常识。因此，对公知常识的认定应该采取审慎的态度，适用客观公允的标准。《专利审查指南》中的相关具体规定也体现了这一价值取向：首先，《专利审查指南》第二部分第八章4.10.2.2规定：审查员在审查意见通知书中引用的本领域的公知常识应当是确凿的，如果当事人对审查员引用的公知常识提出异议，审查员应当能够说明理由或提供相应的证据予以证明。其次，《专利审查指南》对公知常识性证据进行了有限列举，仅限于教科书、技术手册、技术词典三种形式。

已生效的北京市高级人民法院（2013）高行终字第2029号行政判决（简称第2029号判决）中，也做了类似认定："专利复审委员会依职权认定公知常识时，应当给予当事人对此陈述意见的机会，在当事人不予认可的情况下，专利复审委员会应当对此予以举证。"并据此维持一审判决，撤销专利复审委员会的无效请求宣告决定。

具体到本案，对比文件1背景技术部分虽然公开了主叫方定制彩铃类型这一技术特征，但并未公开"主叫方的呼叫请求中包括该定制信息"以及"设置主叫方需要的彩铃类型包括被叫信息类型，彩铃信息包括被叫信息，从而使得主叫方可以在定制彩铃时获得被叫信息"等技术特征。专利复审委员会在被诉决定中认定上述技术特征属于本领域惯用技术手段，在甲公司对此提出异议的情况下，专利复审委员会应当对此举出证据或者说明理由。

本专利申请涉及通信领域，该领域的技术更新速度很快，许多新出现的技术迅速在行业中大量应用，很可能未等到该项技术被教科书、技术手册、技术词典收录，该项技术已经被通信领域的技术人员广泛接受并应用进而成为本领域的公知常识，甚至可能已经被新出现的技术所取代。正是由于通信领域的这一特性,在认定区别特征1、2是否属于本领域惯用技术手段时,强制要求专利复审委员会举出教科书、技术手册、技术词典等公知常识性证据显然过于苛刻。但这并不意味着可以降低专利复审委员会在认定通信领域公知常识时所负举证责任的标准。如果要认定上述区别特征在本专利申请的申请日前已经是该领域的公知常识,即使难以举出教科书、技术手册、技术词典等公知常识性证据,专利复审委员会应当结合当时通信领域技术发展水平以及该领域技术人员对上述技术特征的接受和应用程度,充分说明理由。

关于专利复审委员会在庭审之后向本院提交的两份专利文献,法院认为专利文献形式上不属于专利法意义上的公知常识性证据,仅凭两份专利文献不足以说明区别特征1在本专利申请的申请日前已经是本领域的惯用技术手段。当然,本院不排除由于上述专利文献的存在而导致本专利申请授权前景不乐观的可能性,但由于专利局及专利复审委员会未引入上述专利文献作为对比文件评价本专利申请创造性,故本院不能在本案中径行判断上述专利文献是否已经给出了相应技术启示,同时基于保障专利权人对于专利授权行政审查与司法审查有关程序的信赖利益的考虑,本院亦不能在本案中径行否定本专利申请的创造性。

综上,专利复审委员会在甲公司已经提出异议的情况下,并未举出公知常识性证据,亦未进行充分说理,在被诉决定中直接认定区别特征1、2均为本领域惯用技术手段,属于认定事实错误,本院依法予以纠正。

专利权的获得是一个请求和授予的过程,请求获得发明或实用新型专利,需要准备的文件主要有请求书、说明书和权利要求书,在说明书部分还包括说明书附图和说明书摘要。

一、请求书

请求书是申请人向国家知识产权局表达请求授予专利权的愿望的文件。发明人在完成发明后不会自动取得专利权,专利权的获得以申请人的请求而启动,因此专利请求书是申请专利权的必要文件。这种请求在有些国家要以明示的语言予以表达,而在我国这种请求可以默示的方式提出,即申请人只要提交了由国家知识产权局设计的"发明专利请求书"或者"实用新型专利请求书",就认为申请人表达了请求授予专利权的愿望。

国家知识产权局设计的"发明专利请求书"和"实用新型专利请求书"在内

容上基本相同，主要包括以下内容：

1. 发明或者实用新型的名称

请求书中应当写明发明或者实用新型的名称，并且发明名称应当和说明书中的发明名称一致。发明名称应当简短，并准确地表明发明专利申请要求保护的主题和类型，要能体现专利申请是产品发明还是方法发明，例如"一种光电鼠标""一种杀菌剂的制备方法"等。发明名称中不得含有非技术词语、含糊或笼统的词语。发明名称一般不得超过25个字，特殊情况下可以允许最多40个字。

2. 申请人的姓名或者名称、地址

申请人是申请获得专利权的人，在授予专利权后申请人就是专利权人。申请人可以是单位或个人，并且申请人应当是具有申请专利的权利的人。职务发明创造申请专利的权利属于单位，非职务发明创造申请专利的权利属于个人。在专利局的审查程序中，审查员对请求书中填写的申请人一般情况下不作资格审查。申请人是个人的，可以推定该发明为非职务发明；申请人是单位的，可以推定该发明是职务发明。

本条所称"单位"是指能够以自己的名义从事民事活动，独立享有民事权利，独立承担民事责任和义务的组织，既包括法人单位，也包括能够独立从事民事活动的非法人单位。如个人独资企业、个人合伙企业[①]，而对于不能独立享有民事权利和承担民事义务的组织内部的部门则不能成为申请人，例如，研究所内的研究室、大学内部的学院等。

3. 发明人或者设计人的姓名

请求书中应当写明发明人或者设计人的姓名。发明或设计人可以是多人但只能是自然人，不能是法人或者集体组织。发明人应当使用本人真实姓名，不得使用笔名或者其他非正式的姓名。发明人可以请求专利局不公布其姓名，如果要求不公布姓名的不能再重新要求公布姓名。

根据《专利法实施细则》第13条的规定："专利法所称发明人或者设计人，是指对发明创造的实质性特点作出创造性贡献的人。在完成发明创造的过程中，只负责组织工作的人、为物质技术条件的利用提供方便的人或者从事其他辅助工作的人，不是发明人或者设计人。"

4. 专利代理机构

如果申请人委托专利代理机构代为申请专利的，应当在请求书中写明专利代理机构的名称、地址和专利代理人的姓名，并提交授权委托书，并写明委托权限。

---

① 尹新天：《中国专利法详解》，知识产权出版社2011年版，第76页。

5. 优先权要求

申请人如果要求优先权的,应当在申请的时候提出书面声明,即应当在该申请的请求书中写明第一次申请的申请日、申请号和如果在先申请是外国申请的还应当写明受理该申请的国家。

6. 申请人或者代理机构的签字或者盖章

作为一份表达请求的文件申请人的签名或盖章自然是必不可少的。申请人是自然人,可以签字或者盖章;申请人是单位,应当加盖单位公章;申请人委托专利代理机构代为申请的,应当由该专利代理机构加盖印章。

二、说明书

说明书是申请人公开其发明或者实用新型的文件。专利法是以公开换取保护的,公开是前提,因此在向专利局提出了希望获得专利权请求的同时还应当详细地描述希望获得专利权的技术方案的相关内容。但是对于技术方案的描述达到怎样的程度才算公开了发明的内容呢?我国《专利法》第26条第3款规定:"说明书应当对发明或者实用新型作出清楚、完整的说明,以所属技术领域的技术人员能够实现为准……"

(一) 说明书的要求

1. 清楚

说明书的内容应当清楚,是指说明书的主题应当明确,表述准确。主体明确是指说明书的撰写不能出现前后矛盾,含混不清的情形,所要解决的技术问题,技术方案以及技术效果之间应该是一一对应的关系,使得所述技术领域的技术人员能够确切的理解发明要保护的内容。表述准确是指说明书的表达应当使用所属技术领域的技术术语,以使所述技术领域的技术人员能够正确理解发明的内容。

2. 完整

说明书应当完整是指说明书应当包括能够理解发明或实用新型所有技术方案的所有技术内容。一份完整的说明书应当包括三个方面的内容:首先,是为了理解发明或实用新型必不可少的内容,这部分内容主要包括,该技术方案所属的技术领域、背景技术和附图说明等。其次,是为说明发明具备新颖性、创造性和实用性的内容,这部分内容主要包括该发明或实用新型所要解决的技术问题,解决该技术问题所采用的技术方案以及发明或使用新型所取得的有益效果。再次,是为了充分公开发明写明发明或实用新型的技术方案所需要的内容,这部分内容主要包括为解决技术问题所采取的技术方案的具体实施方式。最后,还应当将凡是所属技术领域的技术人员不能从现有技术中直接、唯一地得出的有关内容,均应当在说明书中做出清楚、明确的描述。

3. 能够实现

根据《专利审查指南》规定，"所属技术领域的技术人员能够实现"是指所属技术领域的技术人员按照说明书记载的内容，就能够实现该发明或者实用新型的技术方案，解决其技术问题，并且产生预期的技术效果。

说明书应当清楚地记载发明或者实用新型的技术方案，详细地描述实现发明或者实用新型的具体实施方式，完整地公开对于理解和实现发明或者实用新型必不可少的技术内容，达到所属技术领域的技术人员能够实现该发明或者实用新型的程度。审查员如果有合理的理由质疑发明或者实用新型没有达到充分公开的要求，则应当要求申请人予以澄清。

以下各种情况由于缺乏解决技术问题的技术手段而被认为无法实现：

（1）说明书中只给出任务和/或设想，或者只表明一种愿望和/或结果，而未给出任何使所属技术领域的技术人员能够实施的技术手段。

例如，一项有关"奶瓶"的发明，说明书中记载的技术内容仅有"该奶瓶具有瓶身能随温度变化而变色的特征"。

由于说明书中没有公开如何制造这种奶瓶，采用何种材料，奶瓶的结构是什么，如何实现瓶身能随温度变化而变色，说明书中只给出来发明的任务和设想，而没有记载任何技术手段，本领域技术人员根据说明书的记载不能制造出这种奶瓶，因此说明书公开不充分。

（2）说明书中给出了技术手段，但对所属技术领域的技术人员来说，该手段是含糊不清的，根据说明书记载的内容无法具体实施。

例如，说明书中公开了一种涂料组合物，包含一种能使产率增加的特殊物料，在该说明书中对其他物料给出了详细的说明，但是并未公开对实现本发明的发明目的起关键作用的特殊物料的成分，实际上申请人将这种关键的特殊物料作为技术秘密而保留，因此说明书中仅给出了含糊不清的技术手段，致使本领域技术人员根据说明书的记载无法实施该发明的技术方案，解决其技术问题，因此说明书公开不充分。

（3）说明书中给出了技术手段，但所属技术领域的技术人员采用该手段并不能解决发明或者实用新型所要解决的技术问题。

例如，申请的权利要求书中要求保护一种潜水摄像装置，为解决说明书中的技术问题，该潜水摄像装置中安装了一种特殊的绝缘材料制成的部件。说明书中虽然对潜水装置的结构进行了详细的描述，但并未给出对本发明其关键作用的特殊绝缘材料的组成。致使所属领域的技术人员根据说明书的记载无法解决本发明所要解决的技术问题实现本发明的技术方案。

（4）申请的主题为由多个技术手段构成的技术方案，对于其中一个技术手段，所属技术领域的技术人员按照说明书记载的内容并不能实现。

例如，一项发明名称为"一种玩具汽车"的发明专利申请，说明书中指出："除动力、传动变速机构之外，主要是设计一套当遇到障碍物时能够自动转向的机构"但是，说明书中没有描述当遇到障碍物时能够自动转向机构的具体结构。因此，所属技术领域的技术人员根据说明书记载的内容无法实现发明。

（5）说明书中给出了具体的技术方案，但未给出实验证据，而该方案又必须依赖实验结果加以证实才能成立。例如，对于已知化合物的新用途发明，通常情况下，需要在说明书中给出实验证据来证实其所述的用途以及效果，否则将无法达到能够实现的要求。

例如，一种已知化合物的新用途发明，申请人声称克服了本领域技术人员普遍存在的偏见，发现该化合物可以用于杀菌消毒。但是未提供任何试验数据加以证明。对于化学领域而言，尤其是已知化合物的新用途发明，其技术方案的技术效果往往依赖试验结果加以证实才能成立，如果未公开试验数据，则造成公开不充分。

（二）说明书记载的内容

发明或实用新型的说明书应当包括发明名称、技术领域、背景技术、发明或实用新型内容、附图说明、具体实施方式六个部分的内容。

发明或者实用新型的说明书应当按照上述方式和顺序撰写，并在每一部分前面写明标题，除非其发明或者实用新型的性质用其他方式或者顺序撰写能够节约说明书的篇幅并使他人能够准确理解其发明或者实用新型。

发明或者实用新型说明书应当用词规范、语句清楚，并且不得使用"如权利要求……所述的……"一类的引用语，也不得使用商业性宣传用语。

以下就说明书所包括的内容逐项详细说明：

1. 发明名称

根据《专利法实施细则》第 17 条的规定，发明或者实用新型专利申请的说明书应当写明发明或者实用新型的名称，该名称应当与请求书中的名称一致。说明书必须写明发明的名称，发明或者实用新型的名称应当清楚、简要，写在说明书首页正文部分的上方居中位置。

发明或者实用新型的名称的撰写要求：

（1）说明书中的发明或者实用新型的名称与请求书中的名称应当一致，一般不得超过 25 个字，特殊情况下，例如，化学领域的某些申请，可以允许最多到 40 个字；

（2）采用所属技术领域通用的技术术语，最好采用国际专利分类表中的技术术语，不得采用非技术术语；

（3）清楚、简要、全面地反映要求保护的发明或者实用新型的主题和类型（产品或者方法），以利于专利申请的分类，例如，一件包含拉链产品和该拉链制

造方法两项发明的申请,其名称应当写成"拉链及其制造方法";

(4) 不得使用人名、地名、商标、型号或者商品名称等,也不得使用商业性宣传用语。

2. 技术领域

所谓技术领域是写明要求保护的技术方案所属的技术领域。发明或者实用新型的技术领域应当是要求保护的发明或者实用新型技术方案所属或者直接应用的具体技术领域,而不是上位的或者相邻的技术领域,也不是发明或者实用新型本身。该具体的技术领域往往与发明或者实用新型在国际专利分类表中可能分入的最低位置有关。因此为了便于分类和检索应规范撰写技术领域,例如,一个关于轿车方向盘的发明,其改进之处是将背景技术中的三幅方向盘改为四幅方向盘。其所属技术领域可以写成"本发明涉及一种轿车,特别是涉及一种轿车方向盘"(具体的技术领域),而不宜写成"本发明涉及一种汽车"(上位的技术领域),也不宜写成"本发明涉及一种四幅轿车方向盘"(发明本身)。

3. 背景技术

发明或者实用新型说明书的背景技术部分应当写明对发明或者实用新型的理解、检索、审查有用的背景技术,并且尽可能引证反映这些背景技术的文件。尤其要引证包含发明或者实用新型权利要求书中的独立权利要求前序部分技术特征的现有技术文件,即引证与发明或者实用新型专利申请最接近的现有技术文件。说明书中引证的文件可以是专利文件,也可以是非专利文件,例如期刊、杂志、手册和书籍等。引证专利文件的,至少要写明专利文件的国别、公开号,最好包括公开日期;引证非专利文件的,要写明这些文件的标题和详细出处。

此外,在说明书背景技术部分中,还要客观地指出背景技术中存在的问题和缺点,但是,仅限于涉及由发明或者实用新型的技术方案所解决的问题和缺点。在可能的情况下,说明存在这种问题和缺点的原因以及解决这些问题时曾经遇到的困难。

4. 发明或者实用新型内容

说明书中发明内容部分主要包括三个方面的内容,发明要解决的技术问题,发明的技术方案和发明的有益技术效果。

(1) 要解决的技术问题。

要解决的技术问题是指发明或者实用新型要解决的现有技术中存在的技术问题。发明或者实用新型专利申请记载的技术方案应当能够解决这些技术问题。《专利法实施细则》第20条第2款的规定:独立权利要求应当从整体上反映发明或者实用新型的技术方案,记载解决技术问题的必要技术特征。因此所要解决的技术问题必须是独立权利要求能够解决的技术问题,如果一项发明的技术方案不能解决该技术问题,审查员将会依据该条的规定予以驳回。当一件专利申请的说明书列出发明或者实用新型所要解决的多个技术问题,应当同时在说明书中描述解决这些技术问题的技术方案。

(2) 技术方案

说明书中记载的技术方案是一件发明或者实用新型专利申请的核心。技术方案是由技术特征构成,技术特征的整体构成技术方案。技术方案这一部分,为了能够满足可以实现的要求,至少应反映包含全部必要技术特征的独立权利要求的技术方案,即技术方案必须包括解决技术问题并达到预期的技术效果的必要的技术特征。当然还可以给出包含其他附加技术特征的进一步改进的技术方案。

一般情况下,对于说明书技术方案部分,应当首先写明独立权利要求的技术方案,其用语应当与独立权利要求的用语相应或者相同,以发明或者实用新型必要技术特征总和的形式阐明其实质。必要时,应说明必要技术特征总和与发明或者实用新型效果之间的关系。还可以通过对该发明或者实用新型的附加技术特征的描述,反映对其作进一步改进的从属权利要求的技术方案。如果一件申请中有几项发明或者几项实用新型,应当说明每项发明或者实用新型的技术方案。

(3) 有益技术效果

专利法对发明和实用新型的创造性有不同的要求,相对于发明专利来说要求相对于现有技术具有突出的实质性特点和显著的进步,对实用新型专利则要求有实质性特点和进步。有益效果是确定发明是否具有"显著的进步",实用新型是否具有"进步"的重要依据。因此说明书应当清楚、客观地写明发明或者实用新型与现有技术相比所具有的有益效果。这种技术效果是与现有技术相对比的区别效果。

有益效果是指由构成发明或者实用新型的技术特征直接带来的,或者是由所述的技术特征必然产生的技术效果。有益效果可以由产率、质量、精度和效率的提高,能耗、原材料、工序的节省,加工、操作、控制、使用的简便,环境污染的治理或者根治,以及有用性能的出现等方面反映出来。

有益效果可以通过对发明或者实用新型结构特点的分析和理论说明相结合,必要情况下,应当通过列出实验数据的方式予以说明,不得只是断言发明或者实用新型具有有益的效果。

机械、电气领域中的发明或者实用新型的有益效果,在某些情况下,可以结合发明或者实用新型的结构特征和作用方式进行说明。但是,化学领域中的发明,在大多数情况下,不适于用这种方式说明发明的有益效果,而是借助于实验数据来说明。对于目前尚无可取的测量方法而不得不依赖于人的感官判断的,例如味道、气味等,可以采用统计方法表示的实验结果来说明有益效果。在引用实验数据说明有益效果时,应当给出必要的实验条件和方法。

一份专利申请通常包括不止一个技术方案,因此在撰写具体实施方式部分时,每引入一个技术手段,都可以相应对其作用与达到的有益效果进行说明,这样的撰写方式对后续答复专利申请审查意见通知书,尤其是针对涉及创造性的审查意见陈述意见会有一定的帮助。

5. 附图说明

说明书有附图的,应当在此处对各幅附图作简略说明。

例如:

图 1 为本发明的流程图;

图 2 为实施例 1 的结构示意图。

6. 具体实施方式

具体实施方式部分应当详细地记载发明的技术方案的实施过程,展示实施例的各个具体细节。应当详细描述申请人认为实现发明或者实用新型的优选的具体实施方式,在适当情况下,应当举例说明,有附图的,应当对照附图。具体实施方式是判断说明书是否充分公开、说明书是否能够支持权利要求的保护范围的重要依据。

对于产品来说,应当描述产品的机械构成、电路构成或者化学成分,说明组成产品的各部分之间的相互关系。对于方法来说,应当写明其步骤,包括可以用不同的参数或者参数范围表示的工艺条件等。当权利要求相对于背景技术的改进涉及数值范围时,通常应给出两端值附近(最好是两端值)的实施例,当数值范围较宽时,还应当给出至少一个中间值的实施例。附图标记或者符号应当与附图中所示的一致,放在相应的技术名称的后面,不加括号。

具体撰写要求:

(1)应当详细描述申请人认为实现发明或者实用新型的优选的具体实施方式。在适当情况应举例说明,有附图的应当对照附图进行说明。

(2)优选的实施方式应当体现申请中解决技术问题所采用的技术方案,并应当对权利要求的技术特征给予详细说明,以支持权利要求。

(3)对优选的实施方式的描述应当详细,使发明或实用新型所属技术领域的技术人员能够实现该发明或者实用新型。

(4)实施例的数量应当根据发明创造的性质、所属技术领域、现有技术状况以及要求保护的范围来确定。当一个实施例足以支持所概括的技术方案时,可以只给出一个实施例;当权利要求概括的技术方案不能从一个实施例中找到依据时,应当给出一个以上的不同实施例,以支持要求保护的范围;当权利要求相对于背景技术的改进涉及数值范围时,通常应给出两端值附近(最好是两端值)的实施例,当数值范围较宽时,还应当给出至少一个中间值的实施例。

（5）对于产品发明或实用新型，实施方式或实施例应当描述产品的机械构成、电路构成或者化学成分，说明组成产品的各部分之间的相互关系；对于可动作产品，必要时还应当说明其动作过程或者操作步骤。

（6）对于方法发明，应当写明步骤，包括可以用不同参数或参数范围表示的工艺条件。

（7）对最接近的现有技术或者与最接近的现有技术共有的技术特征，一般可以不作详细描述，但对发明或实用新型区别于现有技术的特征以及从属权利要求中的附加技术特征应当进行足够详细地描述，以所属技术领域的技术人员能够实现该技术方案为准。

（8）对于那些就满足充分公开发明或实用新型而言必不可少的内容，不能采用引证其他文件的方式撰写，而应当将其具体写入说明书。

（9）对照附图描述具体实施方式时，使用的附图标记或者符号应当与附图所示一致，放在相应部件的名称之后，不加括号。

（10）在申请内容十分简单情况下，在说明书技术方案部分已对要求保护的主题作出清楚、完整的说明时，则在这部分就不必再作重复说明。

三、权利要求书

（一）权利要求书概述

权利要求书是记载权利要求的专利文献。发明或实用新型专利权保护的范围由权利要求限定。它是发明或者实用新型专利的核心，是确定专利保护范围的重要法律文件。在专利制度的产生初期是没有权利要求书的，那时的专利申请文件和专利文件中只有说明书，专利保护的范围由法官通过对专利说明书的理解来确定。由于没有相应的文件予以明确记载，在法院作出判决之前，公众很难预料法官会如何确定专利权的保护范围，因而给专利保护带来了很大的不确定性，影响了专利制度的正常运作。[①] 因而，一些专利申请人开始自己撰写权利要求书，以明确专利要求保护的范围。后来权利要求书被很多国家所采用，成为发明和实用新型专利申请的必要文件。

权利要求书由一个或若干个权利要求构成，权利要求是技术方案的集合，即每一条权利要求都包含一个或若干个实现发明目的的技术方案。我们可以这样理解权利要求书，权利要求书就像是一个袋子，而每一条权利要求是装在袋子里的若干个石榴，而要求保护的技术方案是包裹在石榴中的石榴籽。我们在通常意义上理解权利要求的保护范围就是所有的石榴籽所代表的技术方案，每一个具体的技术方案的集合是权利要求的保护范围。所谓的相同侵权就是指被诉侵

---

① 尹新天：《中国专利法详解》，知识产权出版社2011年版，第362页。

权技术方案与权利要求记载的技术方案相同。因此权利要求应该包含尽可能多的技术方案。

专利权的保护范围对于权利人来说具有十分重要的意义,是判断他人是否侵权的依据。我国《专利法》第 59 条第 1 款规定:"发明或者实用新型专利权的保护范围以其权利要求的内容为准,说明书及附图可以用于解释权利要求的内容。"权利要求书是国家知识产权局核实申请人希望获得保护的发明或者实用新型能否被授予专利权的依据。

(二) 权利要求的类型

1. 按权利要求所保护技术方案的性质划分,可分为两种类型:产品权利要求和方法权利要求

产品权利要求又称作物的权利要求,即人类技术生产的物,包括产品和设备。例如:工具、装置、设备、仪器、部件、元件、线路、合金、涂料、水泥、玻璃、组合物、化合物等。方法权利要求又称作活动的权利要求。它所保护的是有时间要素的活动,包括方法和用途。它可以是制造方法、使用方法、通讯方法、处理方法以及将产品用于特定用途的方法。

2. 按照权利要求的形式划分,分为独立权利要求和从属权利要求

独立权利要求是指从整体上反映发明或者实用新型的技术方案,记载解决其技术问题所需的必要技术特征的权利要求。所谓必要技术特征是指,发明或者实用新型为解决其技术问题所不可缺少的技术特征,其总和足以构成发明或者实用新型的保护客体,使之区别于其他技术方案。在一件专利申请的权利要求书中独立权利要求所限定的保护范围最大。

技术特征是指在权利要求所限定的技术方案中,能够相对独立地执行一定的技术功能、并能产生相对独立的技术效果的最小技术单元或者单元组合。也有学者把技术特征定义为利用了自然规律,能够实现一定功能,达到一定效果的技术手段,同一技术方案中的技术特征之间的连接关系也是技术特征。[①] 技术特征是技术手段的表现形式,是对具体技术手段的描述或概括。例如部件的结构、高度、长度、材质、各部件连接关系等等。在化学领域则包括分子的构成、组合物的组成,各组分的比率等。

从属权利要求是指包含另一项同类型权利要求的所有技术特征,并对该项权利要求的技术方案作出进一步限定的权利要求。也就是如果一项权利要求包含了另一项权利要求中的所有技术特征、又对另一项权利要求的技术方案作进一步限定,则该权利要求为另一项权利要求的从属权利要求。因为从属权利要求是对所引用的权利要求的进一步限定,所以从属权利要求的保护范围会落入

---

① 李中奎:《专利侵权诉讼中技术特征的划分与范围确认》,载《中国发明与专利》2008 年第 11 期。

所引用的权利要求的保护范围内。

（三）权利要求应该满足的要求

权利要求作为判断权利范围的依据，需要满足一定的要求。《专利法》第 26 条第 4 款规定：权利要求书应当以说明书为依据，清楚、简要地限定要求专利保护的范围。可知，权利要求需要同时满足两个方面的要求：一方面需要以说明书为依据；另一方面是清楚、简要地限定要求专利保护的范围。

1. 以说明书为依据

权利要求是对说明书记载的技术方案的概括，权利要求所请求的保护范围，应该得到说明书的支持，不得超出说明书公开的范围。

通常说明书会记载一个或多个实施方式或实施例。为了获得一个较宽的保护范围，在撰写权利要求时一般不会仅限于发明的具体实施方式或实施例，而是对其进行合理的概括。这种概括并不仅限于独立权利要求的必要技术特征，对于从属权利要求的附加技术特征也应当进行概括。权利要求的概括方式有两种：一种是上位概念概括，一种是并列选择方式概括。对于权利要求的概括是否恰当应参照《专利审查指南》中的规定：如果所属技术领域的技术人员可以合理预测说明书给出的实施方式的所有等同替代方式或明显变形方式都具备相同的性能或用途，则应当允许申请人将权利要求的保护范围概括至覆盖其所有的等同替代或明显变形的方式。

从属权利要求用附加技术特征对被引用的权利要求作进一步限定。附加技术特征是指，发明和实用新型为解决其技术问题所不可缺少的技术特征之外再附加的技术特征。它与所解决的技术问题有关，可以是对引用权利要求中的技术特征作进一步限定的技术特征，也可以是增加的技术特征。在一件申请的权利要求书中，独立权利要求所限定的客体的保护范围最宽，而从属权利要求的保护范围落在其所引用的权利要求保护范围之内。一件申请的权利要求书中，至少包括一项独立权利要求，还可以包括从属权利要求。根据《专利法》第 31 条的规定：属于一个总的发明构思的两项以上的发明或者实用新型，可以作为一件申请提出。在这种情况下，权利要求书中有两项或两项以上独立权利要求，写在前面的独立权利要求称为第一独立权利要求，其他独立权利要求称作并列独立权利要求。

2. 清楚

权利要求书应当清楚，一是指每一项权利要求应当清楚，二是指构成权利要求书的所有权利要求作为一个整体也应当清楚。

第一，权利要求的类型应当清楚，主题名称与权利要求的技术内容相适应。类型应当清楚是指权利要求的主题名称应当明确是一种方法还是一种产品，不能有模棱两可的表述，例如"一种……技术"也不能在主题名称中既包含有产品又包含有方法,例如,"一种……产品及其制造方法"。每种类型的权利要求都有自己不同表述方式,如果是产品权利要求应当尽量用产品的结构特征来描述,当技术特征无法用结构特征予以清楚表征时,允许借助物理或化学参数进行表征;当无法用结构特征并且也不能用参数特征予以清楚地表征时,才允许借助于方法特征表征。方法权利要求应当用工艺构成、操作条件、步骤或流程等技术特征表述。

第二,权利要求的保护范围应当清楚。权利要求的保护范围是根据其所用词语的含义来确定。因此权利要求的用词应力求精确,不使用含义不确定的用语。如"厚""薄""强""弱""高温""高压""很宽范围""例如""最好是""尤其是""必要时"等等。

第三,各个权利要求之间的引用关系应当清楚。即一件专利申请的权利要求书中应当至少有一项独立权利要求,当有多项权利要求并存时,写在最前面的独立权利要求被称为第一独立权利要求。权利要求书中可以有从属权利要求,从属权利要求只能引用在前的权利要求。引用两项以上权利要求的多项从属权利要求只能以择一方式引用在前的权利要求,并不得作为被另一项多项从属权利要求引用的基础,即在后的多项从属权利要求不得引用在前的多项从属权利要求。

3. 简要

权利要求书的简要主要体现在两个方面:

第一,权利要求应当用技术特征来限定发明或实用新型的保护范围。除技术特征之外,不应对发明的原因、发明的理由作不必要的描述,更不应在权利要请求书中使用商业性宣传用语。

第二,构成权利要求书的所有权利要求作为一个整体应当简要。例如,一件专利申请中不得出现两项或两项以上保护范围实质上相同的同类权利要求。为避免权利要求之间相同内容的不必要重复,在可能的情况下,权利要求应尽量采取引用在前权利要求的方式撰写。

(四)权利要求书的撰写

1. 找出主要技术特征

在理解发明或实用新型技术方案的基础上,找出其主要技术特征,并厘清各个技术特征之间的关系。

2. 确定最接近的现有技术

根据已知的现有技术,确定发明或实用新型最接近的现有技术。任何发明都是建立在现有技术的基础之上,因此要想使撰写的权利要求具有创造性就必须以现有技术为参照。这一点与创造性评价过程中确定最接近的现有技术的方法是相同的。最接近的现有技术从以下几个方面进行确定:首先,确定现有技术的主题与本申请的技术方案是否属于相同的技术领域；其次，明确所要解决的技术问题、技术效果或者用途是否最接近；最后，明确现有技术是否是公开了发明的技术特征最多的现有技术。有时虽然与要求保护的发明技术领域不同，但能够实现发明的功能，并且公开发明的技术特征最多，这样的现有技术也可作为本发明最接近的现有技术。应当注意的是，在确定最接近的现有技术时，应首先考虑技术领域相同或相近的现有技术。

3. 确定必要技术特征

必要技术特征是指，发明或者实用新型为解决其技术问题所不可缺少的技术特征，其总和足以构成发明或者实用新型的技术方案，使之区别于背景技术中所述的其他技术方案。根据最接近的现有技术，进一步确定发明或实用新型所解决的必要技术特征。

4. 技术特征的概括

未获得尽可能宽的保护范围应当进一步将技术特征进行概括。尽可能采取概括表述的方式(上位概括或并列概括)，以获得尽可能宽的保护范围。应注意概括进来的所有技术特征都应该能解决发明或实用新型所要解决的技术问题。

5. 撰写独立权利要求

《专利法实施细则》第20条第2款规定：独立权利要求应当从整体上反映发明或者实用新型的技术方案，记载解决技术问题的必要技术特征。在所有权利要求中独立权利要求保护的额范围最大，从属权利要求的保护范围都会落入独立权利要求的保护范围内，因此独立权利要求的撰写必须为专利争取最大的保护范围。为了争取最大的保护范围，就要求在撰写独立权利要求时，技术特征要尽可能的少且尽量采取上位或并列概括的形式。

发明或者实用新型的独立权利要求应当包括前序部分和特征部分。前序部分应当写明要求保护的发明或者实用新型技术方案的主题名称和发明或者实用新型主题与最接近的现有技术共有的必要技术特征；特征部分应当使用"其特征是……"或者类似的用语，写明发明或者实用新型区别于最接近的现有技术的技术特征，这些特征和前序部分写明的特征合在一起，限定发明或者实用新型要求保护的范围。

例如：一种硬盘组件，包括硬盘和硬盘托架，其特征在于，所述硬盘托架由导热材料制成。该权利要求的前序部分是"一种硬盘组件，包括硬盘和硬盘托架"其中为该发明的主题名称"一种硬盘组件"，最接近的现有技术的共有技术特征是"包括硬盘和硬盘托架"。该权利要求的特征部分为"所述硬盘托架由导热材料制成"。

6. 撰写从属权利要求

《专利法实施细则》第22条，发明或者实用新型的从属权利要求应当包括引用部分和限定部分,按照下列规定撰写:(1)引用部分:写明引用的权利要求的编号及其主题名称;(2)限定部分:写明发明或者实用新型附加的技术特征。

分析技术特征的属性,是对必要技术特征的进一步限定还是新的技术特征,找出其他能够对独立权利要求的技术特征做出进一步限定的附加技术特征。将具有创造性的优选方案的技术特征作为独立权利要求的进一步限定,写入从属权利要求,完成从属权利要求的撰写。为了形成权利要求的保护梯度,权利要求的保护范围应当逐级缩小。

【例】 一项发明的权利要求书如下:

(1)一种硬盘组件,包括硬盘和硬盘托架,其特征在于:所述硬盘托架由导热材料制成。

(2)如权利要求1所述的硬盘组件,其特征在于:所述导热材料为金属。

(3)如权利要求2所述的硬盘组件,其特征在于:所述导热材料为铜。

从属权利要求只能引用在前的权利要求。引用两项以上权利要求的多项从属权利要求,只能以择一方式引用在前的权利要求,并不得作为另一项多项从属权利要求的基础。

7. 不同主题的合案申请

对于有多个技术主题准备合案申请的情况,在针对最主要技术主题完成独立权利要求和从属权利要求后,针对其他与上述主题具备单一性的技术主题,可类似于上述步骤撰写并列独立权利要求以及从属权利要求。

从属权利要求只能引用在前的权利要求。引用两项以上权利要求的多项从属权利要求,只能以择一方式引用在前的权利要求,并不得作为另一项多项从属权利要求的基础。

(五) 撰写实例

发明名称:一种衣架挂钩

背景技术

日常生活中,人们常常利用衣架来晾晒物品。具体地说,将需要晾晒的物品吊挂在衣架的衣架本体上,再将与衣架本体连接的挂钩挂在横杆上进行晾晒。但是,传统的挂钩挂在横杆上时,由于挂钩和横杆之间的接触为点接触,缺乏固定力或固定力较小,挂钩在横杆上容易产生滑动和扭动,风大时甚至有可能从横杆上脱落下来。

发明内容:

为了解决上述问题,本发明提供了一种用于挂在横杆上的挂钩,具有挂钩本体和突起物,该挂钩本体具有两个夹持部以及连接所述夹持部的弯曲部,其中一个夹持部具有自由端,另一个夹持部具有与衣架本体相连接的连接端,在两个夹持部的相向内侧设有突起物,当挂钩挂在横杆上时突起物与横杆的外圆周表面相接触,起到夹持横杆的作用。

　　最好在与横杆轴线平行的方向上,突起物与横杆外圆周表面形成线接触。突起物可以采用半圆柱形状,也可以采用山脊形状,以便在夹持横杆时与横杆外圆周表面形成线接触。挂钩本体可以采用问号(?)形状,也可以采用其他形状。在夹持部的相向内侧可以对称地各设置两个突起物。每个夹持部上的两个突起物之间的连接部分最好呈 V 形凹陷。弯曲部上还可以设置一个迂回部,该迂回部的曲率半径小于弯曲部其他部位的曲率半径,从而增大挂钩本体对横杆的弹性夹持力。本发明的挂钩整体上可以是弯曲的板状结构,以适应吊挂较重物品的需要。本发明的挂钩通过突起物夹持横杆,并与横杆外圆周表面形成线接触,增大了挂钩与横杆之间的固定力,使挂钩不容易在横杆上产生滑动和扭动,有效地克服了现有挂钩的前述缺点。

　　附图说明:
　　图 1(a)是本发明挂钩第一种实施例的透视图;
　　图 1(b)是图 1(a)所示挂钩上突起物的放大透视图;
　　图 2(a)是图 1(a)所示挂钩与横杆相配合的示意图;
　　图 2(b)是图 1(a)所示挂钩的局部正视图;
　　图 3(a)是本发明挂钩第二种实施例的示意图;
　　图 3(b)是图 3(a)所示挂钩的局部正视图;
　　图 4 是本发明挂钩第三种实施例的透视图;
　　图 5 是图 4 所示挂钩与横杆相配合的示意图;
　　图 6 是从图 4 所示挂钩后方看的放大透视图。

　　具体实施方式:
　　下面结合附图,详细介绍本发明各实施例。

　　图 1 和图 2 示出了本发明挂钩的第一种实施例。如图 1(a)所示,整个衣架由挂钩本体 11 和衣架本体 12 组成,其中挂钩本体 11 采用弯曲的棒状弹性材料制成。

　　挂钩本体 11 具有相对平行的两个夹持部 17、18 以及连接两个夹持部上部的弯曲部 20。夹持部 17 具有自由端 19;夹持部 18 具有连接端 13,以可转动方式装配在衣架本体 12 上。夹持部 17、18 之间形成有横杆插入口 14,从而能够将衣架悬挂在横杆上。夹持部 17、18 的相向内侧设有四个突起物 15。如图 1(b)所示,突起物 15 呈半圆柱状。如图 2(a)所示,每个夹持部上的一对突起物 15 之间的间隔小于横杆 10 的外径。使用时,使横杆 10 进入横杆插入口 14,对衣架施加向下的拉力,通过横杆 10 对夹持部 17、18 的挤压,使挂钩本体 11 产生弹性变形,从而将横杆 10 夹持在四个突起物 15 之间。挂钩本体产生的弹性夹持力使突起物 15 与横杆 10 的外圆周表面相接触,形成了如图 1(b)所示的与横杆 10 轴线相平行的支撑线 16。这种线接触结构增强了挂钩本体 11 在横杆 10

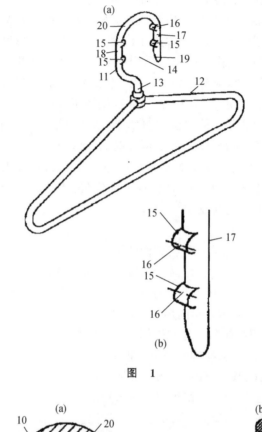

图 1

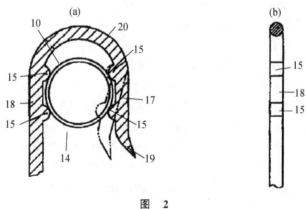

图 2

上的固定性能,使之不容易在横杆上产生滑动和扭动。

图3示出了本发明挂钩的第二种实施例。如图3(b)所示,该实施例与第一种实施例在结构上的区别仅在于,突起物15沿横杆10轴向的宽度大于挂钩本体11沿横杆10轴向的宽度。加宽的突起物可以带来更好的夹持效果,这样挂钩本体11不需要采用较粗的材料就能获得更好的固定性能。

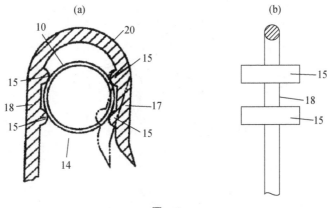

图 3

图 4 至图 6 示出了本发明挂钩的第三种实施例。如图 4 所示,整个衣架由挂钩本体 21 和衣架本体 22 组成。挂钩本体 21 采用弯曲的板状弹性材料制成,具有彼此相对的夹持部 30、31 以及连接两个夹持部上部的弯曲部 27,夹持部 30 具有自由端 28。夹持部 30、31 的相向内侧形成有山脊形状的突起物 23、24、25、26,突起物 23~26 沿横杆 10 轴向的宽度大于弯曲部 27 沿横杆 10 轴向的宽度。

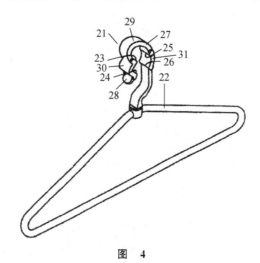

图 4

如图 5 所示,夹持部 30 上的两个突起物 23、24 之间的连接部分以及夹持部 31 上的两个突起物 25、26 之间的连接部分均呈 V 形凹陷。当横杆 10 被夹持在突起物 23~26 之间时,V 形凹陷部分不与横杆 10 的外圆周表面接触,因此突起物 23~26 均与横杆 10 的外圆周表面形成线接触。弯曲部 27 上设有远离横杆 10 的迂回部 29,该迂回部 29 的曲率半径小于弯曲部其他部位的曲率半径。采用这种结构,当横杆 10 被夹持在夹持部 30、31 之间时,迂回部 29 会产生较大的变形,

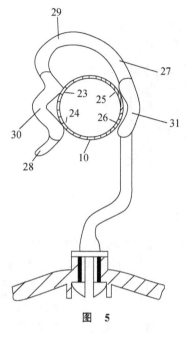

图 5

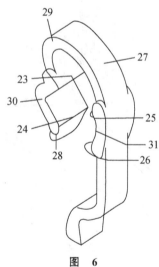

图 6

形成较大的弹性夹持力,从而进一步增强了挂钩本体21在横杆10上的固定性能。

上面结合附图对本发明的实施例作了详细说明,但是本发明并不限于上述实施例,在本领域普通技术人员所具备的知识范围内,还可以对其作出种种变化。例如,在上述实施例中,挂钩本体与衣架本体是相互独立的部件,通过组装形成完整的衣架。显然,本发明所述的挂钩本体也可与衣架本体一体形成完整的衣架。另外,第三种实施例中所述的迂回部也适用于其他实施方式;第二种实施例中所采用的突起物在横杆轴向方向上比挂钩本体宽的方式同样适用于其他方案。

对比文件 1

本发明涉及衣架等的挂钩,特别涉及用于展示衣物的衣架挂钩。

在服装店中,为了便于向顾客展示衣物,通常将挂有衣物的衣架通过其挂钩挂在展示架杆上。现有用于展示衣物的衣架,具有挂钩本体以及支承衣物的衣架本体。但是,这些衣架要么在展示架杆上不稳定,容易被来往顾客碰掉;要么挂钩与展示架杆配合过紧,不容易从架杆上取下。

因此,渴望提供一种用于展示衣物的衣架,它便于顾客将其从展示架杆上取下,也便于顾客在观看后重新将衣架挂到展示架杆上,同时保证衣架挂在展示架杆上稳定而不易被碰掉。

本发明提供了一种用于展示衣物的衣架,包括挂到展示架杆上的挂钩本体。该挂钩本体的内侧设有凸部和突片,用于将挂钩较为牢靠地固定在展示架杆上。

该凸部可以是中空的,也可以是实体的。挂钩本体的顶部具有小突起弧,用于增大挂钩本体的弹性夹持力。本发明的挂钩可以由金属材料或塑料制成。

图 1 是本发明衣架挂钩的侧视图;

图 2 是本发明衣架挂钩的正视图。

如图 1 和 2 所示,展示衣架具有挂钩本体 1 和支承衣物的支架(图中未示),在挂钩本体 1 的内侧设有凸部 2 和突片 3,用于夹持展示架杆 5,挂钩本体的顶部有一小突起弧 4。

对比文件 2

本发明涉及用于悬挂服装以进行晾晒、展示和存放的衣架。

图 1 为本发明衣架的透视图;

图 2 为本发明衣架与晾衣竿相配合的示意图。

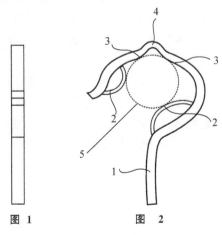

图 1　　　　图 2

如图1所示,本发明的衣架包括衣架主体1和悬挂部件2。衣架主体1与一般衣架的衣架主体相似,悬挂部件2与衣架主体1相连接。将衣物挂在衣架主体1上,用悬挂部件2顶部设置的夹紧部夹住晾衣竿或类似物,便可将衣服悬挂起来。

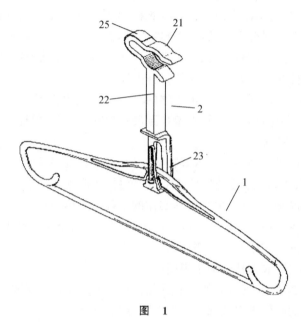

图 1

悬挂部件2包括柱体22,柱体22底部设有连接衣架主体1的嵌合部23,柱体22顶部设有夹紧部21。夹紧部21采用弹性材料制成,用于夹住晾衣竿或类似物。夹紧部21包括两个夹臂,其开口向右下方或者左下方,处于下方的夹臂底部与柱体22的顶端固定连接。夹紧部21每个夹臂的中间部位设有一个圆弧形部分,在该圆弧形部分的内表面上形成有多个与晾衣竿轴向相平行的凹槽,以防止夹紧部在晾衣竿上转动。两个夹臂的一端通过弯曲部24相互连接。在弯曲部24的外表面上以可以拆卸的方式装有钢制U型板簧25,以增强夹紧部21的弹性夹持力。

如图2所示,由于夹紧部21的两个夹臂可以张开,因此适合于不同直径的晾衣竿3。当晾衣竿的直径比图示晾衣竿的直径更大时,虽然夹臂的圆弧部分不能与竿紧密配合,但也能通过在圆弧形部分边缘所形成的突棱夹持晾衣竿,因而同样能够将悬挂部件2固定在晾衣竿上。

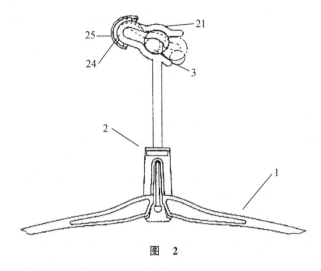

图 2

1. 找出主要技术特征

在理解发明或实用新型技术方案的基础上，找出其主要技术特征，并厘清各个技术特征之间的关系。针对这项发明，我们有必要以表格的形式列出本发明的技术特征：

本发明的技术特征	对比文件 1 公开的内容	对比文件 2 公开的技术特征
挂钩本体采用弯曲的棒状弹性材料制成；	由金属材料或塑料制成；	由金属材料或塑料制成；夹紧部采用弹性材料制成；
挂钩本体采用弯曲的板状弹性材料；	由金属材料或塑料制成；	由金属材料或塑料制成；夹紧部采用弹性材料制成；
具有两个夹持部和连接两个夹持部上部的弯曲部；	可以毫无异议确定的内容；	可以毫无异议确定的内容；
其中一个夹持部具有自由端，另一个夹持部具有与衣架本体相连接的连接端；	可以毫无异议确定的内容；	可以毫无异议确定的内容；
两个夹持部之间形成横杆插入口；	可以毫无异议确定的内容；	可以毫无异议确定的内容；
两个夹持部的相向内侧设有突起物；	在挂钩本体的内侧设有凸部；	夹紧部 21 每个夹臂的中间部位设有一个圆弧形部分；

(续表)

本发明的技术特征	对比文件 1 公开的内容	对比文件 2 公开的技术特征
两个夹持部的相向内侧上的突起物各为两个；		
每个夹持部上的一对突起物之间的间隔小于横杆的外径；		夹紧部的两个夹臂可以张开；
突起物与横杆外圆周表面形成线接触；		通过在圆弧形部分边缘所形成的突棱夹持晾衣竿；
弯曲部上靠近带有自由端的夹持部的部位设有迂回部，该迂回部的曲率半径小于弯曲部其他部位的曲率半径；	挂钩本体的顶部具有小突起弧；	
突起物呈半圆柱状或山脊形状；		
每一个夹持部上两个突起物之间的连接部分呈 V 形凹陷；		
突起物沿横杆轴向的宽度等于弯曲部沿横杆轴向的宽度；	可以毫无异议确定的内容	可以毫无异议确定的内容
突起物沿横杆轴向的宽度大于弯曲部沿横杆轴向的宽度；		

2. 确定最接近的现有技术

经比对因为对比文件中公开的技术特征最多因此确定对比文件 2 为最接近的现有技术。

找到本发明与现有技术的区别技术特征，并根据该技术特征重新定义本发明所要解决的技术问题和所带来的技术效果。当发明与现有技术相比具有多个区别技术特征时，应当选择能够满足创造性要求的技术特征。本发明中的区别技术特征主要有三个：

① 突起物沿横杆轴向的宽度大于弯曲部沿横杆轴向的宽度；
② 突起物呈半圆柱状或山脊形状；
③ 每一个夹持部上两个突起物之间的连接部分呈 V 形凹陷。

无论突起物呈半圆柱状或山脊形状或是每一个夹持部上两个突起物之间的连接部分呈 V 形凹陷，都不能带来非显而易见的技术效果，不具有突出的实质性特点，因此②、③不能满足创造性要求。本发明的区别技术特征应选择①，根据该技术特征确定本发明所要解决的技术问题是"衣架挂钩易从横杆上脱落"；所采用的技术方案为"突起物沿横杆轴向的宽度大于弯曲部沿横杆轴向的宽度"；所带来的技术效果是"加宽的突起物可以带来更好的夹持效果，这样挂钩本体不需要采用较粗的材料就能获得更好的固定性能"。

3. 确定必要技术特征

根据发明所要实现的发明目的,确定发明或实用新型的必要技术特征。必要技术特征是指,发明或者实用新型为解决其技术问题并达到相应的技术效果所不可缺少的技术特征,其总和足以构成发明或者实用新型的技术方案,使之区别于背景技术中所述的其他技术方案。如果缺失哪一项技术特征则发明的目的不能实现,则该技术特征就是必要技术特征。必要技术特征仅以实现发明目的为必要,对于技术效果的好与坏则不作要求,因此我们不应将不必要的技术特征放入权利要求中,减少权利要求的保护范围。

为实现本发明目的不可缺少的技术特征为:

挂钩本体采用弯曲的棒状弹性材料制成;

具有两个夹持部和连接两个夹持部上部的弯曲部;

其中一个夹持部具有自由端,另一个夹持部具有与衣架本体相连接的连接端;

两个夹持部之间形成横杆插入口;

两个夹持部的相向内侧设有突起物;

每个夹持部上的一对突起物之间的间隔小于横杆的外径;

突起物与横杆外圆周表面形成线接触;

突起物沿横杆轴向的宽度大于弯曲部沿横杆轴向的宽度。

4. 技术特征的概括

为获得尽可能宽的保护范围,代理人应当进一步考虑每一技术特征是否能够进行概括(上位概括或并列概括)。为确保恰当的概括范围,概括进来的所有技术特征都应该能解决发明或实用新型所要解决的技术问题。

"弯曲的棒状弹性材料"和"弯曲的板状弹性材料"可以上位概括为"弯曲的弹性材料"。

5. 撰写独立权利要求

《专利法实施细则》第20条第2款规定:独立权利要求应当从整体上反映发明或者实用新型的技术方案,记载解决技术问题的必要技术特征。在所有权利要求中独立权利要求的保护范围最大,从属权利要求的保护范围都会落入独立权利要求的保护范围内,因此独立权利要求的撰写必须为专利争取最大的保护范围。为了争取最大的保护范围,就要求在撰写独立权利要求时,技术特征要尽可能的少且尽量采取上位或并列概括的形式。

发明或者实用新型的独立权利要求应当包括前序部分和特征部分,前序部分应当写明要求保护的发明或者实用新型技术方案的主题名称和发明或者实用新型主题与最接近的现有技术共有的必要技术特征;特征部分应当使用"其特征是……"或者类似的用语,写明发明或者实用新型区别于最接近的现有技术的技术特征,这些特征和前序部分写明的特征合在一起,限定发明或者实用新型要求保护的范围。

将本发明中与最接近的现有技术共有的必要技术特征写入前序部分,将区别于最接近的现有技术的技术特征写入特征部分从而形成本发明的独立权利要求:

一种用于挂在横杆上的衣架挂钩,挂钩本体采用弯曲的棒状弹性材料制成;该衣架挂钩具有两个夹持部以及连接所述两个夹持部上部的弯曲部,其中一个夹持部具有自由端,另一个夹持部具有与衣架本体相连接的连接端,两个夹持部之间形成横杆插入口;所述两个夹持部的相向内侧上设置有突起物,当挂钩挂在横杆上时,所述突起物与横杆的外圆周表面线接触,其特征在于:所述突起物沿横杆轴向的宽度大于两个夹持部沿横杆轴向的宽度。

6. 撰写从属权利要求

(1) 根据权利要求 1 所述的衣架挂钩,其特征在于:所述弯曲部上靠近所述具有自由端的夹持部的部位设有一个迂回部,该迂回部的曲率半径小于所述弯曲部其他部位的曲率半径。

(2) 根据权利要求 1 或 2 所述的衣架挂钩,其特征在于:所述突起物呈山脊形状或者半圆柱状。

(3) 根据权利要求 1 或 2 所述的衣架挂钩,其特征在于:设置在所述两个夹持部的相向内侧的突起物各有两个。

(4) 根据权利要求 4 所述的衣架挂钩,其特征在于:每个夹持部上的两个突起物之间的连接部分呈 V 形凹陷。

(5) 根据权利要求 1 或 2 所述的衣架挂钩,其特征在于:该衣架挂钩由弹性材料制成。

(6) 根据权利要求 1 或 2 所述的衣架挂钩,其特征在于:该衣架挂钩为弯曲的板状结构。

(7) 根据权利要求 1 或 2 所述的衣架挂钩,其特征在于:所述弯曲部上靠近所述具有自由端的夹持部的部位设有迂回部,该迂回部的曲率半径小于弯曲部其他部位的曲率半径。

第二节 外观设计专利申请文件

引导案例

案例: 2016年6月捷豹路虎有限责任公司江铃控股有限公司旗下的陆风X7车型侵犯其外观设计专利在北京朝阳一家法院提起诉讼,该专利申请号为201130436459.3对应车型揽胜极光。江铃控股有限公司称其陆风X7有自己的外观专利权(专利号申请号:201330528226.5),否认侵犯其外观设计专利权,并对该专利权提出无效宣告请求,捷豹路虎公司同时对江铃控股有限公司申请号为:201330528226.5的外观设计专利提出无效宣告请求。

国家知识产权局专利复审委员会于2016年6月3日公江铃控股有限公司布的第29147号决定书认为:"揽胜极光在2010年12月21日至12月27日在广州国际车展上公开展览,揽胜极光的外观设计专利的设计1相对于车展上展览的'揽胜极光双门版'构成实质相同,不符合《专利法》第23条第1款的规定,同时,揽胜极光的外观设计专利的设计2相对于车展上展览的'揽胜极光四门版'在视觉效果上没有明显区别,不符合《专利法》第23条第2款规定。"因此,揽胜极光的外观设计专利被宣布无效。最终江铃控股有限公司申请号:201330528226.5的外观设计专利被宣告无效,复审委员会认为虽然揽胜极光与陆风X7在细节设计上有差异,但两者具有基本相同的车身立体形状和设计风格,包括悬浮式车顶、车身比例、侧面腰线等,"前面或后面观察时,前面的外轮廓基本相同,后脸或车尾的外轮廓基本相同,而且均在车轮上方采用鼓起的轮拱设计,轮拱的拱起弧度相同",因此涉案专利(陆风X7)不符合《专利法》第23条第2款的规定。

设计2后视图

设计2立体图1

设计 2 左视图　　　　　　设计 2 立体图 2

主视图　　　　　　　　　右视图

反视图　　　　　　　　　俯视图

一、请求书

外观设计专利申请的请求书是请求获得外观设计专利权的书面声明。外观设计专利请求书也采用国家知识产权局统一制定的标准表格,申请人填写了并提交了该表格则表示申请人已经表达了希望授予外观设计专利权的愿望。外观设计的请求书内容与发明和实用新型的内容大致相同,此处不再赘述。

使用外观设计的产品名称对图片或者照片中表示的外观设计所应用的产品种类具有说明作用。使用外观设计的产品名称应当与外观设计图片或者照片中表示的外观设计相符合,准确、简明地表明要求保护的产品的外观设计。产品名称一般应当符合国际外观设计分类表中小类列举的名称。产品名称一般不得超过 20 个字。

产品名称通常还应当避免下列情形:

(1) 含有人名、地名、国名、单位名称、商标、代号、型号或以历史时代命名的产品名称;

(2) 概括不当、过于抽象的名称,例如"文具""炊具""乐器""建筑用物品"等;

(3) 描述技术效果、内部构造的名称,例如"节油发动机""人体增高鞋垫""装有新型发动机的汽车"等;

(4) 附有产品规格、大小、规模、数量单位的名称,例如"21 英寸电视机""中型书柜""一副手套"等;

(5) 以外国文字或无确定的中文意义的文字命名的名称,例如"克莱斯酒瓶",但已经众所周知并且含义确定的文字可以使用,例如"DVD 播放机""LED 灯""USB 集线器"等。

二、图片或照片

《专利法》第 2 条第 4 款规定:外观设计,是指对产品的形状、图案或者其结合以及色彩与形状、图案的结合所作出的富有美感并适于工业应用的新设计。从这一条的规定我们很难想象外观设计专利申请应该提交的文件究竟是什么。

《专利法》第 59 条第 2 款规定,外观设计专利权的保护范围以表示在图片或者照片中的该产品的外观设计为准,简要说明可以用于解释图片或者照片所表示的该产品的外观设计。图片和照片既是外观设计的"说明书"又是"权利要求书"因此是外观设计专利申请文件中最为重要的部分。

《专利法》第 27 条第 2 款规定,申请人提交的有关图片或者照片应当清楚地显示要求专利保护的产品的外观设计。既然图片和照片有限定保护范围的作用,那么就应该满足清楚的要求。看不清楚的图片自然没办法确定保护范围。

就立体产品的外观设计而言,产品设计要点涉及六个面的,应当提交六面正投影视图;产品设计要点仅涉及一个或几个面的,应当至少提交所涉及面的正投影视图和立体图,并应当在简要说明中写明省略视图的原因。

就平面产品的外观设计而言,产品设计要点涉及一个面的,可以仅提交该面正投影视图;产品设计要点涉及两个面的,应当提交两面正投影视图。

必要时,申请人还应当提交该外观设计产品的展开图、剖视图、剖面图、放大图以及变化状态图。

此外,申请人可以提交参考图,参考图通常用于表明使用外观设计的产品的用途、使用方法或者使用场所等。

色彩包括黑白灰系列和彩色系列。对于简要说明中声明请求保护色彩的外观设计专利申请,图片的颜色应当着色牢固、不易褪色。

图片和照片都有各自的适用范围,当产品已经有成品时,自然是照片更为方便,没有成品就只能用图片来表示。照片往往会真实的再现产品的全部细节,而很多细节并不一定是产品的设计,但却会对外观设计专利权的保护范围产生过多的限定作用。因此,申请人应当尽量采用图片的形式提交专利申请,必要时可以采用彩色图片。

每一个视图都应该标注视图名称,六面正投影视图的视图名称,是指主视图、后视图、左视图、右视图、俯视图和仰视图。其中主视图所对应的面应当是使用时通常朝向消费者的面或者最大程度反映产品的整体设计的面。例如,带杯把的杯子的主视图应是杯把在侧边的视图。

对于成套产品,应当在其中每件产品的视图名称前以阿拉伯数字顺序编号标注,并在编号前加"套件"字样。例如,对于成套产品中的第 4 套件的主视图,其视图名称为:套件 4 主视图。

对于同一产品的相似外观设计,应当在每个设计的视图名称前以阿拉伯数字顺序编号标注,并在编号前加"设计"字样。例如,设计 1 主视图。

组件产品,是指由多个构件相结合构成的一件产品。分为无组装关系、组装关系唯一或者组装关系不唯一的组件产品。对于组装关系唯一的组件产品,应当提交组合状态的产品视图;对于无组装关系或者组装关系不唯一的组件产品,应当提交各构件的视图,并在每个构件的视图名称前以阿拉伯数字顺序编号标注,并在编号前加"组件"字样。例如,对于组件产品中的第 3 组件的左视图,其视图名称为:组件 3 左视图。对于有多种变化状态的产品的外观设计,应当在其显示变化状态的视图名称后,以阿拉伯数字顺序编号标注。

三、简要说明

《专利法》第 59 条第 2 款规定,外观设计专利权的保护范围以表示在图片或者照片中的该产品的外观设计为准,简要说明可以用于解释图片或者照片所表示的该产品的外观设计。

根据《专利法实施细则》第 28 条的规定,简要说明应当包括下列内容:

(1) 外观设计产品的名称。简要说明中的产品名称应当与请求书中的产品名称一致。

（2）外观设计产品的用途。简要说明中应当写明有助于确定产品类别的用途。对于具有多种用途的产品，简要说明应当写明所述产品的多种用途。

（3）外观设计的设计要点。设计要点是指与现有设计相区别的产品的形状、图案及其结合，或者色彩与形状、图案的结合，或者部位。对设计要点的描述应当简明扼要。

（4）指定一幅最能表明设计要点的图片或者照片。指定的图片或者照片用于出版专利公报。

司考链接

1. 胡某向国家知识产权局提交了一件发明专利申请，其申请日为2010年5月5日，公布日为2010年12月1日。若下列向国家知识产权局提交的申请记载了与该申请完全相同的技术方案，则哪些破坏该申请的新颖性？
   A. 申请日：2010年4月10日，公布日：2010年7月1日，申请人：胡某
   B. 申请日：2010年5月5日，公布日：2010年9月1日，申请人：朱某
   C. 申请日：2009年5月5日，公布日：2010年5月5日，申请人：胡某、朱某
   D. 申请日：2009年7月31日，公布日：2010年1月5日，申请人：胡某
   答案：ACD

2. 下列哪些权利要求的撰写不符合相关规定？
   A. 根据权利要求1所述的连接管，其特征是所述的连接管的截面为圆环形。
   B. 根据权利要求1和2和3所述的连接管，其特征是所述的连接管的制作材料为铜。
   C. 根据权利要求1所述的连接管，其特征是所述的连接管的端头带有45度的导角。
   D. 根据权利要求1所述的连接管，其特征是可以弯折（例如90度）。
   答案：BD

3. 某发明专利申请的权利要求撰写如下：
   "1. 一种膨胀螺钉，包括螺栓体和膨胀套，其特征是螺栓体下部螺纹连接膨胀套，膨胀套下部分成4条膨胀筋，膨胀筋之间有缺口。

   2. 根据权利要求1所述的膨胀螺钉，其特征是4条膨胀筋向内收压呈一种独特的形状。

   3. 根据权利要求1所述的膨胀螺钉，其特征是所述螺纹连接为螺栓体是外螺纹，膨胀套带有内螺纹。

   4. 根据权利要求1所述的膨胀螺钉，其特征是膨胀筋为若干条，最好是3~

5条。"

上述权利要求中哪些权利要求的撰写不符合相关规定?

A. 权利要求1　　B. 权利要求2　　C. 权利要求3　　D. 权利要求4

答案：BD

4. 下列哪些说法是正确的?

A. 说明书文字部分未提及的附图标记不得在附图中出现,附图中未出现的附图标记不得在说明书文字部分中提及

B. 权利要求中出现的"温度在30℃以上"的技术特征的含义是"温度≥30℃"

C. 主题名称为"化合物X作为杀虫剂的应用"的权利要求属于产品权利要求

D. 如果独立权利要求包括前序部分和特征部分,则引用该独立权利要求的从属权利要求只能针对该独立权利要求特征部分所记载的技术特征做进一步限定

答案：AB

5. 下列关于权利要求是否得到说明书的支持的说法哪些是正确的?

A. 在判断权利要求是否得到说明书的支持时,应当考虑说明书的全部内容

B. 为支持权利要求,说明书必须包括至少两个具体实施例

C. 如果权利要求的技术方案在说明书中存在一致性的表述,则权利要求必然得到说明书的支持

D. 纯功能性的权利要求得不到说明书的支持

答案：AD

6. 一件专利申请的权利要求1撰写如下:一种冷饮杯,具有以导热材料制成的内杯胆和外杯胆,其特征是:在内、外杯胆之间的夹层内封装有蓄冷剂,所述蓄冷剂选自一种相变温度在0℃～-18℃范围的蓄冷材料。在都能够得到说明书支持的情况下,下列哪些权利要求的撰写形式不符合规定?

A. 如权利要求1所述的冷饮杯,其特征是:所述蓄冷剂选自一种相变温度在-5℃～-10℃范围的蓄冷材料。

B. 如权利要求1所述的冷饮杯,其特征是:所述蓄冷剂选自一种相变温度在0℃～10℃范围的蓄冷材料。

C. 如权利要求1所述的冷饮杯,其特征是:所述蓄冷剂选自一种相变温度在大约-5℃～-20℃范围的蓄冷材料。

D. 如权利要求1所述的冷饮杯,其特征是:所述蓄冷剂选自一种相变温度为0℃的蓄冷材料。

答案：BC

7. 某项发明涉及一种供盲人使用的反光安全探路手杖。该探路手杖对现有盲人探路工具的改进是在探路手杖外表涂以反光涂料并装有反光物体,当有光线照射时可以产生明显反光,从而使盲人在夜晚行走时的人身交通安全得到保障。就该发明提出申请的权利要求书撰写如下:

1. 一种盲人用探路手杖,包括杖杆、弯手把,其特征在于杖杆外表涂以反光涂料并装有反光物体。

2. 根据权利要求1所述的盲人用探路手杖,其特征是杖杆外表的中部可装有反光物体。

3. 根据权利要求2所述的盲人用探路手杖上的反光物体,其特征是其形状为圆柱形或多棱形。

4. 根据权利要求1所述的盲人用探路手杖,其特征是所述涂在杖杆上的反光涂料至少有两种颜色。

请问在上述权利要求均得到说明书支持的情况下,哪些权利要求撰写上存在错误?

A. 权利要求1　　B. 权利要求2　　C. 权利要求3　　D. 权利要求4

答案:BC

8. 一件专利申请的权利要求1如下:一种用于脱除氮氧化物的催化剂,其特征在于由整体式沸石载体和负载于所述载体上的活性组分组成,所述活性组分由化合物 X 和 Y 组成。在得到说明书支持的情况下,下面哪些权利要求2的撰写存在错误?

A. 权利要求2:根据权利要求1所述的用于脱除氮氧化物的催化剂装置,还包括外壳和将所述催化剂固定于所述外壳上的支架。

B. 权利要求2:根据权利要求1所述的用于脱除氮氧化物的催化剂,其中所述化合物 X 占所述活性组分总重量的10%至35%,最好是占所述活性组分总重量的15%至20%。

C. 权利要求2:根据权利要求1所述的用于脱除氮氧化物的催化剂,其中所述化合物 X 占所述活性组分总重量的10%至35%。

D. 权利要求2:根据权利要求1所述的用于脱除硫氧化物和氮氧化物的催化剂,其中所述化合物 X 占所述活性组分总重量的10%至35%。

答案:ABD

9. 一件发明专利申请的权利要求书如下:

"1. 一种设备,其特征在于包括部件a,b和c。

2. 根据权利要求1所述的设备,其特征在于还包括部件d。

3. 根据权利要求1或2所述的设备,其特征在于还包括部件e。

4. 根据权利要求3所述的设备,其特征在于还包括部件f。"

审查员检索到构成本申请现有技术的一篇对比文件,其技术方案公开了由部件 a、b、c、d、f 组成的设备。上述 a、b、c、d、e、f 为实质不同、且不能相互置换的部件。下列哪些选项是正确的?

A. 权利要求 1 不具备新颖性　　B. 权利要求 2 不具备新颖性
C. 权利要求 3 不具备新颖性　　D. 权利要求 4 不具备新颖性

答案: AB

10. 一件发明专利申请,涉及将已知的解热镇痛药阿司匹林用于预防心脑血管疾病,取得了预料不到的疗效,其权利要求书如下:

"1. 阿司匹林在制备预防心脑血管疾病的药物中的用途。

2. 用于预防心脑血管疾病的阿司匹林。"

一份现有技术文献公开了阿司匹林用作解热镇痛药物的用途。下列哪些说法是正确的?

A. 阿司匹林属于现有技术中已知的药物,权利要求 2 不具备新颖性

B. 用于预防心脑血管疾病的阿司匹林具有预料不到的疗效,权利要求 2 具备创造性

C. 阿司匹林在预防心脑血管疾病方面的新用途并未改变阿司匹林的成分结构,权利要求 1 不具备新颖性

D. 权利要求 1 的用途发明相对于现有技术是非显而易见的,因此具备创造性

答案: AD

11. 下列权利要求的主题名称中,哪些不能清楚表明权利要求的类型?

A. 根据权利要求 1,所述装置包括圆筒

B. 一种空气净化机作为空气加湿器的应用

C. 用二氯丙酸作为除草剂

D. 一种自动修复计算机系统元件的技术

答案: AD

12. 某专利申请的权利要求书如下:

"1. 一种钢笔,包括笔杆、笔帽和笔尖。

2. 根据权利要求 1 所述的钢笔,其特征在于,所述笔帽上设有帽夹。

3. 根据权利要求 1 或 2 所述的笔帽,其特征在于,该笔帽是塑料的。

4. 根据权利要求 1 和 2 所述的钢笔,其特征在于,所述笔尖是铜合金材料。

5. 根据权利要求 1 或 3 所述的钢笔,其特征在于,所述帽夹是塑料的。"

上述从属权利要求的撰写哪些是不正确的?

A. 权利要求 2　　B. 权利要求 3　　C. 权利要求 4　　D. 权利要求 5

答案: BCD

13. 一件专利申请的权利要求书如下:

"1. 一种散热装置,包括进气管、出气管和散热箔。

2. 根据权利要求1所述的散热装置,其特征在于,所述散热箔为金属(铝)箔。

3. 根据权利要求1所述的散热装置,其特征在于,所述出气管的形状如附图1所示。

4. 根据权利要求1所述的散热装置,其特征在于,所述散热箔为金属箔,最好为铜箔。

5. 根据权利要求1所述的散热装置,其特征在于,所述进气管的形状为螺旋状。"

上述权利要求中哪些存在撰写错误?

A. 权利要求2　　B. 权利要求3　　C. 权利要求4　　D. 权利要求5

答案: ABC

第五章 专利申请的程序

要点提示

本章重点掌握概念：1. 申请日；2. 初步审查；3. 实质审查；4. 前置审查；5. 受理局；6. 国际检索。

本章知识结构图

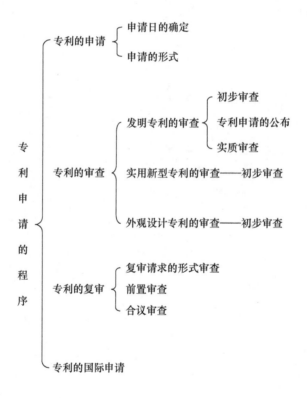

第一节 专利的申请及受理

 引导案例

案例1：申请人甲于2005年5月9日完成一项发明创造，并于2005年8月12日下午到国家知识产权局面交了专利申请；申请人乙于2005年7月8日独立完成相同发明创造，并于2005年8月12日上午到邮局用挂号信将专利申请文件寄交国家知识产权局，寄出的邮戳日是2005年8月12日。假设两件申请均符合其他授权条件，专利权应当授予谁？

案例2：国家知识产权局于2006年6月2日向申请人陈某发出了第一次审查意见通知书，要求其在4个月内答复。王某2006年6月5日收到了该通知书。已知2006年国庆节的放假日期为10月1日至10月7日。王某在未提出延期请求的情况下最晚应当在什么时间之前答复第一次审查意见通知书？

案例3：某项发明专利的专利权人甲于2006年11月5日和乙签订了专利权转让合同，但没有到国家知识产权局进行登记。甲又于2006年11月17日与丙签订专利权转让合同，并于2006年11月24日到国家知识产权局进行了登记。2006年12月1日国家知识产权局对该项专利权的转让进行了公告，该专利权的转让哪一天生效？

一、专利的申请

（一）申请日

申请日就是提出专利申请之日。我国实行先申请制，因此申请日作为确定申请先后顺序的标准，具有十分重要的作用。首先，申请日是确定相同专利申请授予何人的标准。《专利法》第9条第2款规定，两个以上的申请人分别就同样的发明创造申请专利的，专利权授予最先申请的人。其次，申请日是评价专利新颖性和创造性的标准，根据《专利法》第22条的规定，新颖性，是指该发明或者实用新型不属于现有技术，也没有任何单位或者个人就同样的发明或者实用新型在申请日以前向国务院专利行政部门提出过申请，并记载在申请日以后公布的专利申请文件或者公告的专利文件中。创造性，是指与现有技术相比，该发明具有突出的实质性特点和显著的进步，该实用新型具有实质性特点和进步。本法

所称现有技术,是指申请日以前在国内外为公众所知的技术。再次,申请日可能构成在后申请的优先权日。最后,申请日还是发明专利公布、提出实质审查、专利权保护期限、实施强制许可和缴纳专利年费的起算日。

(二)申请日的确定

以书面形式提交的专利申请,国家知识产权局受理处或国家知识产权局在各地代办处的收到日即为申请日。以邮寄方式提交的专利申请,以寄出的邮戳日为申请日。以电子文件形式提交的专利申请以收到日为申请日。

(三)申请的形式

办理专利申请手续有两种形式,分别是书面形式和电子文件形式。

1. 书面形式

书面形式在这里就是指纸件形式,申请人以书面形式提出专利申请并被受理的,在后续的审批程序中也应当以纸件形式提交文件。申请人以电子文件形式提交的相关文件视为未提交。以口头、电话、实物等非书面形式办理各种手续的,或者以电报、电传、传真、电子邮件等通信手段办理各种手续的,均视为未提出,不产生法律效力。

2. 电子文件形式

电子申请是指以互联网为传输媒介将专利申请文件以符合规定的电子文件形式向专利局提出的专利申请。《专利法》及《专利法实施细则》和《专利审查指南》中关于专利申请和其他文件的规定,除针对以纸件形式提交的专利申请和其他文件的规定之外,均适用于电子申请。

申请人以电子文件形式提出专利申请并被受理的,在审批程序中应当通过电子专利申请系统以电子文件形式提交相关文件,另有规定的除外。不符合规定的,该文件视为未提交。

二、专利的受理

(一)受理地点

我国专利申请的受理部门包括国家知识产权局专利局受理处和专利局各代办处。专利局受理处负责受理专利申请及其他有关文件,代办处按照相关规定受理专利申请及其他有关文件。专利复审委员会可以受理与复审和无效宣告请求有关的文件。

未经过受理登记的文件,不得进入审批程序。因此不能把申请文件邮寄或者直接交给专利局的任何个人或者非受理部门。

专利局在各地的代办处能够接收的文件仅包括没有要求优先权和分案申请的首次申请文件,而涉外申请、PCT 申请、分案申请、要求国内优先权申请以及接收中间文件都不能在代办处提交。

(二) 受理的条件

专利申请符合下列条件的,专利局应当受理:

(1) 申请文件中有请求书。该请求书中申请专利的类别明确;写明了申请人姓名或者名称及其地址。

(2) 发明专利申请文件中有说明书和权利要求书;实用新型专利申请文件中有说明书、说明书附图和权利要求书;外观设计专利申请文件中有图片或者照片和简要说明。

(3) 申请文件是使用中文打字或者印刷的。全部申请文件的字迹和线条清晰可辨,没有涂改,能够分辨其内容。发明或者实用新型专利申请的说明书附图和外观设计专利申请的图片是用不易擦去的笔迹绘制,并且没有涂改。

(4) 申请人是外国人、外国企业或者外国其他组织的,符合《专利法》第19条第1款的有关规定,其所属国符合《专利法》第18条的有关规定。

(5) 申请人是香港、澳门或者台湾地区的个人、企业或者其他组织的,符合《专利审查指南》第一部分第一章第6.1.1节的有关规定。

第二节 专利申请的审查

引导案例

> **案例**:发明专利申请的权利要求如下:"1. 一种饮用水净化装置,其特征在于包含外壳和滤芯。2. 根据权利要求1所述的装置,其特征在于所述外壳由材料X制成。3. 根据权利要求1所述的装置,其特征在于所述滤芯由材料Y制成。4. 制备权利要求1所述的装置的方法,其特征在于包括将外壳和由材料Y制成的滤芯组装的步骤。5. 用权利要求1所述的装置净化水的方法,其特征在于包括步骤Z。"已知权利要求1不具备新颖性和创造性,X、Y、Z均为特定技术特征且互不相关。请问哪些权利要求之间满足单一性要求?

一、审查制度概述

依照我国的专利申请流程,当专利申请受理后就应该进入专利的审查阶段,在这个阶段主要对专利申请文件进行初步审查和实质审查。审查制度主要有两种:一种是登记制,登记只是一种较为古老的专利审查制度。专利制度建立之初,很多国家都是采用的登记制度。所谓登记制度是指国家不对专利的有效性作出判断,而只是给予登记。登记制的作用仅在于证明什么人在什么时间提交了什么专利申请。登记制的优点是国家不用设置庞大的审查机构,节约了政府的开支,而且专利申请审批的速度快,费用低。但是因为不进行专利有效性的判断,专利的授权质量自然也就无法保证,而且增加了专利的争议和诉讼。而专利有效性的判断留给了司法系统解决,虽节约了行政审批的成本,却耗费了更多的司法资源。目前,意大利、希腊、比利时、瑞士、西班牙以及一些非洲国家还在实行这一制度。另一种是审查制,所谓审查制是指对专利申请不仅进行形式审查,而且还要对专利申请进行新颖性、创造性和实用性等实质条件审查的制度。因为要做出实质性的审查,所以一方面专利的质量就能够得到保证,进而减少专利有关的争议和纠纷。但另一方面,审查制也对专利局在人员配备方面提出了更高的要求,同时延长了专利授权的时间,造成申请案件的积压。

我国对于专利申请分别采用了两种审查制度。对于实用新型和外观设计专利实行初步审查制度,对于发明专利实行早期公开延迟审查制度。

二、发明专利申请的审查

初步审查主要审查两部分内容:一个是对于专利申请是否符合《专利法》及《专利法实施细则》规定的形式要求作出审查,另一个是对于专利申请的明显的实质性缺陷进行审查。

(一)发明专利申请的初步审查

1. 形式审查

形式审查不涉及技术内容,仅针对申请文件的形式进行审查。形式审查的内容主要包括以下方面:

(1)对请求书的填写是否符合规定形式进行审查,这一部分主要审查发明名称的填写是否有误,发明人的填写是否规范。

(2)说明书及其摘要和权利要求书的撰写是否符合形式的规定进行审查。

(3)对申请人的委托事项进行审查。

(4)对申请主体的资格进行审查。

(5)对分案申请是否符合规定进行审查。

(6)对要求了优先权的申请是否符合规定进行审查。

(7)对各项申请费的缴纳进行审查。

2. 明显实质性缺陷审查

所谓明显实质性缺陷的审查,主要是审查专利申请的内容是否明显不符合《专利法》的有关规定。这部分审查的内容主要有:

(1)根据《专利法》第2条的规定对专利申请的主题是否明显不属于技术方

案进行审查。

（2）根据《专利法》第5条的规定对发明创造是否明显违反法律、社会公德或者妨害公共利益，以及依赖遗传资源完成的发明创造，是否违反法律、行政法规的规定获取或者利用遗传资源进行审查。

（3）申请主题是否明显属于《专利法》第25条规定的不授予专利权的情形进行审查。

（4）申请人是否符合《专利法》第18条的规定，即是否有权在我国申请获得专利。

（5）申请人是否符合《专利法》第19条第1款的规定，即申请人是否系在我国没有经常居所或者营业所的外国人、外国企业或者外国其他组织，是否委托了我国依法设立的专利代理机构办理其专利申请和其他专利事务。

（6）申请人是否未经国家知识产权局进行保密审查而将在中国完成的发明擅自向外国申请专利。

（7）申请要求保护的实用新型是否明显不具备新颖性和实用性。

（8）申请是否明显不符合关于单一性的规定。

（9）申请人对申请文件进行修改，即申请人提出的修改是否明显超出原说明书和权利要求书记载的范围。

原则上初步审查不审查实质问题，因此对实质性缺陷的审查以"明显实质性缺陷"为限。所谓"明显实质性缺陷"，我们可以理解为根据审查员的法律知识和专业技术知识，无需通过检索即可认定的实质性缺陷。

（二）发明专利申请的公布

对于发明专利我国实行的是早期公开延迟审查制度。

发明专利经初步审查合格后进入公布程序，公布程序是发明专利特有的程序。发明专利申请的公布，是指国家知识产权局将发明专利申请请求书记载的事项和说明书摘要刊登在专利公报上，并另行全文出版发明专利申请单行本。[①]我国《专利法》第34条规定，国务院专利行政部门收到发明专利申请后，经初步审查认为符合本法要求的，自申请日起满18个月，即行公布。国务院专利行政部门可以根据申请人的请求早日公布其申请。

（三）实质审查

通常情况下，实质审查程序依申请人的请求而启动。我国《专利法》第35条第1款规定：发明专利申请自申请日起3年内，国务院专利行政部门可以根据申请人随时提出的请求，对其申请进行实质审查；申请人无正当理由逾期不请求实质审查的，该申请即被视为撤回。但是专利行政部门还是保留了实质审查的权

---

① 尹新天：《中国专利法详解（缩编版）》（第二版），知识产权出版社2012年版，第424页。

利,《专利法》第 35 条第 2 款规定,国务院专利行政部门认为必要的时候,可以自行对发明专利申请进行实质审查。

申请人有 3 年的时间来决定是否进行实质审查。

1. 实质审查的内容

(1) 不授予专利权的申请。

这部分的申请主要是对专利权的客体进行的审查,即发明创造是否属于《专利法》第 2 条规定的专利权的客体和发明创造是否属于《专利法》第 5 条和第 25 条的规定的不授予专利权的情形,包括发明创造是否属于《专利法》第 2 条规定的增加适当阐释

(2) 说明书和权利要求书。

根据《专利法》第 26 条第 3 款规定审查说明书是否清楚、完整并能够实现。根据《专利法》第 26 条第 4 款和《专利法实施细则》第 19 条第 1 款规定,审查权利要求书是否以说明书为依据,清楚、简要地限定要求专利保护的范围。并记载发明或者实用新型的技术特征。

(3) 新颖性。

依据《专利法》第 22 条第 2 款的规定审查发明创造是否具备新颖性。主要是通过审查员检索到的现有技术和在先申请在后公开的申请文件,在判断申请是否具有新颖性时采用单独对比的原则,即把申请专利的发明创造的技术方案同检索到的文件的每一个技术方案进行一一对比,是技术方案之间的对比。

(4) 创造性。

依据《专利法》第 22 条第 3 款的规定审查发明创造是否满足创造性要求,即审查发明与现有技术相比,是否具有突出的实质性特点和显著的进步。

(5) 实用性。

依据《专利法》第 22 条第 4 款的规定审查发明创造是否满足实用性要求,即审查发明申请的主题是否能够在产业上制造或者使用,并且能够产生积极效果。

(6) 单一性和分案申请。

单一性是指一件专利申请应当限于一项发明创造。《专利法》第 31 条的规定:一件发明或者实用新型专利申请应当限于一项发明或者实用新型。属于一个总的发明构思的两项以上的发明或者实用新型,可以作为一件申请提出。一件外观设计专利申请应当限于一项外观设计。同一产品两项以上的相似外观设计,或者用于同一类别并且成套出售或者使用的产品的两项以上外观设计,可以作为一件申请提出。

专利申请之所以要满足单一性的要求,一方面是为了方便对专利文献的分类与检索,另一方面则是为了确定对专利申请的收费。但是专利申请的单一性并不是绝对的,所谓"一件专利申请应当限于一项发明创造"是指一件专利申请

只能要求保护一项发明创造。因此,对发明和实用新型专利申请而言,单一性要求的判断依据不是说明书,而是权利要求书。

2. 实质审查程序

(1) 实质审查程序的基本原则。

第一,请求原则。实质审查程序主要依据申请人的申请而启动,国家知识产权局保留了依职权而启动实质审查程序的可能。《专利法》第35条第2款规定:"国务院专利行政部门认为必要的时候,可以自行对发明专利申请进行实质审查。"

第二,听证原则。听证制度是行政机关在作出影响相对人合法权益的决定前,由行政机关告知决定理由和听证权利,行政相对人表达意见、提供证据以及行政机关听取意见、接纳证据的程序所形成的一种法律制度。[①] 在实质审查过程中,审查员在作出驳回决定之前,应当给申请人提供至少一次针对驳回所依据的事实、理由和证据陈述意见和/或修改申请文件的机会。

第三,程序节约原则。为了简化审查的程序,在对发明专利申请进行实质审查时,审查员应当尽可能地缩短审查过程。因此,除非确认申请根本没有被授权的前景,审查员应当在第一次审查意见通知书中,将申请中不符合《专利法》及《专利法实施细则》规定的所有问题通知申请人,要求其在指定期限内对所有问题给予答复,尽量地减少与申请人通信的次数,以节约程序。

(2) 审查意见通知书及其答复。

《专利法》第37条规定:"国务院专利行政部门对发明专利申请进行实质审查后,认为不符合本法规定的,应当通知申请人,要求其在指定的期限内陈述意见,或者对其申请进行修改;无正当理由逾期不答复的,该申请即被视为撤回。"因此,审查员如果认为不能在其现有申请文本的基础上授予专利权的,不能直接作出驳回该发明专利申请的决定,而是必须首先通知申请人,为其提供一个陈述意见、进行修改的机会。通常,将审查意见和初步结论"通知申请人"就是以"审查意见通知书"的方式作出的。

① 审查意见通知书的类型。

根据发明专利申请的授权前景不同,审查意见通知书可能有以下几种类型:

第一,如果专利申请属于《专利法》第5条或者第25条规定的不授予专利权的情形;不符合《专利法》第2条第2款的规定;不具备实用性;说明书和权利要求书未对该申请的主题作出清楚、完整的说明,以至于所属技术领域的技术人员不能实现。出现以上四种不必检索即可发出审查意见通知书的情形时,通知书正文只会指出主要问题并说明理由,而不必指出任何其他缺陷,最后指出因申请

---

① 章剑生:《行政程序法基本理论》,法律出版社2003年版,第101页。

属于《专利法实施细则》第53条所列的某种驳回情形,将根据《专利法》第38条驳回申请。

第二,申请可以被授予专利权,但存在某些缺陷时,为了加快审查程序,审查员会在通知书中提出具体的修改建议,或者直接在作为通知书附件的申请文件复制件上进行建议性修改,并在通知书正文中说明建议的理由。

第三,申请可以被授予专利权,但却存在较严重的缺陷,而且这些缺陷需要经过实质性修改来消除的。国家知识产权局的审查意见通知书也会明确指出存在的缺陷及其理由,要求申请人对其申请文件进行修改。

第四,申请由于不具备新颖性或创造性而不可能被授予专利权的,审查员在通知书正文中,会给出每项权利要求不具备的新颖性或者创造性理由和证据,并指出说明书中也没有可以取得专利权的实质内容。在此种情况下,审查员在通知书正文中不会指出次要的缺陷和形式方面的缺陷,也不会要求申请人作任何修改。

第五,申请明显缺乏单一性的情形的,审查员可发出分案通知书,要求申请人修改申请文件,并明确告之待申请克服单一性缺陷后再进行审查。

② 审查意见通知书的答复。

对专利局发出的审查意见通知书,申请人应当在通知书指定的期限内作出答复,答复第一次审查意见通知书的期限是4个月,答复第二次审查意见通知书的期限是2个月。

申请人的答复可以仅仅是意见陈述书,也可以在修改申请文件的基础上进行意见陈述。申请人在其答复中对审查意见通知书中的审查意见提出反对意见或者对申请文件进行修改时,应当在其意见陈述书中详细陈述其具体意见,或者对修改内容是否符合相关规定以及如何克服原申请文件存在的缺陷予以说明。申请人可以请求专利局延长指定的答复期限,但是,延长期限的请求应当在期限届满前提出。

意见陈述书必须有申请人的签章,申请人未委托专利代理机构的,其提交的意见陈述书或者补正书中应当有申请人的签字或者盖章;申请人是单位的,应当加盖公章;申请人有两个以上的,可以由其代表人签字或者盖章。签章不符合要求的,该答复将退回初步审查部门处理。

3. 申请文件的修改

专利申请文件提交以后申请人仍然可以对申请文件进行修改。申请文件的修改有主动修改和被动修改之分。发明专利申请文件提交后,申请人有两次机会主动对申请文件进行修改,一次是在提出实质审查请求时,一次是在收到专利局发出的发明专利申请进入实质审查阶段通知书之日起的3个月内。被动修改则仅限于收到专利局发出的审查意见通知书后,对通知书所指出的缺陷进行的修改。不论申请人对申请文件的修改属于主动修改还是针对通知书指出的缺陷进行的修改,都不得超出原说明书和权利要求书记载的范围。原说明书和权利要求书记载的范围包括原说明书和权利要求书文字记载的内容和根据原说明书和权利要求书文字记载的内容以及说明书附图能直接地、毫无疑义地确定的内容。

4. 驳回决定

驳回决定是国家知识产权局宣告实质审查程序终止的行政决定。[①] 根据实质审查的听证原则,国家知识产权局针对申请人对审查意见通知书作出的意见陈述或对申请文件所做出的修改后,认为该专利申请仍不满足《专利法》的规定,可以做出驳回决定。

国家知识产权局作出驳回决定依据的理由,限于以下情形:

(1) 发明专利申请不符合《专利法》第 2 条第 2 款关于发明的定义,即专利申请不是对产品、方法或者其改进所提出的新的技术方案。

(2) 发明专利申请的主题属于《专利法》第 5 条的规定,即违反法律、社会公德或者妨害公共利益,或者申请的主题是违反法律、行政法规的规定获取或者利用遗传资源,并依赖该遗传资源完成的。

(3) 发明专利申请的主题属于《专利法》第 25 条规定的不授予发明专利权的客体。

(4) 发明专利申请违反《专利法》第 20 条第 1 款的规定,即将在中国完成的专利申请,向外国申请专利前未报经专利局进行保密审查的。

(5) 发明专利申请不符合《专利法》第 22 条的规定,即不具备新颖性、创造性和实用性。

(6) 发明专利申请不符合《专利法》第 26 条第 3 款的规定,即专利申请没有作出清楚、完整的说明,或没有充分公开请求保护的技术方案。

(7) 发明专利申请不符合《专利法》第 26 条第 4 款的规定,即权利要求未以说明书为依据,或者权利要求未清楚、简要地限定要求专利保护的范围。

(8) 发明专利申请不符合《专利法》第 26 条第 5 款的规定,即申请是依赖遗传资源完成的发明创造,申请人在专利申请文件中没有说明该遗传资源的直接来源和原始来源;无法说明原始来源,也没有陈述理由。

(9) 专利申请不符合《专利法》第 31 条第 1 款的规定,即发明专利申请不具备单一性。

(10) 专利申请的发明是依照《专利法》第 9 条规定不能取得专利权的,即同一申请人同日对同样的发明创造既申请实用新型专利又申请发明专利,先获得

[①] 尹新天:《中国专利法详解(缩编版)》(第二版),知识产权出版社 2012 年版,第 330 页。

的实用新型专利权尚未终止,且申请人并未声明放弃该实用新型专利权的;或者两个以上的申请人分别就同样的发明创造申请专利,申请人不是最先申请的人。

(11) 发明专利申请的独立权利要求不符合《专利法实施细则》第 20 条第 2 款的规定,即独立权利要求不能从整体上反映发明的技术方案,没有记载解决技术问题的必要技术特征。

(12) 对发明专利申请文件的修改或分案申请不符合《专利法》第 33 条或《专利法实施细则》第四十三条第一款的规定,即修改或分案申请超出原说明书和权利要求书记载的范围。

驳回决定的正文一般由案由、驳回的理由和决定三个部分构成。案由部分主要记载历次的审查意见(包括所采用的证据)和申请人的答复概要、申请所存在的导致被驳回的缺陷以及驳回决定所针对的申请文本。驳回理由部分会详细论述驳回决定所依据的事实、理由和证据。决定部分记载驳回的理由属于《专利法实施细则》第 53 条的哪一种情形,并根据《专利法》第 38 条的规定引出驳回该申请的结论。

5. 发明专利权的授予

《专利法》第 39 条规定,发明专利申请经实质审查没有发现驳回理由的,专利局应当作出授予专利权的决定,发给发明专利证书,同时予以登记和公告。发明专利权自公告之日起生效。但是在作出授予专利权的决定之前,还需要申请人在规定的期限内办理登记手续,而登记手续是以专利局发出授予发明专利权的通知书而启动。这一程序是专利局作出授予专利权的决定之前的必经程序。《专利法实施细则》第 54 条规定:国务院专利行政部门发出授予专利权的通知后,申请人应当自收到通知之日起 2 个月内办理登记手续。申请人按期办理登记手续的,国务院专利行政部门应当授予专利权,颁发专利证书,并予以公告。期满未办理登记手续的,视为放弃取得专利权的权利。

由此可知,当发明专利申请没有发现驳回理由而可以授予专利权时,国家知识产权局会先发出授予专利权的通知书,要求申请人在规定的期限内办理登记手续,只有申请人在期限内办理了登记手续且手续合格,国家知识产权局才会作出授予专利权的决定。

三、实用新型和外观设计专利申请的审查

我国对发明、实用新型和外观设计专利申请都要进行初步审查。不同之处在于:发明专利申请经初步审查合格后进入公布程序,是否授权有待实质审查程序决定。实用新型和外观设计专利经初步审查合格后直接授予专利权,不再进行实质审查。

(一) 实用新型专利申请的初步审查

1. 实用新型专利的审查范围。

实用新型专利的审查范围包括申请文件的形式审查、申请文件的明显实质性缺陷的审查、其他文件的额形式审查和有关费用的审查四个方面的内容。

(1) 申请文件的形式审查。

形式审查主要审查提交的文件是否完整、文件格式是否符合要求、撰写格式是否符合规定、文件是否在规定期限提交等内容。具体地说，实用新型形式审查的内容有：专利申请文件是否包含《专利法》第 26 条规定的申请文件，即是否包含请求书、说明书及其摘要、权利要求书和说明书附图。这些文件是否符合《专利法实施细则》第 2 条、第 3 条、第 16 条至第 23 条、第 40 条、第 42 条、第 43 条第 2 款和第 3 款、第 51 条、第 52 条、第 119 条、第 121 条的规定。

(2) 申请文件的明显实质性缺陷审查。

申请文件的明显实质性缺陷包括专利申请是否明显属于《专利法》第 5 条、第 25 条规定的情形，即是否属于违反法律、社会公德或者妨害公共利益的发明创造或是否属于违反法律、行政法规的规定获取或者利用遗传资源，并依赖该遗传资源完成的发明创造；是否不符合《专利法》第 18 条、第 19 条第 1 款、第 20 条第 1 款的规定，即不满足外国人申请专利及其代理或将在国内完成的实用新型向外国申请专利的规定；是否明显不符合《专利法》第 2 条第 3 款，即专利申请是否属于实用新型保护的客体的规定；是否明显不符合《专利法》第 22 条第 2 款或第 4 款，即明显不具备新颖性或实用性；是否明显不符合《专利法》第 26 条第 3 款或第 4 款，即说明书明显公开不充分或权利要求明显不能得到说明书支持，权利要求书不能清楚、简要的限定要求保护的范围的规定；是否明显不符合《专利法》第 31 条第 1 款关于单一性的规定；是否明显不符合《专利法》第 33 条关于申请文件修改的规定；是否明显不符合《专利法实施细则》第 17 条至第 22 条关于申请文件撰写的规定；是否明显不符合《专利法实施细则》第 43 条第 1 款关于分案申请的规定；是否依照《专利法》第 9 条规定不能取得专利权。

(3) 其他文件的形式审查。

其他文件的形式审查主要包括权利恢复、转让及委托；各种期限的监视；中止程序是否满足《专利法》和《专利法实施细则》的相关规定。即是否符合《专利法》第 10 条第 2 款、第 24 条、第 29 条、第 30 条以及《专利法实施细则》第 2 条、第 3 条、第 6 条、第 15 条、第 30 条、第 31 条第 1 款至第 3 款、第 32 条、第 33 条、第 36 条、第 45 条、第 86 条、第 100 条、第 119 条的规定。

(4) 有关费用的审查。

具体包括专利申请是否按照《专利法实施细则》第 93 条、第 95 条、第 99 条的规定缴纳了相关费用。

2. 实用新型专利的审查程序

(1) 授予专利权通知。

实用新型专利申请经初步审查没有发现驳回理由的,审查员应当作出授予实用新型专利权通知。

(2) 申请文件的补正。

对于申请文件存在可以通过补正克服的缺陷的专利申请,审查员应当进行全面审查,并发出补正通知书。

(3) 明显实质性缺陷的处理。

初步审查中,如果审查员认为申请文件存在不可能通过补正方式克服的明显实质性缺陷,应当发出审查意见通知书。

(4) 通知书的答复。

申请人在收到补正通知书或者审查意见通知书后,必须在指定的期限内补正或者陈述意见。申请人对专利申请进行补正时,应当提交补正书和相应修改文件替换页。如果申请文件需要修改,则应当针对通知书指出的缺陷对申请文件进行修改。修改的内容不能超出申请日提交的说明书和权利要求书记载的范围。

如果期限届满申请人未答复的,审查员会根据情况发出视为撤回通知书或者其他通知书。申请人因正当理由难以在指定的期限内作出答复的,可以提出延长期限请求。

对于因不可抗拒事由或者因其他正当理由耽误期限而导致专利申请被视为撤回的,申请人可以在规定的期限内向专利局提出恢复权利的请求。

(5) 申请的驳回。

申请文件存在审查员认为不可能通过补正方式克服的明显实质性缺陷,审查员发出审查意见通知书后,在指定的期限内申请人未针对通知书指出的缺陷进行修改,而且未提出有说服力的意见陈述和证据,审查员将作出驳回决定。如果是针对通知书指出的缺陷进行了修改,即使所指出的缺陷仍然存在,也应当给申请人再次陈述和/或修改文件的机会。对于此后再次修改涉及同类缺陷的,如果修改后的申请文件仍然存在已通知过申请人的缺陷,审查员可以作出驳回决定。

申请文件存在可以通过补正方式克服的缺陷,审查员针对该缺陷已发出过两次补正通知书,并且在指定的期限内经申请人陈述意见或者补正后仍然没有消除的,审查员可以作出驳回决定。

驳回决定正文包括案由、驳回的理由和决定三部分内容。

(二)外观设计专利申请的初步审查

1. 外观设计专利的审查范围

(1)申请文件的形式审查。

申请文件的形式审查包括专利申请是否具备《专利法》第27条第1款规定的申请文件,包括请求书、该外观设计的图片或者照片以及对该外观设计的简要说明;以及这些文件是否符合《专利法实施细则》第2条、第3条第1款、第16条、第27条、第28条、第29条、第35条第3款、第51条、第52条、第119条、第121条的规定。

(2)申请文件的明显实质性缺陷审查。

申请文件的明显实质性缺陷审查,包括以下情形:

① 专利申请是否明显属于《专利法》第5条第1款规定的情形,即是否属于违反法律、社会公德或者妨害公共利益的发明创造;

② 是否明显属于《专利法》第25条第1款第(6)项规定的情形,即是否属于对平面印刷品的图案、色彩或者二者的结合作出的主要起标识作用的设计。

③ 是否不符合《专利法》第18条、第19条第1款的规定,即不满足外国人申请专利及其代理的规定;

④ 是否明显不符合《专利法》第2条第4款,即明显不属于《专利法》保护的客体;是否明显不符合《专利法》第23条第1款,即明显不具备新颖性;

⑤ 是否明显不符合《专利法》第27条第2款,申请人提交的有关图片或者照片应当清楚地显示要求专利保护的产品的外观设计;

⑥ 是否明显不符合《专利法》第31条第2款关于单一性的规定;

⑦ 是否明显不符合《专利法》第33条关于申请文件修改的规定;

⑧ 是否明显不符合《专利法实施细则》第43条第1款关于分案申请的规定;

⑨ 是否依照《专利法》第9条规定不能取得专利权。

(3)其他文件的形式审查。

其他文件的形式审查主要包括权利恢复、转让及委托;各种期限的监视;中止程序是否满足《专利法》和《专利法实施细则》的相关规定。即是否符合《专利法》第24条、第29条第1款、第30条,以及《专利法实施细则》第6条、第15条第3款和第4款、第30条、第31条、第32条第1款、第33条、第36条、第42条、第43条第2款和第3款、第45条、第86条、第100条的规定。

(4)有关费用的审查。

具体包括专利申请是否按照《专利法实施细则》第93条、第95条、第99条的规定缴纳了相关费用。

2. 外观设计专利的审查程序

(1) 授予专利权通知。

外观设计专利申请经初步审查没有发现驳回理由的,审查员应当作出授予外观设计专利权通知。

(2) 申请文件的补正。

初步审查中,对于申请文件存在可以通过补正克服的缺陷的专利申请,审查员应当进行全面审查,并发出补正通知书。

(3) 明显实质性缺陷的处理。

初步审查中,如果审查员认为申请文件存在不可能通过补正方式克服的明显实质性缺陷,应当发出审查意见通知书。

(4) 通知书的答复。

申请人在收到补正通知书或者审查意见通知书后,应当在指定的期限内补正或者陈述意见。申请人对专利申请进行补正的,应当提交补正书和相应修改文件替换页。对申请文件的修改,应当针对通知书指出的缺陷进行。修改的内容不得超出申请日提交的图片或者照片表示的范围。

申请人期满未答复的,审查员应当根据情况发出视为撤回通知书或者其他通知书。申请人因正当理由难以在指定的期限内作出答复的,可以提出延长期限请求。

对于因不可抗拒事由或者因其他正当理由耽误期限而导致专利申请被视为撤回的,申请人可以在规定的期限内向专利局提出恢复权利的请求。

申请人期满未答复的,审查员应当根据情况发出视为撤回通知书或者其他通知书。申请人因正当理由难以在指定的期限内作出答复的,可以提出延长期限请求。

对于因不可抗拒事由或者因其他正当理由耽误期限而导致专利申请被视为撤回的,申请人可以在规定的期限内向专利局提出恢复权利的请求。

(5) 申请的驳回。

申请文件存在明显实质性缺陷,在审查员发出审查意见通知书后,经申请人陈述意见或者修改后仍然没有消除的,或者申请文件存在形式缺陷,审查员针对该缺陷已发出过两次补正通知书,经申请人陈述意见或者补正后仍然没有消除的,审查员将作出驳回决定。驳回决定正文包括案由、驳回的理由和决定三部分内容。

第三节 专利申请的复审

引导案例

案例1： 申请人王某的一项的发明专利申请，其中权利要求1及其从属权利要求2涉及一种转笔刀，权利要求3为另一项产品独立权利要求，涉及一种铅笔。实质审查过程中，审查员指出独立权利要求1和3之间缺乏单一性，王某在答复时删除了权利要求3。最终该申请因权利要求1不具备创造性被驳回。王某不服该驳回决定向专利复审委员会提出了复审请求，在提出复审请求时对权利要求书进行了修改，王某根据说明书中的实施例进一步限定权利要求1，即将说明书中记载的某技术特征补入权利要求1的修改方式是否符合相关规定？删除权利要求1，将从属权利要求2作为新的权利要求1的修改方式是否符合相关规定？删除权利要求1—2，将原权利要求3作为新的权利要求1的修改方式是否符合相关规定？

案例2： 国家知识产权局认为某件专利申请的权利要求1与对比文件1相比只有一个区别特征A，并认为A属于公知常识，遂以权利要求1不具有创造性为由驳回了该专利申请。申请人不服驳回决定提出了复审请求。专利复审委员会发现驳回决定未指出的明显实质性缺陷时，是否可以发出复审通知书，要求复审请求人陈述意见或修改申请文件？复审请求人是否可以提交证据证明权利要求1与现有技术相比可以获得预料不到的技术效果？专利复审委员会在审查中是否可以依据技术词典的记载来确认区别特征A属于公知常识，进而认定驳回决定中关于权利要求1不具有创造性的驳回理由成立？

一、复审程序概述

专利申请的复审程序是因申请人针对国家知识产权局的驳回决定而提起的救济程序，是专利审批程序的延续。因此，只有针对国家知识产权局作出的驳回决定，申请人才能够提出复审请求。在专利审查程序中，国家知识产权局作出的处理结论并非都是以驳回专利申请的方式作出。除了驳回决定，还有依据《专利法实施细则》第39条的规定的不予受理的决定；《专利法》第37条规定的视为撤回的决定;《专利法实施细则》第 30 条规定的视为未要求优先权的决定;等等。这几种审查决定或后果在《专利法》和《专利法实施细则》中虽然都为申请人提供了相应的补救措施,但都不能通过提起复审请求的方式获得救济。

《专利法》第 41 条规定:国务院专利行政部门设立专利复审委员会。专利复审委员会由国务院专利行政部门指定的技术专家和法律专家组成。专利复审委员会主要有两项职责:一是对专利申请人提出的复审请求进行审查并作出复审决定;二是对无效宣告请求进行审查并作出无效宣告审查决定。

复审程序设置的目的,一方面是为了防止出现本应获得专利权的申请得不到批准的现象,从而减少差错,提高对专利申请的审批质量,维护专利申请人的正当权益;另一方面是在国务院专利行政部门作出不授予或者维持专利权的决定后,再给予当事人一次申诉的机会,确认专利权,以维护专利权人和公众的利益。[1]

复审程序中,专利复审委员会一般只针对驳回决定所依据的证据和理由进行审查。复审程序主要由形式审查、前置审查和合议审查三个部分构成。

二、复审请求的形式审查

复审程序依被驳回申请的申请人请求而启动,专利复审委员会收到复审请求书后,会首先对复审请求提交的文件进行形式审查。审查内容包括复审请求的客体、复审请求的主体、复审提出的期限、文件形式、费用等进行审查。

(一)复审请求的主体

提出复审的申请人必须是被驳回申请的申请人,也就是说只有被驳回申请的申请人才能向专利复审委员会提出复审请求。被驳回申请的申请人是多人的,则必须由全体申请人共同向专利复审委员会提出复审请求。如果提出复审的申请人不是被驳回申请的全体申请人的,国家知识产权局会通知复审请求人在指定期限内补正;期满未补正的,其复审请求视为未提出。

(二)复审请求的客体

复审请求必须是针对国际知识产权局作出的驳回决定提出,复审请求不是针对专利局作出的驳回决定的,不予受理。

(三)期限

《专利法》第 41 条规定,专利申请人对国务院专利行政部门驳回申请的决定不服的,可以自收到通知之日起 3 个月内,向专利复审委员会请求复审。由此可见,申请人提出复审请求的期限是收到国家知识产权局作出的驳回决定之日起 3 个月。超过期限提出复审请求的,可以在专利复审委员会作出不予受理的决

---

[1] 胡佐超主编:《专利基础知识》,知识产权出版社 2004 年版,第 137 页。

定后提出恢复权利的请求,如果恢复权利请求符合《专利法实施细则》第 6 条和第 99 条第 1 款有关恢复权利的规定,则可以恢复复审的权利。

(四)文件形式

申请人提出复审请求的应当按照《专利法实施细则》第 60 条的规定,提交复审请求书,说明理由必要时还应当附具有关证据。复审请求书不符合规定格式的,复审请求人应当在指定期限内补正;期满未补正的,该复审请求视为未提出。

(五)费用

复审请求人应当在收到驳回决定之日起 3 个月内提出复审请求,并在此期限内缴足复审费,否则其复审请求视为未提出。超过期限的可依据《专利法实施细则》第 6 条和第 99 条第 1 款有关恢复权利的规定,进行权利恢复。

(六)形式审查通知书

形式审查通知书有三种:一是当复审请求经形式审查不符合《专利法》及《专利法实施细则》和《专利审查指南》有关规定需要补正的,专利复审委员会发出的补正通知书;二是复审请求视为未提出或者不予受理的,专利复审委员会发出的复审请求视为未提出通知书或复审请求不予受理通知书;三是复审请求经形式审查符合《专利法》及《专利法实施细则》和《专利审查指南》有关规定的,专利复审委员会发出的复审请求受理通知书。

三、前置审查

(一)前置审查的程序

根据《专利法实施细则》第 62 条的规定,专利复审委员会应当将经形式审查合格的复审请求书转交作出驳回决定的原审查部门进行前置审查。除特殊情况外,前置审查应当在收到案卷后 1 个月内完成(见图 1)。

(二)前置审查意见的类型

前置审查意见分为下列三种类型:

(1)复审请求成立,撤销驳回决定。

(2)复审请求人提交的申请文件修改文本克服了申请文件中存在的缺陷,在修改文本的基础上撤销驳回决定。

(3)复审请求人陈述的意见和提交的申请文件修改文本不足以使驳回决定被撤销,坚持驳回决定。

四、复审请求的合议审查

经前置审查,原审查部门坚持原驳回决定的,由专利复审委员会成立合议组对复审请求进行审查。

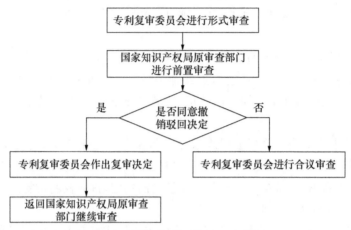

图 1　专利复审委员会的形式审查

（一）对驳回理由和证据的审查

在复审程序中,合议组一般仅针对驳回决定所依据的理由和证据进行审查。在合议审查中,合议组可以引入所属技术领域的公知常识,或者补充相应的技术词典、技术手册、教科书等所属技术领域中的公知常识性证据。

（二）修改文本的审查

根据《专利审查指南》的规定,在提出复审请求、答复复审通知书(包括复审请求口头审理通知书)或者参加口头审理时,复审请求人可以对申请文件进行修改。但是,所作修改应当符合《专利法》第 33 条和《专利法实施细则》第 61 条第 1 款的规定。如果复审请求人提交的申请文件不符合《专利法实施细则》第 61 条第 1 款规定的,合议组将不予接受,并针对之前可接受的文本进行审查。

（三）审查方式

针对复审请求,合议组可以采取书面审理、口头审理或者书面审理与口头审理相结合的方式进行审查(见图 2)。

根据《专利法实施细则》的规定应当发出复审通知书或进行口头审理的情形包括:

(1) 复审决定将维持驳回决定；

(2) 复审决定可能撤销驳回决定,但需要复审请求人修改申请文件的；

(3) 需要复审请求人进一步提供证据或者对有关问题予以说明；

(4) 有新的驳回决定没有提及的理由和证据需要引入。

针对合议组发出的复审通知书,复审请求人应当在复审委制定的期限内针对合议组发出的复审通知书指出的缺陷进行书面答复,期满未进行书面答复的,其复审请求视为撤回。针对合议组发出的口头审理通知书,复审请求人应当参加口头审理或者在收到在期限内针对通知书指出的缺陷进行书面答复;复审请求人未参加口头审理且期满未进行书面答复的,其复审请求视为撤回。

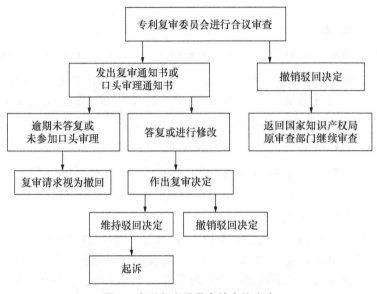

图 2 专利复审委员会的合议审查

五、复审请求审查决定的类型

复审请求审查决定(简称复审决定)分为下列三种类型:

1. 复审请求不成立,维持原驳回决定,驳回复审请求;
2. 复审请求成立,撤销原驳回决定;
3. 专利申请文件经复审请求人修改,克服了驳回决定所指出的缺陷,在修改文本的基础上撤销驳回决定。

复审请求人不服复审决定的,可以在收到复审决定之日起 3 个月内向人民法院起诉;在规定的期限内未起诉或者人民法院的生效判决维持该复审决定的,复审程序终止。复审决定撤销原审查部门作出的决定的,专利复审委员会应当将有关的案卷返回原审查部门,由原审查部门继续审批程序。原审查部门应当执行专利复审委员会的决定,不得以同样的事实、理由和证据作出与该复审决定意见相反的决定。

第四节 专利的国际申请

引导案例

案例1：一件优先权日为2009年8月23日、申请日为2010年8月23日的PCT国际发明专利申请，最晚应该在什么时间进入国家阶段。申请人应当在什么时间前向国家知识产权局提出实质审查请求？

向外国申请专利有两种途径：一个是通过《巴黎公约》途径，一个是通过PCT途径。

（一）《巴黎公约》途径

通过《巴黎公约》途径的申请是指依据《巴黎公约》的规定直接向《巴黎公约》成员国提交的申请。通过《巴黎公约》途径提交申请，申请人需要在《巴黎公约》成员国第一次提交专利申请之日后外观设计为6个月内、发明或实用新型为12个月内向多个国家专利局提交申请，并缴纳相应的费用。但由于通过《巴黎公约》途径的申请，其申请文件要满足各国的形式要求并在各国进行多次的检索与公布，给申请人和各国专利局都造成了极大的不便。

（二）PCT途径

为减少申请人就同一发明向多国申请专利时申请人和各国专利局的重复工作，世界知识产权组织成员于1970年6月19日在华盛顿签订了PCT。PCT于1978年1月生效，同年6月实施。我国于1994年1月1日正式加入，PCT受理局、国际检索单位、国际初步审查单位。通过PCT途径的申请就是指按照PCT的规定提出的申请，又称PCT申请。通过PCT途径进行申请时申请人只要根据PCT提交一份国际专利申请，即可同时在PCT所有成员国中要求对其发明进行保护，简化了向多国申请的程序（见图3）。

图3　PCT申请流程图

一、PCT 申请概述

（一）PCT 申请的特点

PCT 申请最大的特点莫过于简化了向多个国家申请专利的流程。首先，简化了申请程序，即使用一种语言、向一个专利受理局提交一份国际申请；该申请自国际申请日起在所指定的国家中就具有了正规国家申请的效力。其次，简化了形式审查程序，专利形式审查不必经历多个国家的形式审查，而由一个受理局完成形式审查。最后，简化了检索和公布程序，由一个国际检索单位进行检索；由国际局完成国际公布。

（二）PCT 申请程序中的主要职能机构

PCT 申请程序中的职能机构主要包括：受理局（RO）、国际检索单位（ISA）、国际初步审查单位（IPEA）、国际局（IB）、指定局（DO）。

受理局（RO）：受理国际申请的国家局或政府间组织。PCT 第 10 条规定：国际申请应向规定的受理局提出。多数缔约国的国家局都是本国国民或居民的提交国际申请的受理局，所有缔约国的居民或国民都可以向作为受理局的国际局提交专利申请。

国际检索单位（ISA）：负责对国际申请进行国际检索的国家局或政府间组织，其任务是对作为国际申请主题的发明提出现有技术的文献检索报告。国际检索单位由关国际专利合作联盟大会指定，到目前为止指定的国际检索单位包括以下国家：澳大利亚知识产权局（AU）、奥地利专利局（AT）、中国国家知识产权局（CN）、日本特许厅（JP）、韩国知识产权局（KR）、俄罗斯联邦工业产权局（RU）、西班牙专利商标局（ES）、瑞典专利与注册局（SE）、美国专利商标局（US）、欧洲专利局（EP）、加拿大专利局（CA）、芬兰专利商标局（FI）、北欧专利协作组织（NPI）、印度专利局（IN）、巴西工业产权局（BR）。

国际初步审查单位（IPEA）：是对国际申请进行国际审查的国家局或政府间组织，其任务是对专利申请的新颖性、创造性和工业实用性提出初步的、无约束力的意见，并制定出专利性国际初步审查报告。国际初步审查单位由国际专利合作联盟大会指定。

国际局（IB）：世界知识产权组织（WIPO）国际局。国际局对专利合作条约的实施承担管理的任务。国际局受理国际申请；负责保存全部依据条约提出的国际申请文件正本；负责国际申请的公布出版；负责在申请人、受理局、国际检索单位、国际初步审查单位以及指定局（或选定局）之间传递国际申请和与国际申请有关的各种文件。

指定局（DO）：申请人在国际申请中指明要求该国对其发明给予保护的缔约国的国家局或政府间组织。

二、国际申请的程序

（一）国际阶段

1. 提出国际申请

（1）受理局。

作为 PCT 缔约国的居民或者国民，可以选择向国际局或主管受理局提交国际申请。一般来说，PCT 缔约国的国民和居民提交专利申请时，其本国的国家局就是主管受理局。例如，中国的申请人提出的 PCT 申请可以向中国国家知识产权局提交，国家知识产权局是中国申请人的主管受理局。除了缔约国的国家局外还有一些政府间的组织可以作为受理局，例如，斯里兰卡就是委托非洲地区工业产权组织作为它的主管受理局。

当然，PCT 申请除了可以向主管受理局提交外，还可以向国际局提交。国际局是所有 PCT 缔约国国民和居民的受理局。需要注意的是我国申请人将在中国完成的发明创造向国际局提交申请时，根据我国《专利法》的规定，应当事先报经国务院专利行政部门进行保密审查，否则我国将不授予专利权。

当 PCT 申请包含有多个申请人，并且申请人是不同国家的国民或居民时，则可由申请人选择其中一个主管受理局来提交 PCT 申请。例如，一名中国的申请人和一名日本的申请人共同提出一件 PCT 申请，此时即可以选择向国家知识产权局提交，也可以选择向日本专利商标局提交，此外还可以选择向国际局提交。

（2）申请语言。

国际申请需要使用规定的语言撰写。撰写申请文件的语言需要同时满足受理局接受、主管国际检索单位接受、国际公布允许的语言三个条件。我国国家知识产权局作为受理局接受的语言为中文或英文。申请人提交的 PCT 申请只能使用这两种语言之一撰写，提交的申请文件是使用其他语言撰写的，国家知识产权局将把申请文件转给国际局，由国际局作为主管受理局。申请人需要注意的是，如果申请文件选择了其中一种语言，则后提交的文件也需要使用该语言撰写。

（3）文件的提交方式及地点。

① 面交：申请人将申请文件交到国家知识产权局受理处 PCT 组。

② 邮寄：选择邮寄的方式将申请文件寄到国家知识产权局受理处 PCT 组。需要注意的是，选择邮寄方式提交的，收到日是指文件到达国家知识产权局受理处 PCT 组之日，而不是文件寄出的邮戳日作为收到日，这一点与国内申请不同。

③ 传真：通过传真的形式将申请文件提交到受理处 PCT 组。使用传真方式提交的文件，以全部传真文件的到达日为收到日。

④ PCT-SAFE：PCT-SAFE 是世界知识产权组织的电子申请软件，PCT 申请人可用它来准备并提交完全电子形式的国际专利申请。

2. 受理局的程序

(1) 检查是否符合确定国际申请日的条件。

受理局以收到国际申请之日为国际申请日，但必须符合以下条件：

① 申请人具有提出国际申请的资格；
② 使用规定语言撰写；
③ 说明是作为国际申请提出；
④ 按规定写明申请人姓名或名称；
⑤ 至少指定一个缔约国；
⑥ 一份说明书；
⑦ 一份权利要求书。

如果受理局在收到国际申请时认定该申请不符合要求，该局会要求申请人改正。如果申请人按规定进行了修改，受理局应以收到改正之日作为国际申请日。该申请在每个指定国内自国际申请日起具有正规的国家申请的效力。国际申请日被认为是在每个指定国的实际申请日。

(2) 优先权要求的审查。

① 根据《专利合作条约实施细则》第 4.10 条对优先权要求进行审查。

申请文件中优先权要求应当满足《专利合作条约实施细则》的规定。受理局将检查以下内容：在先申请是否是在《巴黎公约》缔约国或世界贸易组织成员中提出；在先申请是国际申请的提出在先申请的日期是否包含在国际申请日前 12 个月内；优先权要求的声明中是否按规定的方式写明以下事项：在先申请的申请日、在先申请的申请号、受理在先申请的国家或地区局。

针对优先权要求存在的缺陷，受理局将通知申请人在规定的期限内改正。不符合《巴黎公约》优先权原则的或未在规定的期限内进行答复的优先权要求被视为未提出。但没有提供在先申请的申请号或优先权要求与优先权文件的内容不一致的，受理局不会做出优先权视为未要求的决定，该缺陷将保留到国家阶段程序中由指定局处理。

② 优先权文件的提交。

优先权文件是指经原受理机构证明的在先申请文件的副本。根据《专利合作条约实施细则》第 17 条的规定，提交优先权文件是申请人的义务，申请人应在优先权日起 16 个月内，向受理局或国际局提交优先权文件，如果优先权文件是由受理局作出的，申请人可以不提交优先权文件而可以请求受理局准备优先权文件并将该文件送交国际局。

(3) 费用的审查。

申请人可以采用面缴、银行汇款或授权从账户扣除的方式缴纳费用。根据《专利合作条约实施细则》的规定,对未及时交费的申请,通知申请人在滞纳期内补交,对未在滞纳期内补交费的申请宣布视为撤回。

(4) 登记本和检索本的传送。

申请人在提交国际申请时只需提交一份文件,专利局将申请人提交的文件扫描成电子件。申请人提交的原始文件作为登记本,扫描成的电子件作为检索本,受理局还会复制另外一份副本,作为受理本。登记本和检索本向国际局和国际单位传送前,需要获得国家安全许可。

受理局应当自收到申请文件之日起1个月内向国际局传送登记本。国际局在收到登记本后,会向申请人和受理局发出一份"收到登记本通知书"(PCT/IB/301),申请人应当认真核对通知书上记载的信息,如申请人、优先权要求等,如果与请求书中填写的不一致,应及时向国际局提出改正错误的请求。传送检索本的时间一般不迟于传送登记本的时间,但是如果申请人还没有缴纳检索费,这个时候不会传送检索本,直到收到检索费后才传送检索本。国际检索单位在收到检索本后,会将收到的日期以"收到检索本通知书"(PCT/ISA/202)的形式告知申请人、国际局和受理局。

3. 国际检索

(1) 国际检索单位的确定。

国际检索单位由受理局指定,并通知国际局,受理局可以指定一个或多个国际检索单位。国际局受理的国际申请按照申请人的国籍或居所确定相应的主管国际检索单位;受理局确定多个国际检索单位的情况下,申请人可以作出选择。有多个主管国际检索单位时,申请人可以做出选择。中国的国民或者居民向国际局提出国际申请,该申请的主管国际检索单位仍然是中国国家知识产权局。

(2) 国际检索的目的。

努力发现相关的现有技术,在原始申请文件基础上提供关于专利性的初步意见。国际检索单位应在权利要求书的基础上进行,并适当考虑说明书和附图。努力发现与本国际申请相关的现有技术,并出具国际检索报告;随后在原始申请文件的基础上对该申请作出是否具有新颖性,创造性及工业实用性初步的、无约束力的书面意见。

(3) 国际检索前允许的改正和更正。

国际检索依据的申请文本是申请人在国际申请日提交的原始申请,因此在国际检索程序中原则上不接受申请人提出的对申请文件的修改。但有以下例外情况:

① 对于明显错误的更正。
② 删除违反公共秩序和道德的内容。
③ 修改发明名称。
④ 修改摘要。

(4) 不作国际检索的情况。

国际检索是国际申请的必经程序,检索单位有责任对国际申请进行全面检索。但有些情况下国际检索单位可以拒绝对国际申请中的部分权利要求进行检索。

① 国际申请涉及规定的不要求进行检索的主题。这些主题主要包括:科学和数学理论;植物或者动物品种或者主要是用生物学方法生产植物或者动物的方法,但微生物学方法和由该方法获得的产品除外;经营业务、纯粹智力行为或者游戏比赛的方案、规则或者方法;处置人体或者动物体的外科手术方法或治疗方法,以及诊断方法;单纯的信息提供;计算机程序,在国际检索单位不具备条件检索与该程序有关的现有技术的限度内。

② 明书、权利要求书或附图不符合规定要求,以至于不能进行有意义的检索。

③ 没有提供计算机可读形式的序列表,以至于不能进行有意义的检索。

④ 权利要求书的撰写不符合要求。

根据《专利合作条约实施细则》第 6.4 条的规定:引用一个以上其他权利要求的从属权利要求(多项从属权利要求)只能择一地引用这些权利要求。多项从属权利要求不得作为另一多项从属权利要求的基础。如果从属权利要求存在多项引用多项的情况,并且造成权利要求保护范围的不清楚,则对该项权利要求检索将没有实际意义。

(5) 缺乏发明单一性的申请的处理。

《专利合作条约实施细则》第 13 条对发明的单一性作出规定:一件国际申请应只涉及一项发明或者由一个总的发明构思联系在一起的一组发明。

如果专利申请不符合发明单一性要求,国际检索单位就要针对不同的主题进行检索,这势必增加了检索单位的工作。因此当专利申请不符合单一性的要求时,该检索单位会要求申请人缴纳附加费。国际检索单位会对国际申请的权利要求中首先提到的发明("主要发明")部分作出国际检索报告;在规定期限内付清要求的附加费后,再对国际申请中已经缴纳该项费用的发明部分作出国际检索报告。检索附加费的缴纳期限是 1 个月。如果申请人拒绝支付附加检索费,国际检索单位将只对主要发明部分制定国际检索报告。如果申请人对国际检索单位通知缴纳附加费有不同意见,可以在支付异议费及附加检索费的同时提出异议。该异议将由国际检索单位的三人小组进行审查并做出裁决。如果结论是申请人的异议成立,将全部或部分退还附加费及异议费。

(6) 国际检索的期限。

制定国际检索报告的期限是自国际检索单位收到检索本起3个月,或者自优先权日起9个月,以后到期者为准。

(7) 国际检索的要求。

① 现有技术。

与国际检索有关的现有技术主要包括三个部分的内容:国际申请日前公布的与有关的世界任何地方的书面公开;国际申请日前发生的与发明有关的口头公开、使用、展示等事实,并且记载在随后的书面公开中;其公布日在被检索的国际申请的申请日之后,申请日(优先权日)在国际申请日之前的现有技术的申请。

② 最低限度文献。

《专利合作条约实施细则》第34条规定了进行国际检索最低限度的文献应当包括:公布的国际申请、地区申请;自1920年颁发的法、德、苏(俄)、瑞士、英、日、韩国(2007年4月1日)、美国的专利及公布的申请;其他公布的非专利文献。

(8) 国际检索报告。

国际检索报告应写明国际检索单位的名称以标明制定该报告的国际检索单位,并写明国际申请号、申请人名称和国际申请日以标明国际申请。国际检索报告应记明日期,并应写明该国际检索实际完成的日期。国际检索报告还应写明作为优先权要求的在先申请的申请日,如果要求一个以上在先申请的优先权时,写明其中最早一个在先申请的申请日。

国际检索报告应引证现有技术的对比文献,并标明与该国际申请的相关度。国际检索报告中使用的字母"X""Y""A""E""L""O""P""T""&"所表达的具体含义如下:

X:密切相关的文件;在该文件被单独对比时,发明很可能被认为不具有新颖性或创造性;视为整体上否定发明申请创造性或新颖性的文献。

Y:密切相关的文件;当文件与其他类似文件结合使用时,这种结合是本领域技术人员来说是显而易见的,则该发明不被认为是包含了创造性的步骤;视为与其他类似文献结合否定发明申请创造性的文献,这种结合对于本领域技术人员是显而易见的。

A:与权利要求不很相关的、规定了技术的总体状态的文件,一般现有技术水平文献,无特别相关性。

E:在国际申请日的当天或之后公布的在先申请或专利。

L:对享有优先权的权利要求提出质疑的对比文件,或者该对比文件被引用以确定另一引用文件的公开日,或者其他特殊的原因。

O：涉及口头公开、实际使用、展览或其他途径公开的对比文件。

P：公开日先于国际申请日但迟于所要求的优先权日的文件。

T：在国际申请日或优先权日以后公开的文件，与申请不相互冲突，但可以用来理解发明所包含的原理。

&：同族专利。

4. 权利要求书的修改

PCT 第 19 条规定：申请人在收到国际检索报告后，有权享受一次机会，在规定的期限内对国际申请的权利要求向国际局提出修改。在国际阶段，申请人享有一次修改权利要求的机会。权利要求修改的是自国际检索单位向申请人和国际局送交国际检索报告之日起 2 个月，或者自优先权日起 16 个月，以后届满的期限为准。例如，一项申请的优先权日是 2007 年 3 月 10 日，申请日是 2008 年 3 月 10 日，检索报告的寄出日是 2008 年 7 月 10 日。如果按优先权日起算则修改的组后期限是 2009 年 7 月 10 日。如果按自寄出国际检索报告日起算则修改的最后期限是应该 2008 年 9 月 10 日，以后届满的期限为准，则实际的最后修改期限是 2009 年 7 月 10 日。应该注意的是修改的请求只能向国际局提出，并且修改不应超出国际申请提出时对发明公开的范围。

5. 国际公布

专利制度是一公开保护的制度，国际申请自然也不例外，当国际检索程序完成之后紧接着就进入的国际公布程序之中。国际公布的期限与国内申请的期限相同，都是自申请日起 18 个月。国际公布的内容主要包括：扉页、说明书、权利要求书、说明书附图、说明书的序列表、生物保藏的说明等。对于根据 PCT 第 19 条的规定作出修改的申请文本来说则会同时公布原始的和修改后的权利要求书。

6. 国际初步审查

（1）审查的目的。

国际初步审查的目的是为了得到国际初步审查单位针对修改文本的有关专利性的初步审查意见。国际初步审查是国际申请在国际阶段的可选择性程序，申请人提交了合格的国际初步审查要求书，缴纳了手续费后，将启动该程序。申请人提出国际初步审查的期限是自优先权日起 22 个月，或是收到检索报告和书面意见 3 个月，以后到期限为准。在初步审查阶段，审查员和申请人之间可进行交流，申请人可能会得到一份书面意见，最后会得到国际初步审查报告。该报告对请求保护的发明是否具有新颖性、创造性和工业实用性提出初步的、无约束力的意见。

国际检索阶段是一个封闭的过程，申请人可以得到对于申请文本的一份国际检索报告和相应的书面意见。但是检索单位只是针对原始申请文件进行检索,申请人在检索过程中并没有机会对申请文件进行修改,因此,为了得到对修改后文件的国际初步审查意见,申请人就只能进入国际初步审查程序。如果申请人不准备对申请文件进行修改,不准备将进入瑞士、瑞典、卢森堡、坦桑尼亚、乌干达、赞比亚的期限延长到 30 个月,可不选择国际初步审查程序,以节省费用。申请人可以依据收到的国际检索报告和书面意见,考虑是否提出初步审查要求,如果国际检索报告并未检索出破坏国际申请可专利性的文献,书面意见指出国际申请具备新颖性、创造性和工业实用性,由于没有必要对申请文件进行修改,因而,无需启动国际初步审查程序,而是将审查程序留到进入国家阶段;如果国际检索报告和书面意见指出国际申请存在缺陷或缺乏专利性,通过对对比文献和书面意见的研究,认为可以通过启动国际初步审查程序,做出意见陈述及通过 PCT 第 34 条修改申请文件来得到对国际申请有利的专利性国际初步报告,建议提出国际初步审查要求。

(2) 不作国际初步审查的情形。

① 国际申请的主题涉及不需进行审查的主题。

《专利合作条约实施细则》第 67 条规定:如果国际申请的主题是下列各项之一,并且有下列情形之一的,国际初步审查单位无需对该国际申请进行国际初步审查:

(i) 科学和数学理论;

(ii) 植物、动物品种或者主要是用生物学方法生产植物和动物的方法,但微生物学方法和由该方法获得的产品除外;

(iii) 经营业务,纯粹智力活动或者游戏比赛的方案、规则或者方法;

(iv) 治疗人体或者动物体的外科手术或者疗法以及诊断方法;

(v) 单纯的信息提供;

(vi) 计算机程序,在国际初步审查单位不具备条件对其进行国际初步审查的限度内。

② 说明书、权利要求书或附图不符合要求,以至于不能形成有意义的审查意见(PCT 第 34 条)。

③ 没有提供计算机可读形式的序列表,以至于不能形成有意义的审查意见。

④ 权利要求书撰写不符合要求。

⑤ 对于没有作出国际检索报告的发明的权利要求不要求进行初步审查。

(3) 审查标准。

① 现有技术的定义。

根据《专利合作条约实施细则》第 64 条的规定:在世界上任何地方,公众通过书面公开(包括绘图和其他图解)可以得到的一切事物,应认为是现有技术,但以公众可以得到发生在有关日期之前为限。由此可见,现有技术是指在申请日或优先权日之前,在世界上任何地方的书面公开,而不包括使用公开例如展览或口头的公开,这一点与我国的现有技术的定义不同。

② 有关优先权的核查。

在初步审查过程中发现现有技术是在申请日前而又在优先权日之后公开的情形,则对优先权日的核查就显得十分重要,审查员将核查该优先权日的有效性。审查员可以要求国际局提供优先权文件副本。国际局可以要求申请人提供优先权副本。如果申请人没有按期提交优先权文件副本,则在制定报告时视同没有要求优先权。这不同于国际检索阶段的书面意见,书面意见是如同要求了优先权的情况下做出的。

(4) 审查程序。

《专利合作条约》第 34 条(2)(b)规定,在国际初步审查报告作出之前,申请人有权依规定的方式,并在规定的期限内修改权利要求书、说明书和附图。这种修改不应超出国际申请提出时对发明公开的范围。有此条可知申请人可以在国际初步审查启动的同时或之后到报告做出之前的其他任何时候主动对申请文件进行修改。

国际初步审查启动的条件是:国际初步审查单位得到国际初步审查要求书;申请人缴纳了全部手续费和初步审查费;收到了国际局传送的国际检索单位的检索报告及书面意见。

国际检索单位的书面意见视为首次书面意见。在国际初步审查阶段,审查员可以根据国际检索阶段提出的书面意见决定是否需要再次提出国际初步审查的书面意见,然后作出国际初步审查报告。书面意见的答复期限是 2 个月。

在初步审查阶段审查员和申请人之间可以通过电话、信件以及会晤等形式进行沟通。

(二) 国家阶段

申请人完成国际阶段程序后,在确定了应该在哪些国家获得专利后,还必须在规定的期限内办理进入国家阶段手续,并且满足各个国家的要求,该 PCT 申请在该国家才有可能得到权利。国际阶段是具体授权阶段。PCT 申请只是一个申请的途径,要想获得专利权还必须办理相关进入国家阶段的手续,接受指定国或选定国的审查。

1. 进入中国国家阶段的手续

(1) PCT 的相关规定的手续。

申请人应在不迟于自优先权日起 30 个月,在缴纳宽限费后,可延迟至 32 个月。缴纳国家费用并向每个指定局提供国际申请文件的副本,除非已按 PCT 第 20 条的规定对相关文件进行了送达。如果国际申请提出时使用的语言不是指定局的官方语言,则在进入该国国家阶段需要提交国际申请译文,即将国际申请文件译成指定局所要求的语言。如果国际申请使用的语言已经是指定局的官方语言则不必再提供译文。

(2) 中国《专利法实施细则》的有关规定的手续。

以中文提交进入中国国家阶段的书面声明,写明国际申请号和要求获得的专利权类型、发明创造的名称,申请人的姓名或名称、地址和发明的姓名,国籍电话等;缴纳申请费、公布印刷费和必要时的宽限费;如果国际申请是以外文提出的,应当提交原始国际申请的说明书和权利要求书的中文译文。

(3) 进入中国国家阶段需要符合的特殊要求。

除了缴纳国家费用、提交译文和国际申请的副本这些国际申请进入任何缔约国的国家阶段都必须满足的基本要求外,各国的法律对专利申请都做了特殊的规定,为了与各国都必须满足的基本要求相区分,称其他国家的这些要求为特殊的国家要求。但 PCT 第 27 条对进入国家阶段的各国的要求进行了原则上的限定,即各国提出的国家要求必须在 PCT 允许的范围之内。

在中国国家阶段应当满足的特殊要求主要有:在登记阶段未提供发明人信息的,在进入中国国家阶段时应在声明中指明发明人姓名;在国际阶段登记过变更手续的,应当提供变更后的申请人享受申请权的证明材料;申请人与作为优先权基础的在先申请的申请人不是同一人,或者提出在先申请后更改姓名的,必要时,应当提供申请人享有优先权的证明材料;在提出国际申请时声明过不丧失新颖性的公开的,应当予以说明,并提交有关证明文件。

2. 国际申请在中国国家阶段的审查程序

(1) 国际申请效力的审查。

国际申请效力的审查将决定着请求进入中国国家阶段的国际申请是否能够进入中国。在国际阶段,国际申请或者国际申请中对中国的指定撤回或者视为撤回的,该国际申请在中国的效力终止。

(2) 进入声明的形式审查。

《专利审查指南》第三部分第一章 3.1 节具体规定了进入声明审查的内容,主要包括四个方面:

① 保护类型的审查。

国际申请指定中国的,办理进入国家阶段手续时,专利的保护类型只能选择要求获得的是"发明专利"或者"实用新型专利",两者择其一,即不可以同时要求获得"发明专利"和"实用新型专利"。不符合规定的,审查员应当发出国际申请不能进入中国国家阶段通知书。

② 申请人和发明人的审查。

这部分主要审查申请人的资格、译名和地址的填写是否正确。

申请人的资格是指申请人是否符合《专利法》第18条的规定:"在中国没有经常居所或者营业所的外国人、外国企业或者外国其他组织在中国申请专利的,依照其所属国同中国签订的协议或者共同参加的国际条约,或者依照互惠原则,根据本法办理。"如果所有申请人都不符合规定的,将驳回申请。若只有部分申请人不符合规定的将通知申请人办理著录项目变更手续,申请人拒绝变更的,驳回申请。

在进入声明中填写申请人译名时姓和名的先后顺序应当按照其所属国的习惯写法书写,进入中国时应采用姓在前名在后的形式。

③ 审查基础的指明。

国际阶段申请人可能根据PCT第19条或第34条对申请文件作出修改,国际申请进入国家阶段时,申请人也可能按照PCT第28条或第41条提出修改。导致国际申请进入国家阶段时,除原始申请文件外,可能还会提出多份修改文本。因此,申请人应当在进入声明中审查基础一栏内指明在后续程序中应当依据的文本。在进入国家阶段审查使用的文本应当是以修改文件替换原始申请相应部分之后的文本。

申请人按照PCT第19条或第34条对申请文件作出的修改,在进入国家阶段应该自进入日起2个月内提交该修改文件的译文。

(3) 译文的形式审查。

在进入国家阶段时,需提交原始国际申请的说明书、权利要求书以及附图中的文字和摘要的中文译文。译文与原文明显不符的,该译文不作为确定进入国家阶段日期的基础。此外,译文还需清楚、准确、完整,同时符合出版印刷的需要。

(4) 优先权的审查。

① 对优先权要求信息的审查。

在进入国家阶段所提出的优先权要求,对于该要求是否符合《巴黎公约》原则、以及优先权声明是否符合《专利合作条约实施细则》的规定,将不再进行审查,而是接受受理局的审查结论。

② 对优先权文件的要求。

随着电子文件形式的普及,在先申请文件的副本已经可以电子形式提交,在国际局的协调下,在先申请的文件副本可以由专利局请求国际局提供。因此《专利合作条约实施细则》第17条规定,专利局不得要求申请人本人提供在先申请文件副本,该在先申请文件副本由专利局请求国际局提供。并且只有在国际检索报告中标明"PX""PY"等类文件时或国家阶段的审查员检索到"PX""PY"等类文件时才能请求国际局提供在先申请文件的副本。

如果申请人在国际阶段没有按照规定提交在先申请文件副本的,审查员应当发出办理手续补正通知书,通知申请人在指定期限内补交。期满未补交的,审查员将发出视为未要求优先权通知书。

③ 要求提供享有优先权的证明的情况。

如果在先申请与在后申请的申请人不一致,审查员会首先检查国际阶段公布文本中记载的申请人就该申请文件有权享有优先权的声明,如果审查员确认该声明的准确性,则申请人可以不必提交证明文件。如果,没有声明或声明不符合要求的情况下,审查员应当发出办理手续补正通知书。期满未按规定作出补正的,审查员将发出视为未要求优先权通知书。

④ 入国家阶段时改正优先权声明中错误的程序。

根据《专利审查指南》的规定,申请人可以改正国际阶段提出的优先权书面声明中的书写错误。改正的期限是在办理进入国家阶段手续的同时或者自进入日起2个月内。改正请求应以书面形式提出,写明改正后的优先权事项,并缴纳改正优先权要求请求费。如果申请人未向国际局提交过在先申请文件副本的,在提出改正请求的同时还应当附上在先申请文件副本作为改正的依据。不符合规定的,视为未提出该改正请求。

进入国家阶段不能提出新的优先权要求。并且进入国家阶段之后也不得改正优先权声明中错误。

⑤ 国际阶段丧失的优先权要求的恢复。

国际阶段丧失的优先权要求允许在进入国家阶段时恢复,条件是必须满足时间要求、缴纳一定的费用、并提交优先权文件的副本。

(5) 国家公布。

国家公布仅适用于进入中国的发明专利的国际申请。对于国际申请,专利局经初步审查认为符合《专利法》及《专利法实施细则》有关规定的,应当在发明专利公报上予以公布。专利局完成国家公布准备工作的时间一般不早于自该国际申请进入国家阶段之日起2个月。国际申请是以中文以外文字提出的,除了会以外文形式公布外,还会公布申请文件的中文译文。使用外文提出的国际申请自国家公布之日起在中国享有临时保护。

(6) 实质审查。

进入国家阶段的国际申请,如果指定了中国的发明专利,自优先权日起3年内应当提出实质审查请求,并缴纳实质审查费。实质审查费可以减免,国际检索报告或初审报告是由欧洲、日本、瑞典专利局作出的,实审费减免20%;国际检索报告是由中国专利局作出的,实审费减免50%,并减免申请费和申请附加费;国际检索报告和初审报告都是由中国专利局作出的,实审费全免;并减免申请费和申请附加费。国际检索报告和国际初步审查报告在实质审查程序中起参考的作用。授予专利的实质性条件依据我国法律的规定进行审查。

司考链接

1. 在下列哪个情形下,国家知识产权局将重新确定申请日?

A. 甲通过邮局寄交的专利申请,因邮戳不清,国家知识产权局以收到日作为申请日,甲于收到受理通知书一个月后提交了邮局出具的寄出日期有效证明

B. 乙的实用新型专利申请的说明书中写有对附图3的说明,但缺少相关附图,接到审查员发出的补正通知后,乙删除了该附图说明

C. 丙提交的发明专利申请文件中缺少说明书摘要,一个月后丙补交了说明书摘要

D. 丁提出的分案申请请求书中原案申请日填写错误,三天后经补正符合规定

答案:D

2. 一件享有外国优先权的发明专利申请,优先权日为2011年2月20日,申请日为2012年2月7日。下列说法哪个是错误的?

A. 该申请自2012年2月7日起满十八个月即行公布

B. 申请人提出实质审查请求的期限为自2011年2月20日起三年

C. 如果该项专利申请被授予专利权,则其保护期限自2012年2月7日起算

D. 2011年2月20日以前公开的相关技术属于该发明专利申请的现有技术

答案:A

3. 申请人对国家知识产权局作出的下列哪个决定不服的,可以向专利复审委员会请求复审?

A. 专利申请视为撤回的决定 B. 驳回专利申请的决定

C. 不予受理专利申请的决定 D. 视为未要求优先权的决定

答案:B

4. 某发明专利,申请日为2008年8月1日,优先权日为2007年9月1日,公布日为2009年1月10日,授权公告日为2012年3月1日。该专利权的期限届满日是哪一天?

A. 2027年9月1日 B. 2028年8月1日

C. 2029年1月10日 D. 2032年3月1日

答案:B

5. 下列哪个权利要求主题名称的撰写方式符合相关规定?

A. 一种关于钢化玻璃的发明 B. 一种关于钢化玻璃的设计

C. 一种制造钢化玻璃的方法 D. 一种关于钢化玻璃的配方

答案：C

6. 下列哪些不属于可授予专利权的主题？

A. 一种可有效识别抑郁症的心理测验方法

B. 一种可有效驯服野马的方法

C. 一种可有效提高婴儿体质的食谱

D. 一种可有效开发计算机软件的计算机编程语言

答案：ABCD

7. 某专利申请的权利要求书如下：

"1. 一种茶杯，包括特征 H 和 I。

2. 根据权利要求 1 所述的茶杯，还包括特征 J。

3. 根据权利要求 1 或 2 所述的茶杯，还包括特征 K。

4. 根据权利要求 1 和 2 所述的茶杯，还包括特征 L。

5. 根据权利要求 1 或 3 所述的茶壶，还包括特征 M。"

上述哪些从属权利要求的引用方式不正确？

A. 权利要求 2 B. 权利要求 3 C. 权利要求 4 D. 权利要求 5

答案：CD

8. 下列关于发明创造性的说法哪些是正确的？

A. 抵触申请可以用来评价一项发明的创造性

B. 如果发明相对于现有技术具有突出的实质性特点，并具有显著的进步，则一定具备创造性

C. 如果选择发明是可以从现有技术中直接推导出来的，则该发明不具备创造性

D. 如果某项从属权利要求具备创造性，则从属于同一独立权利要求的其他权利要求一定具备创造性

答案：BC

9. 一件发明专利申请的说明书记载了数值范围 20 mm～100 mm 和特定值 60 mm、110 mm 并且在说明书摘要中公开了特定值 30 mm。下列哪些修改是允许的？

A. 将权利要求中的数值范围修改成 20 mm～60 mm

B. 将权利要求中的数值范围修改成 30 mm～60 mm

C. 将权利要求中的数值范围修改成 60 mm～100 mm

D. 将权利要求中的数值范围修改成 20 mm～110 mm

答案：AC

10. 审查意见通知书，要求申请人在收到该通知书之日起 2 个月内陈述意见，申请人于 2013 年 12 月 20 日收到该通知书。若申请人请求延长该答复期

限,下列说法哪些是正确的?

A. 申请人应当于2014年2月20日前提交延长期限请求书

B. 申请人可以于2014年2月28日提交延长期限请求书

C. 申请人可以请求将该答复期限延长6个月

D. 申请人应当在答复期限届满前缴纳延长期限请求费

答案: BD

第六章 专利权的无效宣告

要点提示

　　本章重点掌握的概念：1. 专利权无效宣告；2. 专利权无效宣告的理由；3. 专利权无效宣告的合议审查；4. 公知常识；5. 专利权无效宣告的举证期限。

本章知识结构图

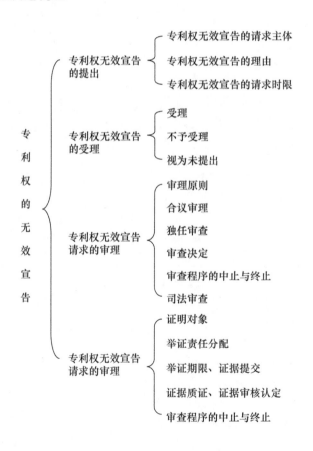

第一节 专利权无效宣告的提出与受理

 引导案例

案例1： 何某就名称为"无水银碱性纽形电池"向国家知识产权局申请实用新型专利，并获得授权。该专利授权公告的权利要求如下："1. 一种无水银碱性纽形电池，包括正极片、负极盖、负极锌膏等，其特征在于，在电池负极片上电镀上一层铟或锡原料，并在锌膏中加入金属铟以代替水银。2. 权利要求1所述的纽形电池，其特征在于所述负极盖由铁片或不锈钢片制成……"松柏电池公司以及电池领域的一些技术人员研究过程中发现：杂志《电池工业》在何某提出专利申请的前一年第6期刊载过相关的研究论文，而何某提出专利申请的前两个月召开的全国电池无汞化技术交流会的论文集也有刊载相关的研究论文。这些研究论文所讨论的技术方案与何某申请专利的权利要求所涉技术特征相同或者相似。① 对此，松柏电池公司能申请宣告何某的专利权无效吗？理由是什么？

案例2： 罗某于2008年2月就名称为"碎纸机"申请外观设计专利，并获得授权。斯特公司于2012年12月以"碎纸机"外观设计专利与他人在先权利相冲突为由申请宣告罗某"碎纸机"外观设计专利无效。经查：科创公司于2007年曾设计型号为C2的碎纸机设计图及模型，并享有著作权。2010年，科创公司将其设计的型号为C2的碎纸机设计图及模型著作权转让给斯特公司。C2的碎纸机设计图及模型与罗某申请的外观设计基本相同。2013年10月，专利复审委员会作出罗某专利无效的决定。罗某不服，提起行政诉讼，并提交证据证明斯特公司已于2013年8月将涉案的著作权转让给铁志公司。在本案中，斯特公司是否为适格的专利无效宣告的申请人？行政程序启动时符合资格条件的请求人是否因有关诉讼标的的法律关系发生变化而丧失资格？②

---

① 参见北京市第一中级人民法院(2007)一中行初字第925号行政判决书。
② 参见北京市高级人民法院(2016)京行终2901号行政判决书以及最高人民法院(2017)最高法行申8622号行政裁定书。案情略有改动。

> **案例 3**：天一公司申请名称为"用甲醇生产二甲醚的方法"发明专利，并获得授权。2017 年 11 月 6 日，天成公司以天一公司的发明专利不符合《专利法》之规定（即不具备创造性）为由，向专利复审委员会提交《专利权无效宣告请求书》，并附证据 1。2017 年 11 月 23 日，天成公司又向专利复审委员会提交《专利权无效宣告请求书》，并附 2—4 三份证据。2017 年 12 月 3 日，天成公司第三次向专利复审委员会提交《专利权无效宣告请求书》，并附证据 1，但无效宣告请求的理由有所变化。天成公司按期缴纳第一次申请的请求费，但对于第二次与第三次提交的申请，未缴纳任何费用。专利复审委员会以未缴纳请求费为由，对于天成公司第二次与第三次的申请以"视为未提出"处理，并根据第一次申请的证据材料作出维持天一公司专利权有效的决定。对此，天成公司不服，认为第二次与第三次申请是在第一次申请提交的一个月内提交，是第一次申请的证据补充；结合第二次与第三次申请的理由与证据材料，天一公司的发明专利不具备我国《专利法》意义的"创造性"，应为无效专利。① 天成公司的辩述理由成立吗？

专利权的无效宣告，是指已经被授予专利权的发明创造，因不符合专利法的有关规定，根据有关主体的申请，由有权机关依法审查后，宣告该专利权无效的制度。

作为在天才之火上添加的利益之油，专利权是为了保护人类的发明创造源泉而赋予发明创造主体及其他贡献主体对其完成的发明创造以合法的垄断权。但是，如果这种垄断权的授予，不具有授权的正当性与合法性，那么，这种授权将不恰当地扩张私人对公共知识的垄断，严重压缩公共知识领域，损害社会公共利益，进而可能扭曲或破坏专利权的制度基石。之所以会出现不应授予专利权的发明创造被授权的现象，主要是专利授权审查的局限性所致。专利授权的审查，既有形式审查，也有实质审查，但不论是何种性质的审查，审查员在审查过程中，可能会因客观条件的局限或者主观过错而导致审查差错。在最直观的意义上，建立专利权无效宣告制度的目的是以社会公众的力量来监督专利申请与授权审查过程中可能出现的错误；在长远意义上讲，建立专利权无效宣告制度的目的是将那些非正当地获得专利授权的发明创造，以事后审查监督的模式，排除于专利权的保护范围，以保障社会公众对公共知识领域能够有充分的分享与利用之权益。

---

① 参见北京市第一中级人民法院（2009）一中行初字第 1136 号行政判决书。案情略有改动。

一、专利权无效宣告的请求主体

专利权无效宣告程序的启动,需由有关主体依法向有权机关提出申请。我国《专利法》对专利权无效宣告的请求主体未作任何限制。这也就是说,任何人,包括专利权人、被诉专利侵权人、被许可人以及被转让人,均可以依法提出专利权无效宣告申请。对专利权无效宣告的申请主体不作任何限制,是符合专利权无效宣告制度的创设本旨的。因为只有对专利权无效宣告的申请主体不作任何限制,才可能充分保障与发挥社会公众对专利授权审查的事后监督作用。所以,在案例1中,不仅松柏电池公司可以申请宣告何某的实用新型专利权无效,其他任何人也可以提出此类申请。

尽管我国《专利法》对申请宣告专利无效的主体未作出限制,但是,就个案而言,无效宣告的申请主体仍可能被限制。"如果法律条文的字面含义涵盖过宽,在特定情形下依其字面解释将导致与被规范的客体本质、立法目的、法律秩序效果等无法协调并造成明显不当的法律效果时,可以在特定情形下对法律条文的字面含义予以限缩解释,自是法理之必然。"[①]我国司法裁判的倾向意见认为:关于外观设计专利权与他人在先合法权利冲突的无效理由属于相对无效理由,故申请无效宣告的主体应当仅限于在先权利人或者利害关系人。这是因为与他人在先合法权利冲突的本质在于专利权的实施将侵害他人在先权利,但是,该冲突状态可以因专利人获得在先权利人的许可或者同意而消除;是否申请宣告无效,应充分尊重在先权利人或者利害关系人的意志。

在案例2中,斯特公司有证据证明其继受了科创公司的著作权,故为适格之专利无效宣告的申请人。然而,颇有疑问的是:其在无效审查期间再次将其在先著作权转让给第三人铁志公司,是否会因此丧失主体资格?我国最高人民法院的裁判意见认为:为保证诉讼程序的稳定和避免诉讼不确定状态的发生,当事人的主体资格不因有关诉讼标的的法律关系随后发生变化而丧失。这是因为:如果允许当事人的主体资格因随后有关诉讼标的的法律关系发生变化而丧失,导致已经进行的行政诉讼程序归于无效,将对程序的稳定性和结果的确定性产生严重的不利影响,造成司法资源的浪费。[②]

在实践中,申请专利无效宣告的主体,往往是利害关系人,如被诉侵权的人、专利许可合同中的被许可人。这主要是因为利益上的深切关联促使他们积极关注专利权人专利权的效力状态。在少数案例中,专利权人本人也可能依法申请宣告自己的专利权无效。但是,一般来说,专利权人本人提出的专利权无效

---

① 最高人民法院(2017)最高法行申8622号行政裁定书。
② 同上。

宣告申请,是申请宣告自己专利权的部分无效,而非全部无效。① 其他主体往往是申请宣告专利权的全部无效。专利权人自己申请宣告专利权的部分无效,其目的主要是为适当地缩小自己专利权的权利要求范围,以免被其他主体,尤其是竞争对手,申请宣告专利权的全部无效。因专利权人本人申请宣告专利权的部分无效,于社会公众而言,有百利而无一害,故应被准许。②

二、专利权无效宣告的理由

专利权的无效宣告须有法定的理由。根据我国《专利法》与《专利法实施细则》的相关规定,可以申请宣告专利权无效的理由,主要有以下几个方面:

(一) 被授权的对象不合法

被授权对象不合法包括三种情况:(1) 被授予专利权的发明创造不是《专利法》意义上的发明、实用新型或外观设计。(2) 被授予专利权的发明创造违反法律法规、社会公德或妨害公共利益。如违反法律、行政法规的规定获取,或者利用遗传资源,并依赖该遗传资源完成的发明创造,不得被授予专利权(《专利法》第5条)。再如,违反《专利法》第20条的规定,将在我国完成的发明或者实用新型向外国申请专利权,而未事先报经国务院专利行政部门进行保密审查,则该发明或者实用新型在我国申请专利,将不被授予专利权。(3) 被授予专利权的发明创造属于《专利法》规定不应授予专利权的对象。我国《专利法》第25条明确将以下项目排除于专利权的授权范围内:科学发现;智力活动的规则和方法;疾病的诊断和治疗方法;动物和植物品种;用原子核变换方法获得的物质;对平面印刷品的图案、色彩或者二者的结合作出的主要起标识作用的设计。③

(二) 专利授权的实质要件缺失

专利授权实质要件的缺失,属于专利之绝对无效的理由。关于专利授权的实质要件,主要规定在《专利法》第22—23条。《专利法》第22条第1款规定:授予专利权的发明和实用新型,应当具备新颖性、创造性和实用性。第23条规定:授予专利权的外观设计,应当不属于现有设计;也没有任何单位或者个人就同样的外观设计在申请日以前向国务院专利行政部门提出过申请,并记载在申请日

---

① 如,在上海海镭激光科技有限公司、北京国泰星云科技有限公司与国家知识产权局专利复审委员会专利无效纠纷一案中,专利权人海镭公司为了保障其专利不至于被全部宣告无效,于2014年10月29日对权利要求书作出了修改;专利复审委员会经审查于2015年3月20日发出第25438号无效宣告审查决定,宣告该专利权部分无效。参见北京市高级人民法院(2017)京行终3966号行政判决书。
② 张玉敏主编:《知识产权法学》(第二版),法律出版社2011年版,第248页。
③ 国家知识产权局于2015年4月公布的《中华人民共和国专利法修改草案(征求意见稿)》将第25条之(三)修改为:"疾病的诊断和治疗方法,但涉及养殖动物的除外。"换言之,根据这一"意见稿",养殖动物的疾病诊断和治疗方法是可以被授予专利权的。但是,国务院法制办于2015年12月公布的《中华人民共和国专利法修订草案(送审稿)》第25条则删除了该内容,同时拟增加规定"原子核变换方法以及用原子核变换方法获得的物质"不得授予专利权。

以后公告的专利文件中。授予专利权的外观设计与现有设计或者现有设计特征的组合相比,应当具有明显区别。授予专利权的外观设计不得与他人在申请日以前已经取得的合法权利相冲突。根据这些规定,如果某一发明或者实用新型不具备新颖性、创造性或者实用性,或者,被授予专利权的外观设计不具备新颖性或与他人合法的在先权利相冲突,则该发明创造,即便被授予专利权,也可以依法被宣告为无效。在案例1中,如果有关主体欲申请宣告何某的专利权无效,其理由就是何某获得专利授权的技术不具有新颖性与创造性。

(三)违反专利申请的法定原则

我国《专利法》第9条规定了我国专利申请的两项基本原则,即同样的发明创造只能授予一项专利权;专利授权实行先申请原则。如果一项发明创造被重复授予专利权,如在被授予实用新型专利权后,又被授予发明专利权,则其中一项专利权将被宣告无效。如果两个以上的主体就相同的发明创造申请专利,而专利授权主管部门违反先申请原则,将该专利权授予在后的申请主体,则该专利权也可以依法被宣告为无效。

(四)专利授权申请文件不符合法定要求

我国在专利授权过程中对专利申请文件的撰写以及修改有着严格的要求。若专利授权的申请文件的撰写或者修改不符合法定要求,则可能导致专利权被宣告无效。如,说明书未能对发明或实用新型作出清楚、完整的说明,达不到所属技术领域的技术人员能够实现的要求(《专利法》第26条第3款);权利要求书未能以说明书为依据,说明要求专利权保护的范围(《专利法》第26条第4款);独立权利要求书不能从整体上反映发明和实用新型的技术方案,记载解决技术问题的必要技术特征(《专利法实施细则》第20条第2款);发明、实用新型专利申请文件的修改超出了原说明书和权利要求记载范围(《专利法》第33条);授予专利权的外观设计的图片或者照片没有清楚地显示要求专利权保护的产品的外观设计(《专利法》第27条第2款);对外观设计专利申请文件的修改超出了原图片或照片表示的范围(《专利法》第33条);授予专利权的发明创造分案申请超出了原申请记载的范围(《专利法实施细则》第43条第1款)。

三、专利权无效宣告的请求时限

在我国,《专利法》规定申请宣告专利权无效的起始日为国务院专利行政部门公告授予专利权之日,但并未明确规定专利权无效宣告的截止日。这也就意味着,在专利权终止,如专利权保护期限届满之后,有关主体仍可以依法申请宣告某一专利权无效。

之所以允许在专利权终止后申请宣告其无效,是为良好地纠正不应授予专利权的发明创造在其"权利有效"期间给某些当事人的权益带来的不公正后果。

比如,在某项专利权"有效"期间,曾发生专利侵权纠纷。法院在审理过程中依专利权的"有效性"而对涉嫌侵权的当事人作出不利的裁判结果。然而,该项专利权并不具有获得授权的合法性或者正当性,那么,我们理应宣告该项专利权无效,使该权利被视为自始不存在,以纠正对涉嫌侵权的当事人所造成的不利后果。①

四、专利权无效宣告请求的受理

(一)专利权无效宣告请求的形式审查

在我国,国家知识产权局专利复审委员会负责专利权无效宣告请求的受理与审查。无效宣告请求人在请求专利权无效宣告时,应提交符合规定格式的无效宣告请求书及其附件一式两份。专利复审委员会在收到请求人的无效宣告请求书及其附件后,将对请求人的请求进行初步的形式审查。形式审查的主要内容是:无效宣告请求书的格式规范、无效宣告请求的主体资格、无效宣告请求的客体、无效宣告请求范围以及理由和证据等。

拓展贴士

国家知识产权局专利复审委员会成立于1984年11月,当时全称为中国专利局专利复审委员会,为中国专利局内设机构。1998年,因国务院机构改革,专利复审委员会更名为国家知识产权局专利局专利复审委员会;2001年,因《中华人民共和国专利法》修改,专利复审委员会更名为国家知识产权局专利复审委员会。2003年年底,经批准,专利复审委员会成为具有独立法人资格的国家知识产权局直属事业单位。专利复审委员会由国家知识产权局指定的技术专家和法律专家组成。主要职责有:对不服国家知识产权局驳回专利申请及集成电路布图设计登记申请的决定进行复审;对宣告专利权无效的请求及集成电路布图设计专有权撤销案件进行审理。

具有以下情形之一,专利复审委员会将不予受理:

(1) 无效宣告请求不是针对已经公告授权的专利。

(2) 专利复审委员会作出宣告专利权全部或者部分无效的审查决定后,当事人未在收到该审查决定之日起3个月内向人民法院起诉或者人民法院生效判

---

① 之所以会出现这种情形,很重要的原因之一是当事人对专利权无效的证据掌握不充分。

决维持该审查决定的,针对已被该决定宣告无效的专利权提出的无效宣告请求不予受理。

（3）请求人不具备民事诉讼主体资格的。

（4）以授予专利权的外观设计与他人在申请日以前已经取得的合法权利相冲突为理由请求宣告外观设计专利权无效,但请求人不能证明是在先权利人或者利害关系人的。这里的利害关系人指有权根据相关法律规定就侵犯在先权利的纠纷向人民法院起诉或者请求相关行政管理部门处理的民事主体。

（5）专利权人针对其专利权提出无效宣告请求且请求宣告专利权全部无效所提交的证据不是公开出版物或者请求人不是共有专利权的所有专利权人。

（6）多个请求人共同提出一件无效宣告请求的,但属于所有专利权人针对其共有的专利权提出的除外。

（7）无效宣告理由不属于《专利法》及《专利法实施细则》明确规定的无效理由。

（8）在专利复审委员会就一项专利权已作出无效宣告请求审查决定后,又以同样的理由和证据提出无效宣告请求的,不予受理,但所述理由或者证据因时限等原因未被所述决定考虑的情形除外。

（9）以授予专利权的外观设计与他人在申请日以前已经取得的合法权利相冲突为理由请求宣告外观设计专利权无效,但是未提交证明权利冲突的证据的,不予受理。

（10）请求人未具体说明无效宣告理由的,或者提交有证据但未结合提交的所有证据具体说明无效宣告理由的,或者未指明每项理由所依据的证据的,其无效宣告请求不予受理。

对于无效宣告请求不予受理的,专利复审委员会应当发出不予受理通知书,通知请求人。请求人如对专利复审委员会不予受理的决定不服,可以依法向北京知识产权法院提起行政诉讼。

拓展贴士

2014年6月6日,习近平总书记主持召开中央全面深化改革领导小组第三次会议,审议通过《关于设立知识产权法院的方案》。2014年8月31日,第十二届全国人大常委会第十次会议通过《关于在北京、上海、广州设立知识产权法院的决定》。2014年11月6日北京知识产权法院正式挂牌成立。

北京知识产权法院审判办公楼坐落于北京市海淀区彰化路18号。集中管辖原由北京市各个中级人民法院管辖的知识产权民事和行政案件。北京知识产权法院是全国首家知识产权审判专业机构,突出主审法官、合议庭的主体地位。其中主审法官实行员额制,通过法官遴选委员会按照公平、公正、公开原则组织的考核选拔。

按照精简机构、优化效能的原则,在减少管理层级、提高管理效率的基础上,知识产权法院设立立案庭、审判第一庭、审判第二庭、审判第三庭、审判监督庭共5个审判庭,设立技术调查室和司法警察支队2个司法辅助机构,设立综合办公室1个综合行政机构。

立案庭负责对本院受理的各类案件进行审查立案。审判第一庭、审判第二庭、审判第三庭负责审理知识产权相关民事和行政案件。审判监督庭负责各类知识产权再审案件的审理。技术调查室负责对案件审理中涉及的技术问题协助调查、询问、分析、判断,为合议庭裁判案件提供技术意见。司法警察支队负责司法警察警务工作、警卫法庭、送达有关法律文书以及院内保卫等工作。综合办公室主要承担审判管理、综合调研、政治工作、纪检监察、后勤服务等日常保障职能。

经过形式审查,对专利权无效宣告请求符合有关规定的,专利复审委员会应当向请求人和专利权人发出无效宣告请求受理通知书。专利权无效宣告进入实质审查阶段。

(二) 视为专利权无效宣告请求未提出

具有下列情形之一,专利权无效宣告请求将被视为未提出:

(1) 无效宣告请求书未明确无效宣告请求的范围,专利复审委员会通知请求人在指定期限内补正,但指定期限届满,请求人未依法补正的,无效宣告请求视为未提出。

(2) 无效宣告请求书及其附件不符合规定格式,专利复审委员会通知请求人在指定期限内补正,但指定期限届满,请求人未补正或者在指定期限内补正但经两次补正后仍存在同样缺陷的,无效宣告请求视为未提出。

(3) 请求人自提出无效宣告请求之日起1个月内未缴纳或者未缴足无效宣告请求费的,其无效宣告请求视为未提出。

无效宣告请求视为未提出的,专利复审委员会应当发出无效宣告请求视为未提出通知书,通知请求人。

(三) 当事人答辩、专利申请文件的修改与证据补充

专利复审委员会在受理专利权无效宣告请求后,应当将专利权无效宣告请求书和有关文件的副本送交专利权人,要求其在指定的期限内陈述与答辩。对于专利权人适时提交的陈述与答辩意见,专利复审委员会应当及时转交给无效

宣告请求人。专利权人未在指定期限内提交书面陈述与答辩意见的,不影响专利复审委员会对无效宣告请求的受理与审理。

在专利复审委员会指定的陈述与答辩期间,专利权人为了确保自己的专利权不会被宣告全部无效,可以根据实际情况对其专利文件进行修改,放弃部分专利权的保护范围,但修改不得扩大原专利权保护的范围。发明或者实用新型专利权人不得修改专利说明书和附图;外观设计专利权人不得修改图片、照片和简要说明。

在专利复审委员会受理专利权无效宣告请求后,无效宣告请求人也可以在提出无效宣告之日起1个月内增加理由或者补充证据。逾期增加理由或者补充证据的,专利复审委员会可以不予考虑(《专利法实施细则》第67条)。

在案例3中,天成公司三次提交的专利权无效宣告请求均包含请求书与证据材料,在形式上,天成公司的三次申请完全符合独立的无效宣告请求的相关要求。尽管天成公司主张第二次与第三次申请是第一次申请的证据补充,且第二次与第三次提交的《专利权无效宣告请求书》是在第一次提交之日起1个月内提交,但因其相关申请文件中没有明确的意思表示,又没有相关证据佐证其主张,所以,专利复审委员会将天成公司的三次申请作为三项独立的专利权无效宣告请求来对待,并以第二次与第三次申请未缴纳请求费为由,作"视为未提出"处理,是符合我国法律规定的。

第二节 专利权无效宣告请求的审理

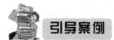

案例1:广东甲公司就名称为"一种按摩器结构",于2012年12月向国家知识产权局提出实用新型专利,并于2013年11月被授权公告。2017年8月,厦门乙公司向专利复审委员会提出宣告甲公司"一种按摩器结构"实用新型专利无效宣告的申请,并提供了证据1、证据2等证据材料。专利复审委员会经过审查,作出维持甲公司实用新型专利有效的决定。2018年2月,福建丙公司向专利复审委员会提出宣告甲公司"一种按摩器结构"实用新型专利无效宣告的申请,并提供了证据1、证据2、证据3等。专利复审委员会经过审查,结合公知常识与丙公司的证据材料,作出宣告甲公司实用新型专利无效的决定。专利复审委员会的决定是否相互矛盾?该案的审理是否违反"一事不再理"原则?

> **案例 2**：齐云山公司就名称为"南酸枣剥皮机"申请发明专利（涉案专利），并获得授权。2016 年 9 月 30 日，李某以涉案专利权利要求 1—6 不具备创造性为由向专利复审委员会提出了无效宣告请求，并提交相关证据 6 组。同年 10 月 28 日，李某向专利复审委员会提交了意见陈述书。李某在意见陈述书中将证据 1 的料斗 B、供给单元 C 分别对应涉案专利的料斗、导果槽。经过口头审理，专利复审委员会作出宣告齐云山公司专利无效的决定。在该决定书中，专利复审委员会将李某证据 1 的容器 1、排出槽 17 分别对应于涉案专利的料斗、导果槽。齐云山公司认为专利复审委员会的无效宣告决定，改变了李文胜的请求内容，也未给予齐云山公司陈述意见的机会，违反请求原则和听证原则。① 齐云山公司关于违反请求原则与听证原则的意见，是否合理合法？

一、专利权无效宣告请求的审理原则

为严格规范专利权无效宣告的审理，专利复审委员会在审理过程中，应当遵循以下基本原则：合法公正原则、请求原则、依职权审查原则、听证原则、公开原则、一事不再理原则等。

（一）合法、公正原则

在专利权无效宣告审查中，合法、公正原则包含两层含义：一是专利复审委员会的职责权限必须依据法律法规的规定，不享有法律规定以外的特权；专利权无效宣告的审查程序和审查决定必须有充分的实体法和程序法根据。二是专利复审委员会应坚持以事实为根据，以法律为准绳，独立地履行职责，不徇私情，全面、客观、科学地分析判断，作出公正的审查决定。

（二）请求原则与依职权审查原则

请求原则，是指专利权无效宣告程序应当基于请求人的请求而启动，基于请求人的请求撤回而终止。这也就是说，专利复审委员会通常仅针对当事人提交的无效宣告请求的范围、理由和提交的证据进行审查，不承担全面审查专利有效性的义务。

但是，因专利权是否有效，不仅与请求人或者专利权人利益攸关，也关涉着社会公共利益，因此，对于专利权无效宣告案件，在必要的时候，专利复审委员会

---

① 北京知识产权法院(2017)京 73 行初 6403 号行政判决书。

可以对专利权是否符合《专利法》有关规定的其他情形进行审查。[①] 这是专利复审委员会依职权审查原则的体现。依职权审查原则强调专利复审委员会可以依职权进行综合审查，而不受当事人请求的范围和提出的理由、证据的限制。

如果专利复审委员会认为根据已进行的审查工作能够作出宣告专利权无效或者部分无效的决定，即便请求人撤回请求，专利权无效宣告的审查将不终止。若在审查决定的结论已宣布或者书面决定已经发出之后，请求人撤回请求的，则专利复审委员会审查决定的有效性不受影响。

在案例2中，李某以涉案专利不具备创造性为由请求宣告涉案专利权无效，具体无效理由包括涉案专利权利要求1相对于证据1、2和公知常识的结合不具备创造性。专利复审委员会可以根据技术常识对请求人提交的证据与涉案专利技术方案进行比对并作出认定。所以，专利复审委员会对李某的无效理由和证据进行审查并作出决定，并未超出李某的请求范围，未违反请求原则。

（三）听证原则

根据听证原则，专利复审委员会在作出审查决定之前，应当给予审查决定对其不利的当事人针对审查决定所依据的理由、证据和认定的事实陈述意见的机会，即审查决定对其不利的当事人已经通过通知书、转送文件或者口头审理被告知过审查决定所依据的理由、证据和认定的事实，并且具有陈述意见的机会。在作出审查决定之前，在已经根据人民法院或者地方知识产权管理部门作出的生效的判决或者调解决定变更专利权人的情况下，应当给予变更后的当事人陈述意见的机会。

在案例2中，专利复审委员会将李某提交的无效宣告请求书、意见陈述书及证据均已经转送齐云山公司，并如期举行了口头审理。针对无效理由和证据，齐云山公司提交了意见陈述书，并在口头审理中充分阐述了自己的观点。故专利复审委员会根据自身技术常识作出无效宣告的决定，未违反听证原则。

（四）公开原则

除了根据国家法律、法规等规定需要保密的案件以外，专利权无效宣告案件的口头审理应当公开举行，审查决定应当公开出版发行。

（五）一事不再理原则

对已作出审查决定的无效宣告案件涉及的专利权，请求人以同样的理由和证据再次提出无效宣告请求的，专利复审委员会将不予受理和审理。如果再次提出的无效宣告请求的理由或者证据因时限等原因未被在先的无效宣告请求审查决定所考虑，则该请求不属于一事不再理原则的适用情形。在案例1中，专利

[①] 参见国务院法制办于2015年12月公布的《中华人民共和国专利法修订草案（送审稿）》第46条。这一《送审稿》代表着学术界部分学者的倾向性意见。

复审委员会的决定,并没有违反"一事不再理"原则,主要的理由就是:福建丙公司提出的部分证据材料未被在先的无效宣告审查决定所考虑。

(六) 当事人处置原则

请求人可以放弃全部或者部分无效宣告请求的范围、理由及证据。对于请求人放弃的无效宣告请求的范围、理由和证据,专利复审委员会通常不再审查。

在无效宣告程序中,当事人有权自行与对方和解。对于请求人和专利权人均向专利复审委员会表示有和解愿望的,专利复审委员会可以给予双方当事人一定的期限进行和解,并暂缓作出审查决定,直至任何一方当事人要求专利复审委员会作出审查决定,或者专利复审委员会指定的期限已届满。在无效宣告程序中,专利权人针对请求人提出的无效宣告请求主动缩小专利权保护范围且相应的修改文本已被专利复审委员会接受的,视为专利权人承认大于该保护范围的权利要求自始不符合《专利法》及《专利法实施细则》的有关规定,并且承认请求人对该权利要求的无效宣告请求,从而免去请求人对宣告该权利要求无效这一主张的举证责任。

(七) 保密原则

为了保证审查的客观公正,在作出审查决定之前,专利复审委员会负责审理的合议组成员不得私自将自己、其他合议组成员、负责审批的主任委员或者副主任委员对该案件的观点明示或者暗示给任何一方当事人。同时,合议组成员原则上不得与一方当事人会晤。

二、专利权无效宣告请求的合议审查

合议审查,指对于专利权无效宣告案件,由三人或五人组成的合议组负责具体的审查工作,并依法作出裁决的集体审理制度。这是专利权无效宣告审理最基本的组织形式,体现了审理的民主,也有利于保证审理决定的客观公正。

(一) 合议组的组成

根据专业分工、案源情况以及参加同一专利申请或者专利案件在先程序审查人员的情况,专利复审委员会按照规定的程序来确定或者变更无效宣告案件的合议组成员。一般而言,合议组由三人组成。其中,组长一人、主审员一人、参审员一人。对于在国内外有重大影响的案件、涉及重要疑难法律问题的案件、涉及重大经济利益的案件,原则上应组成五人合议组(即参审员调整为三人)进行审理。

对于专利复审委员会作出宣告专利权部分无效的审查决定以后,同一请求人针对该审查决定涉及的专利权以不同理由或者证据提出新的无效宣告请求的,作出原审查决定的主审员不再参加该无效宣告案件的审查工作。对于审查决定被人民法院的判决撤销后重新审查的案件,一般应当重新成立合议组。

（二）回避制度与从业禁止

为了防止审查人员因个人利益和亲属关系等因素对专利权无效宣告案件的审理产生不良影响,我国法律法规对审查人员在职务的履行和案件的审查等方面进行了一定的限制。《专利法实施细则》第 37 条规定:专利权无效宣告案件合议组成员有下列情形之一的,应当自行回避;当事人或者其他利害关系人可以要求其回避:

(1) 是当事人或者其代理人的近亲属的;
(2) 与专利申请或者专利权有利害关系的;
(3) 与当事人或者其代理人有其他关系,可能影响公正审查和审理的;
(4) 专利复审委员会成员曾参与原申请的审查的。

此外,国家知识产权局颁布的《专利审查指南》明确规定:专利复审委员会主任委员或者副主任委员任职期间,其近亲属不得代理专利权无效宣告案件;部门负责人任职期间,其近亲属不得代理其所在部门负责审理的专利权无效宣告案件。专利复审委员会主任委员或者副主任委员离职后 3 年内,其他人员离职后 2 年内,不得代理复审或者无效宣告案件。

（三）审查的范围

通常情况下,在专利权无效宣告程序中,专利复审委员会仅针对当事人提出的无效宣告请求的范围、理由和提交的证据进行审查,不承担全面审查专利有效性的义务。如果请求人在提出无效宣告请求时没有具体说明无效宣告理由及其证据,且在提出无效宣告请求之日起 1 个月内也未补充理由与证据的,专利复审委员会将不予考虑。

对于专利复审委员会作出宣告专利权部分无效的审查案件,如果当事人未在收到审查决定之日起 3 个月内向人民法院起诉或者人民法院生效判决维持专利复审委员会的审查决定,那么,针对该专利权的其他无效宣告请求的审查以专利权有效部分为审查基础,已经被宣告无效的部分将不再审查。

在特定情况下,基于公共利益考量,对于其受理的专利权无效宣告案件,专利复审委员会可以依职权进行综合审查,而不受当事人请求的范围和提出的理由、证据的限制。

这些特定情况,主要指以下情形:

(1) 请求人提出的无效宣告理由明显与其提交的证据不相对应的,专利复审委员会可以告知其有关法律规定的含义,允许其变更或者依职权变更为相对应的无效宣告理由。如,请求人提交的证据为专利新颖性欠缺,但其无效宣告的理由为被授予专利权的发明创造属于《专利法》不应授予专利权的对象。专利复审委员会可以依法进行解释说明,并允许请求人将无效宣告理由进行变更,或者依职权变更无效宣告的理由。

(2) 被授予专利权的发明创造明显不属于专利保护客体,但请求人未提及这一理由的,专利复审委员会可以引入相关的无效宣告理由进行审查。

(3) 如果请求人请求宣告权利要求之间存在引用关系的某些权利要求无效,而未以同样的理由请求宣告其他权利要求无效,不引入该无效宣告理由将会得出不合理的审查结论的,专利复审委员会可以依职权引入该无效宣告理由对其他权利要求进行审查。如,请求人以权利要求1不具备新颖性、从属权利要求2不具备创造性为由请求宣告专利权无效,如果专利复审委员会认定权利要求1具有新颖性,而从属权利要求2不具备创造性,则可以依职权对权利要求1的创造性进行审查。

(4) 请求人以权利要求之间存在引用关系的某些权利要求存在缺陷为由请求宣告其无效,而未指出其他权利要求也存在相同性质的缺陷,专利复审委员会可以引入与该缺陷相对应的无效宣告理由对其他权利要求进行审查。例如,请求人以权利要求1增加了技术特征而导致其不符合《专利法》第33条的规定为由请求宣告权利要求1无效,而未指出从属权利要求2也存在同样的缺陷,专利复审委员会可以引入《专利法》第33条的无效宣告理由对从属权利要求2进行审查。

(5) 专利复审委员会可以依职权认定技术手段是否为公知常识,并可以引入技术词典、技术手册、教科书等所属技术领域中的公知常识性证据。

(四) 无效宣告理由的增加

专利权无效宣告过程中,专利复审委员会允许请求人在提出无效宣告请求之日起1个月内增加无效宣告理由,但应当在该期限内对所增加的无效宣告理由进行具体说明;否则,专利复审委员会不予考虑。

如果请求人在提出无效宣告请求之日起1个月后增加无效宣告理由的,专利复审委员会一般不予考虑,但下列情形除外:

(1) 针对专利权人以合并方式修改的权利要求,在专利复审委员会指定期限内增加无效宣告理由,并在该期限内对所增加的无效宣告理由进行具体说明;

(2) 对明显与提交的证据不相对应的无效宣告理由进行变更的。

(五) 审查方式

专利权无效宣告案件,有书面审理和口头审理两种方式。

书面审理指专利复审委员会仅就请求人的请求书、专利权人的陈述意见及其他书面材料进行审理,不需要当事人出庭审理,而直接作出审查决定的一种审理方式。一般而言,书面审理主要适用于事实清楚、通过书面审查即能作出有效裁决的案件。

口头审理是根据《专利法》有关规定而设置的行政听证程序,其目的在于查清事实,给当事人当庭陈述意见的机会。

根据请求原则,有关当事人可以在无效宣告程序中向专利复审委员会提出

进行口头审理的请求,并且说明理由。请求应当以书面方式提出。通常情况下,具有以下事由,当事人请求口头审理的,都会被准许:

(1) 当事人一方要求同对方当面质证和辩论;
(2) 需要当面向合议组说明事实;
(3) 需要实物演示;
(4) 需要请出具过证言的证人出庭作证。

此外,合议组可以根据案情需要自行决定进行口头审理。由五人组成合议组审查的案件,在组成五人合议组之前没有进行过口头审理的,应当进行口头审理。必要时,已经进行过口头审理的案件,可以再次进行口头审理。

(六) 案件的合并审理

为了提高审查效率和减少当事人负担,专利复审委员会可以对案件合并审理。合并审理的情形通常包括:

(1) 针对一项专利权的多个无效宣告案件,尽可能合并口头审理。
(2) 针对不同专利权的无效宣告案件,部分或者全部当事人相同且案件事实相互关联的,专利复审委员会可以依据当事人书面请求或者自行决定合并口头审理。

但是,在证据方面,合并审理的各无效宣告案件不得相互组合使用。

三、专利权无效案件的独任审查

在现实生活中,有些专利权无效宣告案件事实清楚、证据充分,当事人之间对专利权的效力状态无实质性争议。对于这类案件,专利复审委员会可以决定采一人独任审查。

在性质上,独任审查是专利权无效宣告案件的一种组织形式,是合议审查程序的简化。独任审查的最大特点在于审查员仅一人,一人独任审查的目的,主要是为了节约审查资源,提高审查效率。

如果在独任审查过程中,审查员发现涉案的专利权无效宣告案件复杂,则审查程序应转化为合议审查。

四、专利权无效宣告请求的审查决定

(一) 审查决定的形成

除独任审查外,合议审查应由合议组依照少数服从多数的原则对无效宣告案件的审查所涉及的证据是否采信、事实是否认定以及理由是否成立等进行表决,并依法作出审查决定。

(二) 审查决定的内容

审查决定主要包括以下内容:(1) 审查决定的著录项目,包括决定号、决定

日、发明创造名称、国际分类号(或者外观设计分类号)、无效宣告请求人、专利权人、专利号、申请日、授权公告日等；(2)法律依据；(3)决定要点；(4)案由；(5)决定的理由；(6)结论。

对于涉及外观设计的审查决定,应当根据需要使用外观设计的图片或者照片作为审查决定的附图。

(三)无效宣告请求审查决定的类型

根据审查查明的事实,无效宣告请求审查决定分为三种类型：

1. 宣告专利权全部无效

请求人请求宣告专利权全部无效的理由成立,证据充分,则无效宣告请求的审查决定应当宣告涉案的专利权全部无效。

2. 宣告专利权部分无效

如果请求人针对一件发明或者实用新型专利的部分权利要求的无效宣告理由成立,针对其余权利要求的无效宣告理由不成立,则无效宣告请求审查决定应当宣告无效理由成立的部分权利要求无效,并且维持其余的权利要求有效。对于包含有若干个具有独立使用价值的产品的外观设计专利,如果请求人针对其中一部分产品的外观设计专利的无效宣告理由成立,针对其余产品的外观设计专利的无效宣告理由不成立,则无效宣告请求审查决定应当宣告无效理由成立的该部分产品外观设计专利无效,并且维持其余产品的外观设计专利有效。

3. 维持专利权有效

即请求人请求宣告专利权无效的理由不成立,无效宣告请求的审查决定应当宣告维持专利权有效。

一项专利权被宣告无效后,该专利权自始不存在。被宣告部分无效的,被宣告无效的部分视为自始不存在；但是被维持的部分(包括修改后的权利要求)也同时应视为自始即存在。

拓展贴士

专利权被宣告无效后,专利权无效状态溯及既往。这也就是说,专利权被宣告无效后,尚未履行和正在履行的专利许可实施合同和专利权转让合同立即停止履行；人民法院就专利侵权纠纷作出的判决、调解书(不包括裁定),以及专利行政管理部门作出的专利侵权处理决定立即停止执行。但是,为了保障交易秩序的稳定,专利权无效宣告的溯及力存在限制,即除非明显违反公平原则或者原专利权人存在明显的恶意,对在专利权无效宣告前人民法院作出并已经执行的专利侵权判决、裁定,已经履行或者强制执行的专利侵权纠纷处理决定,以及已经履行的专利实施许可合同和专利转让合同,专利权无效宣告不具有溯及力。明显违反公平原则,是指在专利权被无效宣告前,被许可人或者受让人已经依约支付了全部或者部分许可费或者转让费;在专利权被宣告无效后,如果专利权人不向被许可人或者受让人返还全部或者部分许可费或者转让费,将导致明显不公平的结果。这种情况下,专利权人应根据公平原则,返还部分或者全部的专利使用费或者转让费。如果专利权人存在明显的恶意,如专利权人明知其专利权将被宣告无效,仍然与他人签订许可合同或者转让合同或者提起侵权诉讼,以谋求非法利益,则在专利权被宣告无效后,专利权人应承担相应的赔偿责任。

(四)无效宣告请求审查决定的送达、登记和公告

无效宣告请求审查决定作出后,专利复审委员会应当将无效宣告请求审查决定送达双方当事人。对于涉及侵权案件的无效宣告请求,在无效宣告请求审理开始之前曾通知有关人民法院或者各地专利行政管理部门的,专利复审委员会在作出审查决定后,应当将审查决定和无效宣告审查结案通知书送达有关人民法院或者地方知识产权管理部门。

专利复审委员会作出宣告专利权无效(包括全部无效和部分无效)的审查决定后,当事人未在收到该审查决定之日起3个月内向人民法院起诉或者人民法院生效判决维持该审查决定的,审查决定应予以登记和公告。

五、专利权无效宣告审查程序的中止与终止

在专利权无效宣告审查过程中,如果有关专利行政管理部门或者人民法院受理专利权的权属纠纷,或者人民法院裁定对专利权采取财产保全措施时,专利复审委员会可以根据权属纠纷的当事人的请求或者人民法院的要求中止有关审查程序。原则上,中止期限不超过1年;中止期限届满,专利复审委员会将恢复有关审查程序。

在以下情形,专利权无效宣告审查程序终止:

(1) 请求人在专利复审委员会对无效宣告请求作出审查决定之前,撤回其无效宣告请求的,无效宣告程序终止,但专利复审委员会认为根据已进行的审查工作能够作出宣告专利权无效或者部分无效的决定的除外。

(2) 请求人未在指定的期限内答复口头审理通知书,并且不参加口头审理,其无效宣告请求被视为撤回,无效宣告程序终止,但专利复审委员会认为根据已进行的审查工作能够作出宣告专利权无效或者部分无效的决定的除外。

(3) 已受理的无效宣告请求因不符合受理条件而被驳回的,无效宣告程序终止。

(4) 在专利复审委员会对无效宣告请求作出审查决定之后,当事人在收到该审查决定之日起3个月内未向人民法院起诉,或者人民法院生效判决维持该审查决定的,无效宣告程序终止。

(5) 在专利复审委员会作出宣告专利权全部无效的审查决定后,当事人在收到该审查决定之日起3个月内未向人民法院起诉,或者人民法院生效判决维持该审查决定的,针对该专利权的所有其他无效宣告程序终止。

六、司法审查

在专利复审委员会作出审查决定后,当事人,包括专利权无效宣告请求人与专利权人,对专利复审委员会的审查决定不服,可以依法向司法机关提出司法审查,即向北京知识产权法院提起行政诉讼。①

在司法审查中,专利复审委员会作为被告,应对其无效宣告审查决定的合法性与适当性承担举证责任;原无效宣告程序中的另一方当事人作为该司法审查的第三人,可依法对相关事项进行说明。

法院在开庭审理过程中,主要就原无效宣告审查决定作为一项具体行政行为是否存在法律适用、事实认定和程序运用不当等问题进行审查;对于专利权人在司法审查过程中修改的权利要求书将不予考虑。经过开庭审理,法院作出维持或撤销无效宣告审查决定的判决。因司法审查实行两审终审制,因而,当事人或者专利复审委员会对一审判决不服,还可以在法定期限内向北京市高级人民法院上诉,由其作出终审判决。

如果生效的人民法院判决撤销专利复审委员会的审查决定,专利复审委员会应当在法定期限内重新作出审查决定。除非审查决定是因为程序违法被法院撤销,否则,专利复审委员会不得以相同的理由和证据作出与原决定相同的决定。

拓展贴士

根据我国现行法律法规规定,人民法院对专利复审委员会作出专利权无效宣告审查决定,只能作出维持或者撤销的裁判,而不能对专利权本身的有效性作出裁判。在专利复审委员会重新作出审查决定后,当事人不服,仍可以提起行政诉讼。这样可能导致某一专利权无效纠纷循环反复、难以终局的局面。这种"循环诉讼"往往耗费大量行政和司法资源,也使得某些当事人可能恶意缠诉。对

---

① 在2014年北京知识产权法院设立之前,第一审行政诉讼由北京市第一中级人民法院管辖;在北京知识产权法院设立之后,则改由北京知识产权法院管辖。

此,我国学者提出了许多颇具洞见的建议。其中,比较有代表性的建议是:由专利复审委员会对宣告专利权无效的请求进行审查并作出决定;对决定不服的,由一方当事人以对方当事人为被告提起民事诉讼,并由人民法院依法对专利权的效力状态作出终审裁判。

第三节 专利权无效宣告程序中的证据问题

引导案例

案例1:名称为"一种按摩器结构"的实用新型专利由威仪公司于2014年2月提出申请,并于2015年1月获得授权。该专利授权公告的权利要求有1—3三项。因存在市场竞争,蒙发公司对威仪公司实用新型专利所涉技术特征进行调查。在调查中,蒙发公司发现:于2011年5月8日公开的日本专利文献记载了一种按摩机,其公开的技术特征与威仪公司专利权利要求1所涉技术特征相同;于1999年12月27日公开的美国专利文献记载了一种按摩机,其公开的技术特征与威仪公司专利权利要求2、3的技术特征相同。此外,一本英文技术手册记载的技术方案,与威仪公司专利权利要求1、2所涉部分技术特征相同。在该案中,蒙发公司如果申请宣告威仪公司专利权无效,应如何提交证据材料?

案例2:一项获得授权公告的实用新型专利,记载发明人和专利权人均为刘某。针对该专利,甲公司向专利复审委员会提出无效宣告请求,同时提交若干份证据。这些证据证明刘某的专利不具有新颖性。在口头审理中,专利权人刘某对请求人提交的所有证据的真实性表示认可,并主动称其曾在乙公司工作,知悉乙公司在专利申请日之前已经销售过与涉案专利权利要求所要求保护的技术方案相同的产品。考虑到双方当事人的异常表现,专利复审委员会合议庭意识到该无效宣告案件可能另有隐情。经过进一步调查得知:专利权人刘某与乙公司就涉案专利的权属存在纠纷(即涉案专利是否属于职务发明),并处于诉讼审理阶段中;刘某是甲公司的实际控制人;甲公司与乙公司存在市场竞争关系。本案中,刘某自认的事实,能否作为确定涉案专利是否有效的依据?

证据是证明案件有关事实的依据,证据问题是专利权无效宣告程序的核心问题。在某种意义上,专利权无效宣告程序的所有活动都是围绕着证据的搜集、审查、认定与运用进行的。目前,专利权无效宣告程序的证据问题,主要的法律依据有:《民事诉讼法》《行政诉讼法》《最高人民法院关于民事诉讼证据的若干规定》《最高人民法院关于行政诉讼证据若干问题的规定》《最高人民法院关于适用〈中华人民共和国民事诉讼法〉若干问题的意见》以及国家知识产权局《专利审查指南》。

一、证明对象

证明对象,即指专利权无效宣告程序中当事人运用证据加以证明的、对案件有关事实的确定和案件的处理具有法律意义的事实。

一般而言,成为证明对象,需满足三个条件:第一,该事实对正确处理案件有法律意义;第二,双方当事人,即请求人与专利权人对该事实存在着争议;第三,该事实不属于法律上免予证明的事实。实践中,专利权无效宣告的理由,如,被授予专利权的发明创造是否具有新颖性、创造性、实用性,是否存在违反法律法规、社会公德或妨害公共利益的情形,是双方当事人争议的核心,也是最需证明的对象。

以下事实,通常无需证明:一是众所周知的事实。二是自然规律及定理。三是根据法律规定或者已知事实和日常生活经验法则,能推定出的另一事实。四是人民法院生效判决明确认定的事实、推定的事实以及公证证明的事实。当然,根据我国现行法律法规规定,人民法院生效判决、推定的事实以及公证证明的事实允许用相反的证据推翻,因此,如果当事人对上述事实存在争议时,人民法院生效判决明确认定的事实、推定的事实以及公证证明的事实则成为专利权无效宣告程序中的证明对象。五是自认的事实。自认的事实,是适格的当事人在有关诉讼文书中,或者言辞质证或辩论中,承认为真实的声明或者作出不予争执的表示。①《最高人民法院关于民事诉讼证据的若干规定》第8条和第72条分别规定:"诉讼过程中,一方当事人对另一方当事人陈述的案件事实明确表示承认的,另一方当事人无需举证……""一方当事人提出的证据,另一方当事人认可或者提出的相反证据不足以反驳的,人民法院可以确认其证明力……"《最高人民法院关于行政诉讼证据若干问题的规定》以及《专利审查指南》第四部分对自认的事实和证据都有类似规定。然而,基于社会基本伦理价值、基本人权保护以及国家利益、社会公共利益和他人的合法权益,对自认的事实的证明力方面需要作出

---

① 对于"自认"的界定,学术界颇有争议。有学者主张自认的重点在于对己方不利的事实,而有些学者则持更宽容的态度。参见张榕:《证据法》(第二版),厦门大学出版社2011年版,第150—154页。

限制。比如,在自认之前已经被证明为非真实的事实,身份诉讼案件,明显与真实情形不相符的自认,可能损害国家利益或社会公共利益或他人合法权益的自认等,都不产生直接的证明免证效力与约束力。在案例2中,专利权人刘某的自认,可能损害第三人乙公司的合法权益,故其自认的事实不能直接作为认定相关事实的依据;专利复审委员会应依照其他合法有效的证据来对涉案专利的有效性作出认定。

二、举证责任的分配

举证责任,又称证明责任,通常包含两重含义:一是指当事人在争议或者纠纷审查过程中,为了避免承担不利的法律风险而向审查机关提供证据的必要性;二是指庭审辩论结束后,当事人因主要事实没有得到证明,法律不认可该事实而承担的不利益。举证责任的分配,要解决的问题是:当争议事实处于真伪不明时,由谁提供证据证明并承担不利的法律后果。

根据辩论主义,"谁主张谁举证"是基本原则。根据这一要求,在专利权无效宣告程序中,请求人必须在自己处分权的范围内充分全面收集专利权无效所依据的事实的证据;否则,将承担不利的法律后果。当然,专利权人对反驳请求人无效宣告请求所依据的事实,也有责任提供证据加以证明。

如果某一待证事实的有关证据,双方均未提供,且应由谁提供存在争议时,专利复审委员会可以根据公平原则和诚实信用原则,综合当事人的举证能力以及待证事实发生的盖然性等因素来确定哪一方承担举证责任。

在"谁主张谁举证"原则下,专利复审委员会一般不主动调查收集审查案件需要的证据。对当事人及其代理人确因客观原因不能自行收集的证据,当事人可以在举证期限内提出的申请,请求专利复审委员会进行证据的调查与收集。专利复审委员会也可以根据案件审查的实际需要,自行决定调查收集有关证据。在调查收集证据的方式上,专利复审委员会可以实地调查收集有关证据,也可以委托地方专利行政管理部门或者其他有关职能部门调查收集有关证据。对于应当事人的申请而对证据进行调查收集的,所需费用原则上由提出申请的当事人承担;特殊情况下,由专利复审委员会承担。专利复审委员会自行决定调查收集证据的,所需费用由专利复审委员会承担。

三、证明标准

实践中,当事人提供的证据往往难以达到无懈可击的举证程度,都会存在或多或少的疑点。那么,当事人的举证应达到何种程度呢?这与证明标准有关。

证明标准,又称为证明程度或证明要求,是指运用证据证明案件事实所需要达到的程度。在诉讼中,证明标准实际上是判断承担证明责任的当事人所提供的证据是不是已经达到了证明待证事实程度的一种规则。① 根据案件诉讼性质不同,证明标准也有所区别。刑事诉讼通常适用"内心确信"或者"排除合理怀疑标准",即要求案件主要事实均有相应的证据证明,能够排除一切合理怀疑。② 适用这一标准,主要是基于公诉机关具有较强的举证能力考虑,也是为了保证嫌疑人的合法权益,以体现公权力在定罪量刑方面的谨慎态度。因民事诉讼争议的双方是平等的民事主体,而民事责任主要体现为补偿性,所以,民事诉讼的证明标准相对较低。比如,美国民事诉讼要求优势证据标准,也即有利证据达到51%,即可认定相关事实。行政诉讼证明标准介于刑事诉讼与民事诉讼之间,主要考虑到对行政机关行使行政权力的监督,保障行政相对人的合法权益,也要兼顾到行政效率以及行政诉讼效益的提高。③ 这一标准被概括为明显优势证明标准,即要求一方提供证据的证明力明显大于另一方提供证据的证明力。④

因专利权无效宣告程序的性质,类似于民事诉讼;无效宣告程序中请求人与专利权人具有平等的主体资格,而专利复审委员会处于类似仲裁者的地位,故在证明标准方面,适用优势证明标准即可。这也就是说,对于一方当事人提出的证据,另一方当事人认可或者提出的相反证据不足以反驳的,专利复审委员会可以确认其证明力。当然,考虑到专利权无效宣告请求的审查是一种具体行政行为,对审查结果不服的后置程序是行政诉讼,因此,在证明标准方面,还应适当参考行政诉讼的明显优势证明标准。所以,如果双方当事人对同一事实分别举出相反的证据,但都没有足够的依据否定对方证据的,专利复审委员会应当结合案件情况,判断一方提供证据的证明力是否明显大于另一方提供证据的证明力,并对证明力较大的证据予以确认。对于因证据的证明力无法判断导致争议事实难以认定的,专利复审委员会应当依据举证责任分配的规则作出判定。

四、举证期限与证据提交

举证期限,是当事人向审查机关履行提供证据责任的期间。在举证期限内,当事人应当向审查机关提交证据材料;在举证期限内不提交的,视为放弃举证权利。明确规定举证期限,其目的是为了达到庭前固定争议点、克服"证据随时提出"可能带来的弊端。

(一) 请求人举证

原则上,请求人在提出专利权无效宣告请求书时,即应提供与无效宣告请求

---

① 齐树洁主编:《民事诉讼法》(第八版),厦门大学出版社2014年版,第231页。
② 张榕:《证据法》(第二版),厦门大学出版社2011年版,第248页。
③ 同上书,第240—241页。
④ 郭晓立、张晓霞:《专利无效案中的证据认定和举证责任分配》,载《中国发明与专利》2011年第08期。

有关的证据材料。如果请求人未在提交无效宣告请求书时,一并提交相关证据,请求人还可以在提出无效宣告请求之日起 1 个月内补充证据,但应当在该期限内结合该证据具体说明相关的无效宣告理由,否则,专利复审委员会不予考虑。

请求人在提出无效宣告请求之日起 1 个月后补充证据的,专利复审委员会一般不予考虑,但下列情形除外:

(1) 针对专利权人以合并方式修改的权利要求或者提交的反证,请求人在专利复审委员会指定的期限内补充证据,并在该期限内结合该证据具体说明相关无效宣告理由的。

(2) 在口头审理辩论终结前提交技术词典、技术手册和教科书等所属技术领域中的公知常识性证据或者用于完善证据法定形式的公证文书、原件等证据,并在该期限内结合该证据具体说明相关无效宣告理由的。

请求人提交的证据是外文的,应当提交书面形式的中文译文;请求人提交其中文译文的期限适用该外文证据的举证期限。即正常情况下,请求人提交外文证据的中文译文,应在提出无效宣告请求之日起 1 个月内提交;但是,如果该外文证据材料属于除外情形所列明的证据材料,则提交该外文证据中文译文的时间可以不受 1 个月的期限限制。

(二) 专利权人举证

一般情况下,专利权人在专利权无效宣告程序中处于被动地位,因此,专利权人的举证期限,主要根据专利复审委员会的指定。在专利复审委员会指定的期限内,专利权人应当提交证据,但对于技术词典、技术手册和教科书等所属技术领域中的公知常识性证据或者用于完善证据法定形式的公证文书、原件等证据,可以在口头审理辩论终结前补充。

专利权人提交或者补充证据的,应当在上述期限内对提交或者补充的证据进行具体说明。专利权人提交或者补充证据不符合上述期限规定或者未在上述期限内对所提交或者补充的证据具体说明的,专利复审委员会不予考虑。

与请求人的举证期限相同的是:如果专利权人提交的证据是外文资料,提交其中文译文的期限适用该外文证据的举证期限。

(三) 延期举证

如果当事人有证据表明其确因无法克服的困难而难以在法定期限内提交专利权无效宣告的有关证据,当事人可以在上述期限内向专利复审委员会提出延期提交证据的书面申请。专利复审委员会将根据实际情况决定是否准许当事人延期举证。如果不允许延期举证可能导致明显的不公平,则专利复审委员会应当允许延期提交证据。

对于当事人逾期提交的证据,且未向专利复审委员会提交延期举证申请,专利复审委员会原则上不予考虑;在口头审理中,专利复审委员会将不组织质证。

但为了体现契约精神,尊重对方当事人权利,在口头审理环节,对方当事人同意对逾期提交的证据材料进行质证的,专利复审委员会原则上仍应组织质证。

(四)物证的提交

在必要时,当事人可以在专利权无效宣告程序中向专利复审委员会提交物证。如果提交物证,当事人应当在举证期限内提交足以反映该物证客观情况的照片和文字说明,具体说明依据该物证所要证明的事实。

如果当事人确有正当理由不能在举证期限内提交物证的,应当在举证期限内书面请求延期提交,但仍应当在举证期限内提交足以反映该物证客观情况的照片和文字说明,具体说明依据该物证所要证明的事实。对于经公证机关公证封存的物证,当事人可以在举证期限内仅提交公证文书而不提交该物证。

不论是何种原因而未在举证期限内提交物证,当事人最迟应当在口头审理辩论终结前提交该物证。

(五)外文证据的提交

当事人提交外文证据的,应当提交书面的中文译文。当事人未在举证期限内提交中文译文的,该外文证据视为未提交;当事人未以书面方式提交中文译文的,该中文译文视为未提交。所以,在案例 1 中,如果蒙发公司拟提出专利权无效宣告的申请,就必须提供相关日本、美国的专利文献以及英文技术手册的中文译文,否则,相关资料将不能作为证据使用。

当事人可以根据案件的实际情况,仅提交外文证据的部分中文译文。但是,该外文证据中没有提交中文译文的部分,不作为证据使用。如果专利复审委员会经审理后认为:当事人没有提交中文译文的部分,应当作为证据使用的,可以要求当事人补充提交该部分的中文译文。

如果一方当事人对对方提交的中文译文内容有异议的,应当在专利复审委员会指定的期限内对有异议的部分提交其认可的中文译文;没有在指定期限内提交中文译文的,视为无异议。当对中文译文内容出现异议时,双方当事人可以就异议部分的中文译文达成一致意见。双方当事人未能就异议部分达成一致意见的,专利复审委员会在必要时可以委托第三方进行翻译。双方当事人就委托第三方翻译达成协议的,专利复审委员会原则上应委托双方当事人认可的翻译单位进行全文、所使用部分或者有异议部分的翻译。双方当事人就委托翻译达不成协议的,专利复审委员会可以自行委托专业翻译单位进行翻译。委托翻译所需翻译费用由双方当事人各承担 50%;拒绝支付翻译费用的,视为其承认对方当事人提交的中文译文正确。

(六)域外证据及香港、澳门、台湾地区形成的证据的证明手续

域外证据是指在我国领域外形成的证据。因语言、法律、政治、文化等方面的差异,专利复审委员会往往难以对域外证据的真实性及其效力作出充分的知

悉与判断，因此，在专利权无效宣告程序中，当事人提交域外证据的，该域外证据原则上应当经所在国公证机关予以证明，并经我国驻该国使领馆予以认证，或者履行我国与该所在国订立的有关条约中规定的证明手续。否则，该域外证据，专利复审委员会可以不予考虑。

此外，考虑到我国香港、澳门、台湾地区的特殊情况，对于在我国香港、澳门和台湾地区形成的证据，当事人在提交给专利复审委员会时，也应当依法履行相应的证据手续。

但是，在以下三种情况下，对上述两类证据，当事人可以在无效宣告程序中不办理相关的证明手续：

（1）该证据是能够从除香港、澳门、台湾地区外的大陆公共渠道获得的，如从国家知识产权局专利局获得的国外专利文件，或者从公共图书馆获得的国外文献资料。

（2）有其他证据足以证明该证据真实性的。

（3）对方当事人认可该证据的真实性的。

五、证人出庭作证

证人证言是证人就其所感知的案件情况向审理机关所作的陈述。因证人证言对于查明案件事实具有重要作用，因而，在专利权无效宣告程序中，证人证言是被广泛运用的一种证据形式。根据我国《民事诉讼法》的规定，凡是知悉案件事实的人都有作证的义务。实践中，当事人往往会向专利复审委员会提供对自己有利的证人证言，而有意地回避对自己不利的证言内容。如果当事人仅仅提供证人的书面证言，证言内容的真伪往往难以被确切核查。这些因素都会影响证人证言的证明力。所以，一般情况下，证人应当出席口头审理作证，接受质询。未能出席口头审理作证的证人所出具的书面证言不能单独作为认定案件事实的依据，但证人确有困难不能出席口头审理作证的除外。证人确有困难不能出席口头审理作证的，专利复审委员会应根据其他证据综合判断其书面证言的证明力。

根据规定，在专利权无效宣告程序中，证人出庭作证需满足三个条件：一是当事人向专利复审委员会提交书面证言；二是当事人在口头审理通知书回执中明确写明证人的基本情况；三是当事人在举证期限内向专利复审委员会提出证人出庭作证的申请。专利权无效宣告的审查合议组可根据案件的具体情况决定是否准许证人出庭作证。

在出庭作证时，证人应当出示证明其身份的证件；应当如实陈述其亲历的具体事实；不得旁听案件的审理。询问证人时，其他证人不得在场，但需要证人对质的除外。合议组可以对证人进行提问。在双方当事人参加的口头审理中，双方当事人可以对证人进行交叉提问。证人应当对合议组提出的问题作出明确回答,对于当事人提出的与案件无关的问题可以不回答。证人根据其经历所作的判断、推测或者评论,不能作为认定案件事实的依据。专利复审委员会认定证人证言,可以通过对证人与案件的利害关系以及证人的智力状况、品德、知识、经验、法律意识和专业技能等的综合分析作出判断。

六、证据的质证和审核认定

(一) 证据的质证

质证是指在专利权无效宣告程序以及其他诉讼或仲裁活动中,一方当事人及其代理人对另一方出示的证据的合法性、与本案争议事实的关联性、真实性,是否有证明力,是否可以作为本案认定案件事实的根据,进行的说明、评价、质疑、辩驳、对质以及用其方法表明证据效力的活动及其过程。

质证的主要目的是:通过当事人的对抗式质证来帮助专利复审委员会确定证据的证明力,并查明案件的事实。为了保障证据的证明力,证据应当经过当事人质证;未经质证的证据,不能作为认定案件事实的依据。

(二) 证据的审核

证据的审核是指专利复审委员会对于当事人提交的证据应当逐一进行审查和对全部证据综合进行审查的活动;证据审核的目的是为了确定证据的合法性、关联性与真实性。

在实践中,专利复审委员会主要从以下方面审查证据的合法性:(1) 证据是否符合法定形式;(2) 证据的取得是否符合法律、法规的规定;(3) 是否有影响证据效力的其他违法情形。

专利复审委员会主要从以下六个方面审查证据的真实性:(1) 证据是否为原件、原物,复印件、复制品与原件、原物是否相符;(2) 提供证据的人与当事人是否有利害关系;(3) 发现证据时的客观环境;(4) 证据形成的原因和方式;(5) 证据的内容;(6) 影响证据真实性的其他因素。

(三) 证据的认可与承认

在无效宣告程序中,一方当事人明确认可另外一方当事人提交的证据或者陈述的案件事实,专利复审委员会应当予以确认。但其与事实明显不符,或者有损国家利益、社会公共利益,或者当事人反悔并有相反证据足以推翻的除外。对于上述事项,另一方当事人既未承认也未否认,经合议组充分说明并询问后,其仍不明确表示肯定或者否定的,视为对该项证据或者案件事实的承认。

当事人委托代理人参加无效宣告程序的,代理人的承认视为当事人的承认。但是,非特别授权的代理人对事实的承认将直接导致承认对方无效宣告请求的除外;当事人在场但对其代理人的承认不作否认表示的,视为当事人的承认。

进行口头审理的案件当事人在口头审理辩论终结前,没有进行口头审理的案件当事人在无效宣告决定作出前撤回承认并经对方当事人同意,或者有充分证据证明其承认行为是在受胁迫或者重大误解情况下作出且与事实不符的,专利复审委员会不予确认该承认的法律效力。

在无效宣告程序中,当事人为达成调解协议或者和解的目的作出妥协所涉及的对案件事实的认可,不得在其后的无效宣告程序中作为对其不利的证据。

(四) 公知常识

公知常识是国家知识产权局《专利审查指南》所确定的术语,通常是指公知的教科书或者工具书披露的解决特定技术问题的技术手段和本领域中解决特定技术问题的惯用手段。例如,要求保护的发明是一种用铝制造的建筑构件,其要解决的技术问题是减轻建筑构件的重量。一份对比文件公开了相同的建筑构件,同时说明建筑构件是轻质材料,但未提及使用铝材。而在建筑标准中,已明确指出铝作为一种轻质材料,可作为建筑构件。该要求保护的发明明显应用了铝材轻质的公知性质。据此,可以认定铝被作为轻质建筑构件材料属于公知常识。

在专利权无效宣告程序中,主张某技术手段是本领域公知常识的当事人,需要对其主张承担举证责任。当事人可以通过教科书或者技术词典、技术手册等工具书记载的技术内容来证明某项技术手段是本领域的公知常识。当事人未能举证证明或者未能充分说明该技术手段是本领域的公知常识,并且对方当事人不予认可的,专利复审委员会对该技术手段是本领域公知常识的主张不予支持。在案例1中,如果英文技术手册确实已经公开出版发行,其真实性能够得到确认,那么,其记载的技术方案就可以被认定为公知常识,并得以结合其他证据材料来认定涉案专利权的效力状态。

(五) 互联网证据的保全与公开时间

互联网证据是指用于证明某些事实之用,从不同互联网终端获取的信息载体。因互联网在信息收集、传递、处理与执行方面所具有的特别优势,互联网证据常常在专利权无效宣告程序中运用。与传统的证据类型相比,互联网证据的独特之处在于:具有时间不易认定、内容易被篡改的特性。这一特性往往使其证明力受到影响。

为了充分保障互联网证据的证明力,当事人在实践中往往需要对互联网证据进行保全。在广义上,证据保全包括公证保全与诉讼保全。公证保全是当事人向公证机关提出申请,由公证机关以公证形式对互联网证据进行固定和保护的方法。诉讼保全,是指当事人向司法机关或者其他有权机关提出申请,由司法机关或者其他有权机关对有可能灭失或者以后难以取得、对案件有证明意义的互联网证据进行固定和保护的方法。相对而言,公证保全的运用比较普遍。

尽管可以通过保全的方式来固定和保护证据,但在互联网证据中,最大的疑难问题是:如何确定互联网信息的公开时间。而互联网信息的公开时间又与被授予专利权的发明创造的新颖性判断直接关联。如果互联网信息在公开时,有标明其公开时间,则除非有相反的证据,在专利权无效宣告程序审查中可以以该时间作为其公开时间;如果互联网信息在公开时,没有标明其公开时间,则应综合考虑互联网的技术特征、信息的内容以及其他证据来判断其具体的公开时间。

(六)申请日后记载的使用公开或者口头公开

在判断专利新颖性时,申请日后(含申请日)形成的记载有使用公开或者口头公开内容的书证,或者其他形式的证据可以用来证明专利在申请日前使用公开或者口头公开。但是,在证据的证明力上,形成于专利公开前(含公开日)的证据的证明力一般强于形成于专利公开后的证据的证明力。

(七)技术内容和问题的咨询、鉴定

在专利权无效宣告程序中,专利复审委员会如果对于案件涉及的某些技术内容和问题难以确定时,可以根据需要邀请有关单位或者专家对此提供咨询性意见;必要时可以委托有关单位进行鉴定。对于咨询与鉴定的费用,专利复审委员会可以根据案件的具体情况来确定由相关当事人或者自行承担。

实务指引

案情回放

本专利由江苏旭田公司于 2011 年 7 月 25 日向国家知识产权局提出申请,于 2012 年 4 月 4 日被授权。2014 年 12 月 22 日宁波倍乐公司向专利复审委员会提出了无效宣告请求,其理由是本专利权利要求 1 不符合《专利法》第 22 条第 2 款、第 3 款、《专利法》第 26 条第 4 款等规定,请求宣告本专利权利要求全部无效,同时提交了证据 1、2、3。

专利复审委员会于 2014 年 12 月 22 日受理了上述无效宣告请求,并将上述材料转给了专利权人江苏旭田公司。

2015 年 1 月 16 日,宁波倍乐公司补充提交了无效宣告意见陈述书以及证据 4、5、6、7。

2015 年 6 月 4 日,专利复审委员会向江苏旭田公司及宁波倍乐公司发出了口头审理通知书,定于 2015 年 6 月 26 日举行口头审理,口头审理过程中,双方当事人均出席并对在案证据进行了质证。

经审查,专利复审委员会于 2015 年 7 月 28 日作出无效宣告的决定。决定书认为:权利要求 1 相对于证据 4、证据 5 和公知常识的结合不具备创造性,不符合《专利法》第 22 条第 3 款的规定。鉴于权利要求 1 相对于证据 4、5 和公知常识的结合不具备创造性而应被无效,故对于其他的无效宣告理由和证据结合方式不再予以评述。

司法审查及其裁判要旨

江苏旭田公司不服专利复审委员会作出的无效宣告决定,向北京知识产权法院提起行政诉讼。主要理由是:(1)专利复审委员会程序违法。即专利复审委员会并未将宁波倍乐公司于2015年1月16日补充提交的证据转送,导致其无法充分发表辩述意见。(2)宁波倍乐公司涉嫌侵权,其提起无效宣告具有恶意。

专利复审委员会则主张其于2015年2月11日已将上述证据通过中国邮政的邮件(快递单为xq27035853211号)向江苏旭田公司转送,并提交相应网上查询信息,该信息显示上述邮件于2015年2月14日妥投。宁波倍乐公司则称公司地址发生了变更,并未收到该邮件,但收到了专利复审委员会于2014年12月22日发文的无效宣告请求受理通知书,2015年6月4日发文的无效宣告请求口头审理通知书及2015年7月28日发文的无效宣告请求审查决定书。在口头审理中,江苏旭田公司也当庭签收了证据4—7。

北京知识产权法院认为:专利复审委员会"向江苏旭田公司转送了倍乐公司于2015年1月16日补充提交的证据"这一待证事实的存在具有高度可能性,予以确认。对于江苏旭田公司提出的专利复审委员会程序违法主张,不予采信。对于江苏旭田公司主张的宁波倍乐公司宣告本专利无效的目的不良一节,此并非本案审理范围,不予评述。综上,北京知识产权法院判决驳回江苏旭田公司的诉讼请求。

江苏旭田公司对一审判决提出上诉。北京市高级人民法院作出"驳回上诉,维持原判"的判决。[①]

司考链接

1. 甲公司开发了一种汽车节能环保技术,并依法获得了实用新型专利证书。乙公司拟与甲公司签订独占实施许可合同引进该技术,但在与甲公司协商谈判过程中,发现该技术在专利申请日前已经属于现有技术。乙公司的下列哪一做法不合法?( )

A. 在该专利技术基础上继续开发新技术

B. 诉请法院判决该专利无效

C. 请求专利复审委员会宣告该专利无效

D. 无偿使用该技术

---

① 北京市高级人民法院(2016)京行终3407号行政判决书。

答案: B

2. 黑土公司获得一种新型药品制造方法的发明专利权后,发现市场上有大量白云公司制造的该种新型药品出售,遂向法院起诉要求白云公司停止侵权并赔偿损失。依据《专利法》规定,下列哪一说法是错误的?（　　）

A. 所有基层法院均无该案管辖权

B. 黑土公司不应当承担被告的药品制造方法与专利方法相同的证明责任

C. 白云公司如能证明自己实施的技术属于现有技术,法院应告知白云公司另行提起专利无效宣告程序

D. 如侵犯专利权成立,即使没有证据确定损害赔偿数额,黑土公司仍可获得一万元以上100万元以下的赔偿额

答案: C

3. 甲公司获得一项智能手机显示屏的发明专利权后,将该技术以在中国大陆独占许可方式许可给乙公司实施。乙公司付完专利使用费并在销售含有该专利技术的手机过程中,发现丙公司正在当地电视台做广告宣传具有相同专利技术的手机,便立即通知甲公司起诉丙公司。法院受理该侵权纠纷后,丙公司在答辩期内请求宣告专利无效。下列哪些说法是错误的?（　　）

A. 乙公司获得的专利使用权是债权,在不通知甲公司的情况下不能直接起诉丙公司

B. 专利无效宣告前,丙公司侵犯了专利实施权中的销售权

C. 如专利无效,则专利实施许可合同无效,甲公司应返还专利使用费

D. 法院应中止专利侵权案件的审理

答案: ABCD

4. 甲、乙两公司各自独立发明了相同的节水型洗衣机。甲公司于2013年6月申请发明专利权,专利局于2014年12月公布其申请文件,并于2015年12月授予发明专利权。乙公司于2013年5月开始销售该种洗衣机。另查,本领域技术人员通过拆解分析该洗衣机,即可了解其节水的全部技术特征。丙公司于2014年12月看到甲公司的申请文件后,立即开始制造并销售相同的洗衣机。2016年1月,甲公司起诉乙、丙两公司侵犯其发明专利权。关于甲公司的诉请,下列哪些说法是正确的?（　　）

A. 如甲公司的专利有效,则丙公司于2014年12月至2015年11月使用甲公司的发明构成侵权

B. 如乙公司在答辩期内请求专利复审委员会宣告甲公司的专利权无效,则法院应中止诉讼

C. 乙公司如能证明自己在甲公司的专利申请日之前就已制造相同的洗衣机,且仅在原有制造能力范围内继续制造,则不构成侵权

D. 丙公司如能证明自己制造销售的洗衣机在技术上与乙公司于2013年5月开始销售的洗衣机完全相同,法院应认定丙公司的行为不侵权

答案: CD

推荐阅读

1. 关于法院审理专利行政案件的基本原则其他讨论,可参考程永顺:《专利纠纷与处理》,知识产权出版社2006年版,第17—22页。

2. 在实践中,新颖性的判断比较容易把握,但关于专利授权的"创造性",却带有较多的主观色彩。有关"创造性"判断标准的讨论,可参考李明德、黄晖、闫文军等:《欧盟知识产权法》,法律出版社2010年版,第339—350页。

第七章 专利权的实施与运用

要点提示

本章重点掌握的概念：1. 制造权；2. 销售权；3. 许诺销售权；4. 使用权；5. 进口权；6. 平行进口；7. 普通实施许可；8. 排他实施许可；9. 独占实施许可；10. 交叉实施许可；11. 专利权实施强制许可；12. 专利权推广应用

本章知识结构图

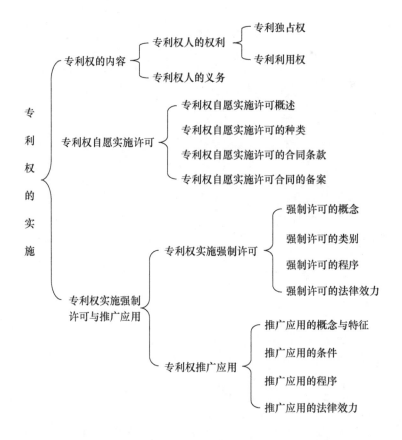

第一节 专利权的内容

引导案例

案例1:2018年6月6日,亦舒公司为"利用不饱和聚酯树脂生产卫浴产品的工艺方法"申请发明专利,并获得发明专利授权。2018年8月8日,建辉公司为"无扇叶风扇同步电机固定板(wslbj-009)"申请外观设计专利,并获得授权。亦舒公司与建辉公司均享有专利权,但它们的权利内容一样吗?裕美公司购得未经权利人许可而制造的专利产品(即利用亦舒公司专利方法制造的卫浴产品与建辉公司的外观设计专利产品)。裕美公司侵犯亦舒公司与建辉公司的专利权吗?

案例2:田某系"一种下水管返水装置"实用新型专利的权利人。经过检索,康家公司发现:田某自2016年起已经连续两年没有依照国家知识产权局专利局的要求缴纳专利年费。于是,康家公司未经田某的同意,利用专利授权公告的说明书等资料,自行生产与田某实用新型专利权利要求技术特征完全相同的产品,并进行全国销售。康家公司的生产销售行为合法吗?

作为专利法律关系的核心要素,专利权的内容,是指专利权法律关系中权利主体与义务主体之间形成的权利义务关系。在具象方面,专利权的内容可以表现为专利权人的权利与义务。

一、专利权人的权利

专利权人的权利是专利权人享有专利利益的表现形式。作为一种绝对权、支配权,专利权人的权利,包含绝对权、支配权所应具有的一般权项内容;作为一种相对特殊的绝对权、支配权,专利权人的权利包含着其特殊的权项内容。

从表现形态上,专利权的特殊的权项内容主要表现为专利独占权。专利独占权意味着专利权人可以独占地实施专利,以满足其利益需求;得依法排除他人的非法干涉,这是专利权人依法享有专利利益的直接实现途径。此外,专利权还包含专利利用权,主要表现为专利权人间接利用专利,并因此获得相应对价,是一种专利利益的间接享有途径。① 在某种意义上讲,专利独占权是专利利用权的逻辑前提,专利利用权是专利独占权的衍生与拓展。

(一)专利独占权

我国《专利法》第 11 条规定:"发明和实用新型专利权被授予后,除本法另有规定的以外,任何单位或者个人未经专利权人许可,都不得实施其专利,即不得为生产经营目的制造、使用、许诺销售、销售、进口其专利产品,或者使用其专利方法以及使用、许诺销售、销售、进口依照该专利方法直接获得的产品。外观设计专利权被授予后,任何单位或者个人未经专利权人许可,都不得实施其专利,即不得为生产经营目的制造、许诺销售、销售、进口其外观设计专利产品。"根据这一规定,发明与实用新型专利权人享有的独占权主要有制造权、使用权、许诺销售权、销售权和进口权;外观设计专利权人享有的独占权主要有制造权、许诺销售权、销售权和进口权。

1. 制造权

制造权,是指专利权人享有的控制专利产品再现的权利;未经专利权人的许可,他人以生产经营为目的制造专利产品的行为,将构成侵权。制造权的保护与专利产品的认定直接相关。在法理上,所谓专利产品是指包含了专利权利要求书中独立权利要求记载的全部技术特征的产品,并不必然与专利权人制造的产品相同或者相似。比如,某发明专利的权利要求书中独立权利要求记载的技术特征为 A 和 B。如果他人的产品包含了 A 和 B 技术特征,则该产品定然是专利产品;如果他人的产品包含了 A、B、C 或者其他更多的其他技术特征,该产品仍然是专利产品。②

因制造是使用、许诺销售、销售和进口专利产品的前提,使用、许诺销售、销售与进口专利产品仅仅是制造行为的延伸,因此,制造权是专利权人最核心的权项,也是专利权保护的关键。

拓展贴士

"生产经营目的"是专利权人独占权得以控制他人有关行为的核心要素,但何为"生产经营目的",我国法律并没有确切的定义。一般而言,非自用的、以商业为目的或者具有此种性质的行为,可以理解为"生产经营目的"。需注意的是:"生产经营目的"并不必然等同于"营利目的"或者"商业经营目的"。因为"生产

---

① 李明德主编:《知识产权法》,北京师范大学出版社 2011 年版,第 125 页。
② 王迁:《知识产权法教程》(第三版),中国人民大学出版社 2011 年版,第 313 页。

经营"并不一定"营利";"生产经营"可以包括商业经营,也可以包括公益事业的经营等。

2. 使用权

使用权是专利权人享有为生产经营目的使用专利产品或者专利方法的专有权利。使用权控制的是未经许可的使用行为。这也就是说,专利权人自己销售或者授权他人销售专利产品,那么,购买者购得该专利产品并进行使用,不构成侵权;未经专利权人许可,以生产经营目的使用专利产品或者专利方法的行为,构成专利侵权。

在专利法上,所谓使用,是指对专利产品或者专利方法进行利用,如用于产业制造或者经营中,使得专利的技术功能得以发挥的行为。比如,某公司将电脑芯片用于生产线的自动控制,但该芯片属于专利权人的专利产品,且其生产未获得专利权人的许可,那么,该公司的行为即属于专利法上的使用行为,受到专利权人使用权的控制与制约。如果他人的使用行为,并非以发挥专利产品或专利方法的技术功能,而仅仅是因为工作或者生活关系而间接接触到专利产品或者专利方法,则不构成专利法意义上的使用。比如,公共汽车的发动机属于专利产品,那么,乘客搭乘该公共汽车的行为,不属于专利法意义上的使用。

3. 许诺销售权

所谓许诺销售,是指以做广告、在商店橱窗中陈列或者在展销会上展出等方式作出销售商品的意思表示。① 许诺销售权是我国2001年修订《专利法》时根据世界贸易组织TRIPS协议第28条关于"offer for sale"的有关规定而增设的一项权能,其目的是使专利权人能够对其专利产品在商业交易的初始阶段进行有效控制,防止侵权的发生以及侵权产品的蔓延。② 专利法之后的修订均确认了专利权人的该项权能。③

从实践来看,许诺销售的方式多种多样,可以是口头或者书面形式的产品征订广告、产品介绍,也可以是与专利产品销售有关的其他行为。在法律上,许诺销售实际上包含了《合同法》中的"要约"与"要约邀请"。比如,某公司仅仅在橱

---

① 参见《最高人民法院关于审理专利纠纷案件适用法律问题的若干规定》(2015年修订)第24条,对许诺销售的界定为"以做广告、在商店橱窗中陈列或者在展销会上展出等方式作出销售商品的意思表示"。两者相比较,最大的变化就是2013年文本限定"专利产品",而2015年的文本限定为"商品"。"商品"意味着是以"销售营利"为目的,而"专利产品"却不一定包含"销售营利"的目的。此外,许诺销售对象为"商品",意味着不一定是"专利产品";只要与专利权有关联,即可涉及许诺销售权。

② 丁丽瑛主编:《知识产权法》,厦门大学出版社2007年版,第265页。

③ 有学者认为:使用"许诺销售"术语不是很妥适。主要理由是:"销售"及"许诺销售",本质上是一种合同过程,应依使用合同法上的相关术语,避免《专利法》与《民法典》在相关术语上的割裂状态。

窗展示专利产品,但并未标明具体价格,则其行为属于"要约邀请";如果有关意思表示的具体、确定,意思表示主体明确愿意受该意思表示的约束,则属于《合同法》上的要约。

需要明确的是:许诺销售权控制的是专利产品的准备行为,而非实际销售行为。如果发生实际销售,则属于销售权的控制范围。

4. 销售权

销售权,是指专利权人享有的独占地销售专利产品或者依照专利方法直接获得的产品的权利。与使用权控制范围相似的是,专利权人自己销售或者授权他人销售专利产品或者依照专利方法直接获得的产品,购买者就可以不经专利权人的许可而对这些产品进行转售。但是,如果专利产品或者依照专利方法直接获得的产品是未经许可而制造的,则首次销售该专利产品的人为专利侵权者;购买者不论是否知晓该专利产品是未经专利权人许可而制造的,其转售行为均构成侵权。

5. 进口权

进口权是指专利权人享有以生产经营为目的进口专利产品的专有权利。未经专利权人许可,以生产经营为目的,将专利产品从他国运输进入我国,构成侵权。

在逻辑上,赋予专利权人进口权,似乎并无必要。因为专利权人享有制造权、销售权、许诺销售权、使用权等独占权。这也就是说,即便他人从他国进口专利产品到我国,专利权人仍然可以通过销售权、许诺销售权、使用权来控制专利产品的流通与使用,以保障其专利利益。然而,如果不赋予专利权人进口权,专利权人就难以有效地将未经其许可的专利产品阻挡于国境之外;而这些专利产品进口后,一旦被分销,即便专利权人仍然可以通过销售权、许诺销售权、使用权来控制专利产品的流通与使用,但其维权成本将过大。专利权人享有进口权后,将能够有效地借助海关等执法力量,将未经其许可的专利产品阻挡在国境外,以最大限度地维护自身的专利利益。

颇有争议的是:专利权人的进口权能否有效阻止专利产品的平行进口?一些国家认为:既然专利权人已经许可专利产品的销售,并因此获得相应的利益,那么,专利权人就无权阻止该专利产品在各国之间的自由流通;这也有利于防止专利权人市场垄断。另一些国家认为:许多国家对专利权的保护并不充分,允许从这些国家进口专利产品会严重损害专利权人的利益。因各国观点难以有效协调,TRIPS 协议在规定进口权时,明确"本协议的任何规定均不得用于处理知识产权的权利用尽问题"。[①] 因此,根据 TRIPS 协议,各国立法可以自由决定是否允许专利产品的平行进口。我国《专利法》第 69 条第(1)项的规定:专利产品或

---

① 王迁:《知识产权法教程》(第三版),中国人民大学出版社 2011 年版,第 316 页。

者依照专利方法直接获得的产品,由专利权人或者经其许可的单位、个人售出后,使用、许诺销售、销售、进口该产品的,不视为侵犯专利权。根据这一规定,我国允许专利产品的平行进口。

拓展贴士

所谓"平行进口"是指进口商未经专利权人的许可,将由专利权人或经其同意在其他国家或地区投放市场的专利产品,向专利权人或独占被许可人所在国或地区进口的行为。产生"平行进口"的主要原因是:各国和各地区不同的经济发展水平、劳动力价格和政府管理措施造成同样的专利产品在不同国家或地区销售价格存在较大差异。比如,甲对某一专利药品在美国与中国均享有专利权保护,那么,在美国合法生产的专利药品的市场销售价格往往要高于在中国合法生产的专利药品。这种价格差,使得从中国将专利药品进口到美国进行销售成为有利可图。这种进口是否合法,便是"平行进口"所要解决的法律问题。

(二)专利利用权

作为一种间接享有专利利益的权项内容,专利权人的专利利用权主要有:转让权、许可权、质押权、标记权等。

1. 转让权

转让权是指专利权人享有依法将其专利权转让给他人的权利。根据我国《专利法》第10条的规定,专利权人若将其专利转让给他人,须以书面形式转让,并经国务院专利行政部门予以公告和登记;专利权的转让自登记之日起生效;如果将其专利转让给外国人,还必须经国务院有关主管部门审批。

值得注意的是:专利权人转让其享有的专利权,必须是全部转让,而不能将其权项进行分别转让。比如,专利权人不得将其制造权转让给甲,将其使用权转让给乙,将其销售权转让给丙。同时,专利权人转让其专利权也不能在一国的不同地区进行分别转让。[①] 当然,如果专利权处于"共有"状态,作为"共有"人之一,享有专利权"份额"的权利人可以将其"份额"进行转让,而其他"共有人"不转让。

2. 许可权

许可权是指专利权人享有许可他人实施其专利的权利。根据专利独占权,

[①] 张玉敏主编:《知识产权法学》(第二版),法律出版社2011年版,第236页。

专利权人可以自己实施其专利,也可以许可他人实施其专利。在实践中,如果专利权人具有市场扩张意识,且其自身具备实施专利的条件,专利权人往往会自己实施专利。但很多情况下,专利权人享有专利权,但并不具备实施专利的条件或者能力,专利权人往往就会寻求合适的实施主体,许可其实施专利,并以此获得经济报酬。

我国《专利法》第12条规定:"任何单位或者个人实施他人专利的,应当与专利权人订立实施许可合同,向专利权人支付专利使用费。被许可人无权允许合同规定以外的任何单位或者个人实施该专利。"根据这一规定,专利权人许可他人实施专利,应当签订书面的实施许可合同,但这种书面形式的要求,主要是起到证据固化的作用,不影响许可合同的效力。此外,与转让权不同的是,专利权人可以在一定期间、一定区域内以排他性或者非排他性的方式,许可他人实施其专利。换言之,许可的范围与方式,由专利权人自主决定,法律没有强制性规定。因在许可合同下,被许可人仅获得实施权,而非专利权,因此,除非许可合同有明确的约定,被许可人不得再次许可他人实施专利权人的专利。

3. 质押权

质押权是指专利权人有权将其拥有的专利权质押给债权人,以担保自己或者第三人债务的履行。专利权之所以得以设定质权,主要是基于专利权所蕴含的交换价值。

根据我国《民法典》第440条的规定:专利权人以专利权出质的,质权自办理出质登记时设立。在专利权出质期间,为了保障债权人的利益,除非获得债权人的同意,专利权人原则上不得转让其专利权,也不得许可他人实施其专利。在获得债权人同意的情况下,专利权人转让其专利权或者许可他人实施专利,其获得的转让费或者许可费应当提存或者提前清偿债务。此外,在专利权出质期间,专利权人应当承担维持专利权本身的一切费用;如果专利权人拒绝支付有关费用,债权人可以基于自身利益,代为支付有关费用,但相关的费用可以找专利权人追偿。

4. 标记权

标记权是指专利权人享有的在其专利产品或该产品包装上标明专利标记和专利号的权利。在标记过程中,专利权人可以采用中文标记,如"中国发明专利""中国实用新型专利",也可以采用附加其他文字、图形或者符号。

因标记专利有利于公示相关产品的专利权保护,促进消费者的认知与认可。所以,实践中,专利权人往往均会在自己的专利产品上表示专利,既为预防他人侵权,也为促进专利产品的推广与销售。因我国目前对专利权人标记专利没有统一的规范,一些专利权人可能会越过专利标记的必要限度,以不恰当的方式来误导消费者。如广东曾有一家公司在其外观设计专利产品(系茶叶的包装盒)上醒目标示"中国专利"。这种标示常常使消费者误以为该公司生产的茶叶具有某些特殊治疗功效。

目前,我国国家知识产权局采用的专利号是由"ZL 申请年号＋专利申请种类＋申请顺序号＋计算机校验位"组成(12 位数字加上一个小数点)。其中,"ZL"代表"专利";前 4 位数字表示申请年号;第 5 位数字表示申请种类(1 为发明专利申请,2 为实用新型专利申请,3 为外观设计专利申请,8 为进入中国国家阶段的 PCT 发明专利申请,9 为进入中国国家阶段的 PCT 实用新型专利申请);第 6 位至第 12 位为申请顺序号,表示受理专利申请的相对顺序;最后小数点的 1 位数为校验位。[①] 如专利号为 ZL 201320076842.0,即表示该专利是 2013 年申请的第 0076842 号实用新型专利,小数点之后的 0 为计算机校验位。

拓展贴士

学术界对专利权是否包含人身权利或者精神性权利存在争议。一种观点认为:专利权既包含财产性权利,也包含人身权利,即发明人、设计人的署名权。另一种观点认为:专利权只包括财产性权利,发明人、设计人的署名权不属于专利权内容。这是因为发明人、设计人不一定就是专利权人;不论专利权的主体如何变更,发明人、设计人的身份与资格不会受到影响。前一种观点为我国学术界早期的观点,第二种观点为目前的主流观点。

二、专利权人的义务

根据权利义务对应原理,专利权人在享有权利的同时,也承担相应的义务。根据我国《专利法》的规定,专利权人承担的主要义务有:依法缴纳专利年费、公开发明创造、积极推广专利等。

(一)依法缴纳专利年费

专利年费指专利权人依照《专利法》规定,自被授予专利权的当年开始,在专利权有效期内应逐年向专利局缴纳的费用。根据我国目前的规定,专利年费的数额采用累进方式,逐渐上涨。如果专利权人没有按照规定缴纳专利年费,依照我国《专利法》第 44 条的规定,专利权将在期限届满前终止。

作为维持专利权效力的一种手段,缴纳专利年费的主要目的,是以经济杠杆

---

① 该专利号形式为 2013 年 10 月之后采用。

的形式,促进发明创造的开发、应用与推广。比如,如果被授予专利权的发明创造具有广泛的市场竞争力,且专利权人能够积极开发、应用其专利,那么,专利权人就可以有丰厚的经济回报,缴纳专利年费就不会是一种负担。相反的是,如果被授予专利权的发明创造不具有市场竞争力,或者专利权人不能积极开发、应用其专利,那么,缴纳专利年费就是一种负担。这种负担可使得专利权人提前放弃专利权的保护,使得该技术提前归为公共领域,任何人都可以免费、自由使用,从而促进社会的进步。此外,专利年费还能用于专利行政管理机关的日常管理与服务费用,以提高管理与服务的质量与效率。

根据我国当前的规定,专利权人自其获得专利授权的当年开始缴纳年费。授予专利权当年的年费,应当在专利局发出的授予专利权通知书中指定的期限内缴纳,以后的年费应当在前一年度期满前 1 个月内预缴。专利权人未按时缴纳授予专利权当年以后的年费或者缴纳的数额不足的,专利权人自应当缴纳年费期满之日起最迟 6 个月内补缴,同时缴纳滞纳金。交费时间超过规定交费时间不足 1 个月的,不收滞纳金,超过规定缴费时间 1 个月的,每多超出 1 个月,加收当年全额年费的 5% 作为滞纳金,例如,缴费时超过规定缴费时间 3 个月,滞纳金金额为年费标准值乘以 15%。期限届满未缴纳的,自应当缴纳年费期满日起专利权终止。

(二) 公开发明创造

专利制度的基本逻辑是,以授予专利权的形式来换取权利人公开其发明创造。换言之,专利权的获得,需要以公开发明创造为代价。在这一意义上,公开发明创造,是专利权人获得专利权的前提,也是其最基本的义务之一。

在公开的方式上,我国目前主要要求公开请求书、说明书及其摘要、权利要求书、相关图片或者照片等专利申请文件;公开的程度上,要求清楚、完整,详细,不得隐瞒和保留,达到同一技术领域的一般工作人员能够根据相关文件,无需创造性贡献即可再现其发明创造。公开的方式以及公开的程度,不仅能够影响专利权的授权,也能够影响专利权效力状态的维续。比如,如果专利权人的公开不够充分,他人可以依此申请宣告专利权无效。

(三) 其他义务

除上述基本义务外,专利权人还根据不同的情况承担一些义务。比如,如果发明创造属于职务发明,用人单位承担着奖励发明人、设计人的义务。如果委托人因委托合同的约定而获得专利权,则委托人必须根据合同的约定,支付相关的报酬。

拓展贴士

实施专利是否是专利权人的一项义务,在理论上存在争议。国际上也有不同的立法。有些国家规定,专利权人必须实施其专利,否则,将撤销其专利。如我国 1984 年《专利法》曾有这样的规定。另外一些国家不要求专利权人实施其专利。这是因为:第一,专利权属于私权。专利权人是否实施其专利,应属于自我利益的判断问题,法律不宜武断强制。第二,是否实施专利,取决于很多因素,不完全处于专利权人的控制范围。过度强调实施专利的义务,不一定有利于技术的公开与创新。我国现行《专利法》并没有明确规定专利权人承担实施专利的义务。但是,专利权人不主动实施专利的,可能受到"强制许可"的制约。

第二节 专利权的自愿实施

引导案例

案例 1: 甲对技术方案 A 享有发明专利权。为了扩大与推广,甲与乙公司签订专利权排他实施许可合同。该许可协议明确约定许可的时间为 10 年,自 2018 年 1 月 1 日起至 2027 年 12 月 31 日止;许可的地域为北京市。在合同履行期间,丙公司见专利产品市场销售好,遂找甲协商,希望在全国范围内能够获得甲的独占实施许可授权,并表示愿意支付更高的许可使用费。甲能够就全国范围内的专利权独占实施许可权授权给丙公司吗?

案例 2: 一项名称为"一种计算机汉字输入专用键盘及其汉字输入方法"获得发明专利授权,专利号为 200711437018.4,专利权人为唐某。2017 年 12 月 2 日,晓军公司向法院起诉中科公司、京冲公司,诉称两被告销售的索恒汉语速记机,侵犯了其专利权。在举证期限内,晓军公司向法院提交了唐某于 2016 年 11 月 28 日出具的《专利独占实施许可证明书》,其内容为:"本人自 2016 年 3 月 25 日起,将专利号为 200711437018.4 专利权之独占实施许可权授予晓军公司。"该《专利独占实施许可证明书》

有唐某的签名。在开庭审理过程中,唐某并未出庭作证。对于该《专利独占实施许可证明书》的真实性、合法性,中科公司与京冲公司不予认可。理由是:专利独占实施许可合同应报有关机关备案,而晓军公司未履行备案手续。中科公司与京冲公司对《专利独占实施许可证明书》的质证与辩诉是否成立?

一、专利权自愿实施概述

作为一种私权,专利权包含独占实施权和专利利用权。专利权人享有专利权,意味着专利权人能够依照自己的意志,决定自己实施其专利,或者许可他人实施其专利。在这一意义上,专利权的自愿实施包含两个层面:专利权人自己实施专利与专利权人许可他人实施专利。

专利权人自己实施专利,是专利权人获得专利利益的直接途径。但基于专利权的特殊性,专利权人享有专利权,并不意味着其能够自由、充分地实施其专利。这是因为专利产品的生产以及专利方法的实施往往要受到其他法律、法规的制约。比如,新型杀虫剂或者消毒剂,可以因其符合专利授权条件而被授予专利权,但专利权人并不能仅仅依据专利权而自由地制造、销售这种新型杀虫剂或者消毒剂。这也就是说,专利权人享有专利权,是其自己实施其专利的前提,但专利的具体实施,仍需要办理相应的审批手续。此外,如果专利权人被授予专利权的发明创造属于改进后的发明创造,而被改进的发明创造仍处于专利权的保护期限内,则专利权人实施其专利,往往需要获得在先的专利权人的授权与许可。

实践中,专利权人往往不具备实施专利的具体条件与资质,因而,专利权人许可他人实施专利,成为其获得专利利益最主要的渠道。与将专利权转让给他人这一途径相比,专利实施许可的优点在于:专利权人得保留专利权,可以根据专利产品的市场运作情况,适时调整实施许可的费用标准,以此来获得更多的经济回报。而将专利权转让给他人后,专利权人只能获得一次的转让费;专利实施后,专利产品的市场化状况如何,与其无关,专利权人无法就此获得更多的经济回报。

在我国,职务发明专利权,或多或少都存在着价值创造与市场开发运用较低的问题。从立法目的来看,专利制度不仅要积极鼓励单位实施属于职务发明的专利权,也应创造条件积极鼓励发明人、设计人实施属于职务发明的专利权。基于单位与实际发明人、设计人之间的特殊法律关系考虑,对于属于职务发明的专利权的实施许可,应充分尊重双方当事人的贡献程度,并作出有别于其他实施许可协议的约定。所以,对于发明人、设计人申请自己实施或者许可给他人实施属于职务发明创造的专利权,应有法律保障。①

因专利权人自己如何实施专利,属于专利权人意志自由控制范围;而专利权实施许可,涉及专利权人以外的第三人,隐含着众多的法律规范与法律风险。因此,本节重点介绍专利权的实施许可。

二、专利权自愿实施许可的类别

专利实施许可,属于许可方与被许可方意思自治范畴,当事人可以根据双方合意达成不同的实施许可方式。从实践来看,专利权自愿实施许可的类型繁多,并没有绝对固定化的模式。在学理上,我们可以根据不同的标准,将这些不同的实施许可进行分类。

(一)普通实施许可、排他实施许可、独占实施许可与交叉实施许可

这是根据被许可方享有实施权的具体内容的不同而进行的分类。

所谓普通实施许可,是指专利权人许可被许可方在约定的时间、地域和范围内实施其专利,同时专利权人自己可以在该约定的时间、地域和范围内实施该专利以及许可被许可方以外的他人实施该专利的许可方式。在普通实施许可下,被许可方可以实施专利权人的专利,但无权排斥专利权人实施该专利,也无权禁止专利权人再次将该专利许可给第三方实施。普通实施许可的许可费往往比较低廉,但被许可方的市场竞争压力相对较大。

所谓排他实施许可,也可称为"独家实施许可"或"部分独占性许可",是指专利权人许可被许可方在约定的范围内独家实施其专利,而不再许可任何第三方在该范围内实施该专利,但专利权人仍保留自己在该范围内实施该专利的权利。与普通实施许可相比,排他实施许可的被许可方获得较高程度的排他性实施权,但许可费用一般要高于普通实施许可的许可费用。

独占实施许可,也称为"完全独占许可",是指被许可方在合同约定的时间、地域和范围内,独占性地享有专利的实施权,排斥包括专利权人在内的一切人实施该专利的许可方式。在这一许可方式下,被许可方获得与专利权人相似的法律地位;在出现专利权被侵犯的场合,如果专利权人不起诉维权,独占实施许可的被许可方可以单独提起侵权诉讼或者请求法院依法采取诉讼保全措施。在这一意义上,独占实施许可的法律效果与专利权的转让相似。但两者的差别主要

---

① 国务院法制办《中华人民共和国专利法修订草案(送审稿)》(2015)第81条规定:"国家设立的研究开发机构、高等院校自职务发明创造获得专利权之后,在不变更专利权属的前提下,发明人或者设计人可以与单位协商自行实施或者许可他人实施该专利,并按照协议享有相应的权益。"

在于:在独占实施许可下,专利权人仍保有专利权,只是不能自己实施或者再次许可他人实施;在专利权转让中,原专利权人丧失专利权。因独占实施许可所具有的高度排他性,其实施许可费用往往较高。

交叉实施许可,也称"相互许可",是指许可方和被许可方互相许可对方实施自己所拥有的专利技术而形成的实施许可。在交叉许可中,各方的许可权利可以是独占的,也可以是非独占的。因双方权利对等,一般不需支付许可使用费。从实践来看,交叉实施许可的达成,往往源于双方的专利权所涉发明创造具有从属性或者关联性。此外,专利权人为了达成"专利联盟"或者形成"专利池"效果,往往也会形成交叉实施许可。但因"专利联盟"或"专利池"有垄断嫌疑,故在此目的下进行的交叉实施许可,往往要受到反垄断法的规制。

在这些许可情形中,有些类型的许可是可以并存的,比如,在特定区域内实行排他实施许可,而在其他地区实施普通实施许可。有些实施许可则难以并存。比如,案例1中,专利权人实施普通许可给乙公司,若在相同区域相同期间内再独占许可给丙公司,就会造成两者之间的冲突。这种情况下,除非各方当事人协商一致,否则,专利权人甲公司可能需要承担相应的违约责任。在实践中,若相关的许可实施协议约定不明,也往往容易导致纠纷的发生。

(二)主许可与分许可

根据许可方是否为专利权人,可以将专利实施许可分为主许可和分许可。主许可是指专利权人自己颁发许可的实施许可;分许可是指由被许可人依照专利权人在主许可的授权基础上再向他人颁发实施许可的许可方式。在逻辑上,分许可从属于主许可。如果主许可中没有分许可的特别授权,被许可方不得进行分许可。

三、专利权自愿实施许可合同条款

作为专利权人实施其专利的一种途径,专利实施许可合同在知识产权贸易中相当常见。因合同内容属于当事人自由约定范围,专利权实施许可合同应包括哪些条款,并没有固定模式。但出于风险防范的考量,根据国际知识产权贸易惯例以及我国《民法典》等相关规定,专利实施许可合同一般应包含以下合同条款:

(一)当事人的名称或者姓名和住所

在专利实施许可合同中,首先需要明确双方当事人的主体状况。而这主体状况就是通过当事人的名称或者姓名和住所这一条款来明确。实践中,为了避免不必要的争议,当事人的名称或者姓名需要写规范的名称或者姓名,不写简称或者别称。在合同中明确当事人的住所,主要有两个层面的意义:一是通过住所来进一步确定当事人的主体情况;二是通过住所来确定合同的履行地、诉讼管辖地、涉外法律适用准据法、法律文书送达的地点等事宜。

（二）定义条款

定义条款是指在合同中对有关用语的含义和范围作出明确约定的条款。比如，在合同中明确"专利""产品""技术资料""实施条件""产品性能""销售额""净利润"等术语进行解释和说明，即属于定义条款。定义条款主要与专利实施许可往往涉及较多的专业术语有关，其目的在于避免当事人对有关用语产生歧义。

（三）实施许可的专利权以及实施许可的类别

在实施许可合同中，当事人必须明确实施许可所涉专利权的基本状况，如发明创造的名称、专利类别、授权日、有效期限等，为确定双方当事人实施许可的权利与义务提供谈判基础。在实施许可的类别中，当事人需要明确约定实施许可的时间、地点和范围以及实施许可的排他程度。明确实施许可的类别有利于避免当事人在合同履行过程中就实施许可的权利与义务发生争议。当然，当事人也可以不对实施许可的类别作出约定，而通过双方当事人的权利义务条款来确定。

（四）技术资料及其提交的期限、地点和方式

为保障被许可方能够实施有关专利，当事人应在合同中明确约定相关技术资料的交付的期限、地点和方式。从实践来看，技术资料往往包括实施专利所需要的专利技术、非专利技术秘密以及其他辅助技术资料。

（五）专利实施许可费的数额或者计算标准以及支付方式

专利实施许可合同为有偿合同。专利权人许可他人实施专利，其主要目的就是为了获得专利实施许可费。因而，在合同中明确约定专利实施许可费的数额或者计算标准，以及支付方式，有利于有效防止纠纷的发生。

（六）双方当事人的权利与义务

这一条款，主要是为明确双方当事人在合同中的权利与义务。从实务来看，当事人在这一条款中需要重点注意这些内容：专利权人的技术指导、服务和协助义务，专利权人维持专利的义务，被许可方的保密义务以及被许可方的告知义务。

确定专利权人的指导、服务与协助义务以及维持专利的义务，都是基于被许可方的利益。前者是为了保障被许可方能够充分实施专利；后者是为保障专利权的有效状态，防止专利权被提前终止而损害被许可方的利益。

明确被许可方的保密义务与告知义务，旨在于维护专利权人利益的最大化。保密义务主要是指被许可方在实施专利过程中知悉专利权人的有关技术秘密应当保密，不得泄露。告知义务主要是针对发生专利侵权，被许可方知悉而专利权人尚未知悉的情况。

(七) 权利担保与技术保证条款

这一条款主要是针对专利权人而设定的。权利担保,是指专利权人以及其他获得授权的许可方应当保证其所许可的专利权合法有效,不存在权利瑕疵,保证被许可方实施该专利权不受第三人的权利追索,保证许可的有效或者经过合法的授权。技术保证,指专利权人以及其他获得授权的许可方应当保证其所提供的专利技术完整、准确无误、有效实用,可以实现合同约定的技术目标或者产品品质、性能。基于技术担保条款,当事人往往需要进一步约定技术或者产品的验收方法和标准,以及验收不合格的处理方案。

(八) 后续改进的提供以及相关技术成果的分享

后续改进,是指在专利实施许可的有效期间内,许可方或者被许可方对作为合同标的的专利或者技术秘密所作出的革新与改良。[1] 不论是何方作出改进,这种改进都将会对双方当事人的权利与义务产生影响。因此,专利实施许可合同往往需要对这种改进的告知、提供以及分享问题作出明确约定。

(九) 违约责任

违约责任,指违反有效合同义务所需要承担的法律责任。在责任形式上,包括支付违约金、损害赔偿、继续履行等。作为民事责任的重要内容,违约责任的约定,主要是为了督促当事人正确履行合同义务,为非违约方的权利救济提供便利。在违约责任条款中,当事人可以明确约定违约金的数额、幅度,可以预先约定损害赔偿的计算方法,甚至是具体数额,可以约定继续履行与支付违约金、损害赔偿金的关联,可以设定免责条款来限制和免除可能的法律责任等。需要特别注意的是:为了便于法律适用,当事人最好对违约金的数额、计算方法以及支付作出明确约定。在实践中,当事人如果没有对违约金作出明确约定,而主张违约金责任,往往不会获得司法机关的支持。与损害赔偿责任的适用需要举证证明自己的损害状况相比,约定违约金的优越性在于:只要对方发生违约行为,当事人就可以径直依次主张违约金,而无需对自己的损害状况进行举证。

(十) 解决争议的解决方法

所谓争议的解决方法,是指将来在合同履行过程中,一旦发生纠纷,当事人应通过何种方式和途径来解决纠纷。按照合同自由原则,选择何种争议解决方法,属于当事人的意思自治范畴。在实践中,当事人在这一条款中主要约定以下内容:采用何种途径解决争议,如协商、调解、诉讼,抑或仲裁;如何选择适用的法律;如何确定诉讼管辖的司法机关等。

在程序上,协调与调解属于私力解决途径,一般无强制效果;诉讼与仲裁属于公力解决途径,具有强制执行的效果。诉讼实行二审终审,仲裁实行一裁终

---

[1] 丁丽瑛主编:《知识产权法》,厦门大学出版社2007年版,第274页。

局。诉讼重视公正与公平,但可能因此牺牲了效率;仲裁重视效率,但可能因此牺牲了公平公正。

适用何种法律以及如何确定诉讼管辖,一般都会直接影响当事人的权利和义务,因此,从风险防范的角度来看,当事人在专利实施许可,尤其是涉外的专利实施许可合同中应高度重视这些内容。

(十一)其他条款

这主要包括合同的生效、期限、变更、解除、终止、不可抗力、专利权被宣告无效的处理、专利权被侵权的处理以及当事人认为应当约定的其他条款。

四、专利权自愿实施许可合同的备案

专利实施许可合同备案,是指国家专利行政管理部门或者受其委托的部门对当事人已经缔结并生效的专利实施许可合同加以留存,并对外公示的行为。从行政管理的角度来看,专利实施许可合同的备案具有规范市场交易,促进专利实施的意义。但从双方当事人的角度来看,专利实施许可合同备案最核心的意义在于其证据作用。这也就是说,专利实施许可合同的备案,不影响实施许可合同的成立与生效;其主要作用在于用于证明某些事实。如,在实践中,如果实施许可合同双方当事人对合同文本产生争议时,已经备案的合同文本就可以被作为确定合同约定内容的依据。此外,我国《专利法》第65条规定侵犯专利权的赔偿数额时,明确规定在专利权人的损失以及侵权人获得的利益难以确定的情况下,可以参照该专利许可使用费的倍数合理确定。在有关侵权诉讼中,如果专利权人依照该条款,而根据未备案的专利实施许可合同中的许可费主张赔偿数额的,司法机关一般不会直接采信。但是,如果专利权人对该合同进行了备案,那么,依据该合同中的许可费来主张赔偿,往往会被司法机关直接采信。

根据国家知识产权局2011年颁布的《专利实施许可合同备案办法》,国家知识产权局负责全国专利实施许可合同的备案工作;专利实施许可的许可人应当是合法的专利权人或者其他权利人。申请备案的专利实施许可合同应当以书面形式订立。进行专利实施许可合同备案需要提交的文件主要有:许可合同备案申请表,专利实施许可合同原件,许可人与被许可人的合法身份证明,专利(申请)权有效证明以及其他需要提供的材料。

从实务上看,常见的不予备案的情形有:许可人不是合法专利权人或专利申请人或者其他权利人;专利权终止或专利申请被视为撤回;专利权处于年费滞纳期;专利(申请)权存在权属纠纷;实施许可期限超过专利权有效期限;同一专利实施许可合同进行重复备案;专利(申请)权处于中止或保全期间;专利权处于质押期间(质权人同意许可的除外)等。如果一份专利实施许可合同涉及多个专利权,则无需分别备案。这也就是说,当事人可以将合同涉及的多个专利信息填写在同一备案申请表中,并完成备案手续。

在案例 2 中,尽管备案不是实施独占许可的必备条件,但因缺乏备案程序,故晓军公司提供的证据"独占许可证明书"不能具有当然性证明效力;该证据在性质上类似于证人证言。因专利权人未出庭作证,而晓军公司又未提交其他辅助证据,故人民法院对该证据的效力可以不予采信。

第三节 专利权的强制许可与推广应用

案例 1:张某研制出一种带有转轴的千斤顶,并获得实用新型专利授权。这种千斤顶具有可以转动方向的特点,使用时可以将千斤顶所举起的重物任意旋转方向,便于检修人员对所举重物进行检修。甲工程安装公司在张某千斤顶的基础上又研制出一种千斤顶,并获得实用新型专利授权。该千斤顶同样带有转轴,但转轴上带有定位锁并装有万向球。这种设计使千斤顶的主轴杆既可以灵活转动,又可以按任意方向偏斜角度。如果把两个对称偏斜角度的千斤顶合在一起使用,并用锁将它们锁住,就相当于一辆起重吊车,可顺利地从地面直接吊起重物。为了使自己研制的千斤顶能够顺利生产与销售,甲工程安装公司找张某协商,要求实施其专利,并支付一定数额的使用费。但张某拒不同意。甲工程安装公司有何途径可以实施张某的专利?

案例 2:索拉公司对药物化合物 A 拥有专利权。该药物被用来治疗肾癌和肝癌,虽不能彻底治愈病人,但它的使用能延长肝癌和肾癌病人的生命。索拉公司于 2015 年在我国获得药物 A 的销售许可,并将药物 A 命名为"多吉",向市场推出。"多吉"在我国的生产与销售量保持在每月大约 200 人的剂量;但该药物数量仅满足了我国 2% 的肾癌和肝癌病人的需要。病人服用"多吉"1 个月的药费相当于我国当年城镇职工平均年收入的 3 倍。为进一步满足我国相关病人的治疗需求,尼菲公司开发了制造药物 A 所需的工艺,同时获得了药监部门生产仿制药的许可。尼菲公司向索拉公司请求给予自愿许可,但索拉公司拒绝给予许可。2017 年 12 月尼菲公司向我国国家知识产权局提出了强制许可申请。尼菲公司的强制许可申请能否获得准许?

一、专利权的强制许可

(一) 专利权强制许可的概念

专利权实施强制许可,是专利非自愿许可的一种模式,是指为了防止专利权人滥用专利权,阻碍技术进步和损害公共利益,由国家专利行政管理部门依照法定的条件和程序,以颁发专利实施强制许可令的方式,许可专利权人以外的其他人实施专利的一种许可方式。强制许可令的颁发,无需专利权人的同意,但需要向专利权人支付许可费。尽管在强制许可中,专利权人可以获得一定的经济回报,但通常情况下,强制许可是违背专利权人的意愿的。之所以设置强制许可,主要是基于公共利益考量,而在一定程度上牺牲专利权人的意志与利益。

在我国,专利权的强制许可,只针对发明和实用新型专利,不适用于外观设计专利。这主要与外观设计专利侧重于美观,无实质性的技术含量,可替代途径很多有关。区别于《著作权法》中的法定许可,专利权的强制许可需由符合条件的人提出强制许可的申请,并需经国家专利行政管理部门的审查和批准。在这一意义上,专利权的强制许可,属于行政行为范畴。

(二) 专利权实施强制许可的类别

不同国家,基于各自的公共政策考虑,专利权强制许可的类型及其适用条件有着重大差别。根据我国《专利法》第48—54条的规定,专利权的强制许可主要有以下情形:

1. 防止滥用的强制许可

《专利法》第48条规定,有下列情形之一的,国家专利行政管理部门根据具备实施条件的单位或者个人的申请,可以给予实施发明专利或者实用新型专利的强制许可:(1) 专利权人自专利权被授予之日起满3年,且自提出专利申请之日起满4年,无正当理由未实施或者未充分实施其专利的;(2) 专利权人行使专利权的行为被依法认定为垄断行为,为消除或者减少该行为对竞争产生的不利影响的。

第一种情形主要是针对专利权人未实施或者未充分实施其专利而设定的。国家授予发明创造人以专利权,其直接的目的是为激励人们进行更多的发明创造,但更深远的目的,主要是为鼓励发明创造的公开以及专利的实施,从而为社会带来利益与效益,促进社会的进步。如果专利权人一直未实施或者未充分实施,却不允许其他人实施,那么,社会就难以从该专利授权中获得直接的利益。因此,在这种情况下,法律就应当认定专利权人的此种行为构成权利的消极滥用,从而得以通过强制许可的方式,许可他人实施专利权人的专利。在实践中,依此情形申请强制许可的单位或者个人应当提供相关的证据材料。这证据材料主要有三个方面:第一,申请人具备实施专利的条件的证据,如厂房、设备、人员、资金等;第二,申请人其以合理的条件请求专利权人许可其实施专利,但未能在合理的时间内获得许可的证据;第三,专利权人未实施或者未充分实施的证据。国家专利行政管理部门根据申请人的申请以及相关证据材料来确定是否给予强制许可。

第二种情形主要是针对专利权人的专利垄断行为。垄断行为,主要是指专利权人与他人达成垄断协议或者滥用市场支配地位。如具有竞争关系的经营者达成协议,固定商品的价格或者限制商品的生产数量、销售数量,即属于垄断协议;具有市场支配地位的经营者以不公平的高价销售商品或者以不公平的低价购买商品等,即属于滥用市场支配地位的行为。关于专利权人垄断行为的认定,适用我国《反垄断法》的有关规定。因垄断行为危害市场公平竞争,损害经济运行效率,损害社会公共利益。因此,如果专利权人滥用专利权,构成垄断,那么,国家专利行政管理部门就应当根据具备条件的单位或者个人的申请,而给予实施发明或实用新型专利的强制许可,以消除专利权人的专利垄断所可能带来的消极影响。

我国《专利法》这一规定与 TRIPS 协议第 40(2)条的规定是相契合的。TRIPS 协议第 40(2)条明确规定:各成员国在其立法中可以明确规定在特定情况下可构成对知识产权的滥用并对相关市场中的竞争产生不利影响的许可或者条件,并可以按照该成员国的有关法律,采取适当的措施以防止或者控制此类活动。

2. 根据公共利益需要的强制许可

《专利法》第 49 条规定:在国家出现紧急状态或者非常情况时,或者为了公共利益的目的,国务院专利行政部门可以给予实施发明专利或者实用新型专利的强制许可。

哪些情形属于国家出现紧急状态或者非常情况,要根据具体情况来判断。一般而言,国家出现外敌入侵、恐怖袭击、内乱、重大自然灾害等危及国家安全或者严重影响人民生活的情况,都可认定为国家出现紧急状态或者非常情况。[①] 2001 年在多哈举行的世界贸易组织部长级会议上通过的《关于 TRIPS 协议与公共健康的宣言》也明确指出,公共健康危机,包括与艾滋病、结核病、疟疾等流行病有关的危机,构成国家紧急情况或者非常情况。为了公共利益的目的而给予的强制许可,主要针对国家并没有出现紧急状态或者非常情况,但该专利对于公共利益而言具有重要意义的情形。如,某发明专利对于消除环境污染具有重要价值,则国家专利行政管理部门可以基于消除环境污染之需要,而决定给予相

[①] 国家知识产权局于 2005 年颁布的《涉及公共健康问题的专利实施强制许可办法》明确规定传染病在我国的出现、流行导致公共健康危机的,属于《专利法》第 49 条所述的"国家紧急状态"。

关单位或者个人强制许可。

根据立法的精神,国家专利行政管理部门根据此条款之规定决定强制许可时,可直接指定具备实施条件的单位或者个人实施专利,而无需有关单位或者个人提出强制许可的申请。

3. 制造并出口专利药品的强制许可

《专利法》第 50 条规定:为了公共健康目的,对取得专利权的药品,国务院专利行政部门可以给予制造并将其出口到符合中华人民共和国参加的有关国际条约规定的国家或者地区的强制许可。

此种情形的强制许可,主要是基于国际人道主义以及公共健康之目的。比如,某个不发达国家暴发严重的瘟疫,但该国基于其薄弱的科技水平,没有能力自行研制或者生产能够抑制该瘟疫的药品。在这种情况下,如果我国被授予专利权的药品对于该瘟疫具有积极的治疗效果,且该国通过外交渠道向我国有关部门提出有关请求,则国家专利行政主管部门可以给予某些医药企业制造该专利药品的强制许可,并将产品出口到该不发达国家。

该条款是我国为适应 TRIPS 协议有关规则的变化而于 2008 年《专利法》修订时新增的条款。2003 年 8 月 30 日,世界贸易组织总理事会通过了《关于实施 TRIPS 协议与公共健康宣言第 6 段的决议》,允许其成员为解决缺乏制药能力或者能力不足的其他成员面临的公共健康问题而颁发强制许可,制造有关药品并将其出口到这些成员。这一决议使得传统意义的专利权实施强制许可只能主要用于供应国内市场需要的限制被突破。我国《专利法》明确规定这一条款,既有利于弘扬国际人道主义精神,树立我国良好的国际形象,在一定程度上也有利于增强我国制药企业的国际竞争力。

4. 为实施从属专利需要的强制许可

俗话说,创新总是站在前人的肩膀上。对于许多发明创造而言,这句话相当精当。在实务中,很多获得专利权的发明创造,属于"改进发明创造",即它们是在他人原有发明创造的基础之上进行改进,并因此获得新的发明创造成果。如果原有的发明创造已经获得专利授权,且仍处于专利权的保护期限内,则改进之后的发明创造在获得专利授权后,其实施就有赖于原有发明创造专利权人的许可。比如,甲发明了节能灯,乙在甲节能灯的基础上进行改进,并发明了新型节能灯。与甲的节能灯相比,乙的节能灯具有显著经济意义的重大技术进步。如果甲和乙对各自的发明均获得了专利授权,则乙的专利就属于甲专利的"从属专利",乙的专利权的实施就需要获得甲的许可。因甲、乙均生产节能灯,两者具有市场竞争关系。甲未必会同意乙实施甲的专利。在这种情况下,乙可以根据我国《专利法》第 51 条的规定,以其发明创造与甲的发明创造相比,具有显著经济意义的重大技术进步,且其实施又有赖于甲的发明发明创造为由,向国务院专利行政部门提出实施甲的发明创造的强制许可申请。为了平衡双方的利益,如果乙提出实施甲的专利的强制许可,则甲同样可以提出实施乙的专利的强制许可申请。

当然,为实施从属专利需要的强制许可中,有关当事人在提出申请时,必须提供证据证明其以合理的条件请求专利权人许可其实施专利,但未能在合理的时间内获得许可。

值得注意的是:根据《专利法》第 52 条、第 53 条的规定,如果强制许可涉及的发明创造为半导体技术的,其实施限于公共利益的目的和为消除专利权人的垄断行为的目的。除为消除专利权人的垄断行为以及基于制造并出口专利药品的强制许可外,专利权强制许可的实施应当主要为了供应国内市场。

(三) 专利权实施强制许可的程序

有关单位或者个人申请请求专利权实施的强制许可,应当向国家专利行政主管部门提出请求书,说明事实与理由,并附相关的证据材料。所有材料一式两份。国家专利行政主管部门在收到当事人的请求后,应当将强制许可请求书等材料的副本及时送交给专利权人。专利权人在收到相关材料后,应当在国家专利行政主管部门指定的期限内陈述意见;期限届满,专利权人未答复的,不影响国家专利行政主管部门作出强制许可的决定。

国家专利行政主管部门在作出专利权强制许可的决定后,应当及时通知申请人与专利权人,并予以登记和公告。因专利权的强制许可为有偿许可,因而,取得强制许可的单位或者个人应当及时与专利权人协商确定合理的许可费;经过协商,双方不能达成协议的,由国家专利行政管理部门裁决。当事人应当提出许可费的裁决请求,并附双方就许可费不能达成一致意见的证明文件。国家专利行政主管部门应当在收到请求书之日起 3 个月内作出裁决,并及时通知当事人。

国家专利行政主管部门作出的专利权强制许可决定,应当根据申请人申请强制许可的事实与理由,明确强制许可的时间和范围。当强制许可的理由消除,并不再发生时,专利权人可以依法向国家专利行政主管部门提出终止强制许可的申请。经过审查,终止强制许可的理由成立的,由国家专利行政主管部门作出终止专利权实施的强制许可,及时通知专利权人与被许可人,并予以登记和公告。

因专利权实施的强制许可的有关决定,在法律性质上,为具体行政行为,因而,专利权人对国家专利行政主管部门作出的强制许可决定不服,以及专利权人或者取得强制许可的单位或者个人,对国家专利行政主管部门作出的专利权实施强制许可的许可费的裁决不服,可以自收到有关通知之日起 3 个月内向人民法院提起行政诉讼。

(四) 专利权实施强制许可的效力

与自愿实施许可相比,强制许可的特殊性在于:专利权实施的许可无需专利权人的同意,而是由国家专利行政主管部门根据申请来审查决定。从专利权实施的角度来看,专利权实施的强制许可仍然属于生产经营性质。为适当保障专利权人的合法利益,专利权实施的强制许可主要发生以下法律效果:

第一,取得专利权实施强制许可的单位或者个人对专利权的实施,不享有独占权,并且无权许可他人实施。这也就是说,专利权实施强制许可后,专利权人仍然享有专利实施独占权和利用权;专利权人仍然可以与第三方就专利权的实施达成自愿许可协议;取得强制许可的被许可人只能自己实施专利,无权转让其享有的专利实施权,无权许可他人实施,也无权禁止第三方就专利权人的专利再次申请强制许可。

第二,取得专利权实施强制许可为有限许可。如前文所述,除因垄断以及基于制造并出口专利药品的强制许可外,专利权强制许可的实施应当主要为了供应国内市场。

第三,取得专利权实施强制许可的单位或者个人应当依照双方约定或者国家专利行政主管部门裁定的数额与支付方式向专利权人支付许可费。如果专利权实施的强制许可涉及外国的专利权人,则依照我国参加的有关国际条约的规定处理使用费问题。

二、专利权的推广应用

(一) 专利权的推广应用的概念与特征

我国《专利法》第 14 条规定:"国有企业事业单位的发明专利,对国家利益或者公共利益具有重大意义的,国务院有关主管部门和省、自治区、直辖市人民政府报经国务院批准,可以决定在批准的范围内推广应用,允许指定的单位实施,由实施单位按照国家规定向专利权人支付使用费。"该条规定明确了我国专利权的推广应用制度。

我国《专利法》之所以明确规定专利权的推广应用制度,主要是基于这一制度的重要意义。专利权的推广应用有利于促进专利的迅速推广,以实现其应有的社会与经济价值。比如,某项可改善环境的"减少汽车尾气"的发明专利,如果按照正常途径进行推广,那么,专利权人可能面临着市场拓展的问题,其他的生产企业也面临着信息搜索以及谈判的问题。在专利权推广应用制度下,以政府的行政手段,可以有效促进该技术的推广与实施,从而充分发挥该专利技术所蕴含的社会与经济价值。正如 TRIPS 协议第 7 条所指出的那样,知识产权的保护和执法应当有助于促进技术革新以及技术转让和传播,有助于技术知识的创造者和使用者的互利,并在一定程度上有助于社会和经济福利,以及有助于权利义务的平衡。此外,专利权的推广应用制度也在一定程度上有助于防止专利权人滥用专利权。

作为专利权非自愿实施的一种模式,专利权推广应用的主要特点是:

(1) 非自愿性。即专利权推广应用的实施并非基于专利权人的意志。只要符合特定条件,国家有关主管部门就可以依职权,准许他人实施专利权人的专利。当然,这里的特定条件需有法律法规的明确规定,一般是基于国家利益和社会公共利益的需要。

(2) 法律强制性与国家干预性并存。法律的强制性主要是指被推广应用的专利权的种类、推广应用的审批与实施程序需由法律法规的明确规定。同时,法律法规也赋予国家政府部门相应的自由裁量权,以决定何种专利符合推广应用以及在何种程度和哪些范围内进行推广应用。这都体现了专利权推广应用的法律强制性与国家干预性并存的制度特征。

(3) 专利权实施的有偿性。即在推广应用过程中,专利权的实施人,在取得相应的许可后,需向专利权人支付合理的使用费。具体的费用标准,一般按照国家的相关规定执行。

(4) 专利权实施的非独占性。在性质上,专利权的推广应用属非独占性许可。这也就是说,专利权人的专利被推广应用后,专利权人仍保留制造、使用、销售、许诺销售、进口该专利产品及许可他人实施该专利的权利。

(二) 专利权推广应用的条件

根据《专利法》第 14 条的规定,专利权的推广应用应具备以下条件:

(1) 推广应用的客体只限于发明专利,不包括实用新型专利和外观设计专利,且需对国家利益或公共利益具有重大意义。这主要与发明专利的特性有关。一般来说,发明专利是专利法所保护的三种客体中技术进步意义最大,技术难度最高,往往也是社会、经济价值最大的一种。这也就是说,在发明、实用新型和外观设计三种类型的专利中,通常只有发明专利才会对国家利益或公共利益具有重大意义,有必要对其推广实施。其实,我国在 1984 年颁布《专利法》时,得以适用推广应用的客体是包括实用新型专利的,甚至是包括外观设计专利,但自其颁布之后,我国推广应用实用新型或者外观设计专利的事例几乎没有发生过。基于这一考量,我国 2001 年修订《专利法》时,将推广应用的客适用体进行限缩,仅针对发明专利。

(2) 被推广应用所涉发明专利的权利主体,只限于国有企事业单位,不针对其他单位或者个人。这主要考虑到国有企事业单位的全部或者部分资产来自国家投资,国家可以对其专利权的实施享有一定的支配权。其实,我国《专利法》在 2008 年修订之前,是有针对集体所有制单位和个人的发明专利实施推广应用的规定,但在 2008 年修法时,删除了这一规定。删除这一规定,主要原因是这一规定没有实质性的意义。从实际情况来看,针对集体所有制单位和个人的发明专利实施推广应用的现象几乎没有;而且,如果这些单位或者个人的发明专利对国家利益或者公共利益具有重大意义,需要推广应用,完全可以通过强制许可的途径来解决相关问题。

(三) 专利权推广应用的程序

1. 专利推广应用的审批

对于符合专利推广应用条件的发明专利,由国务院有关主管部门与省、自治区、直辖市人民政府提出,并报国务院批准。报国务院审批的材料须包含被推广应用的发明专利的技术信息情况、专利权人、拟指定实施的单位、推广应用的时间与范围等内容。国务院根据报批材料等情况来决定是否同意对该专利进行推广应用。

在我国1984年颁布的《专利法》中,对于"全民所有制单位""持有"的"重要发明创造专利",由国务院有关主管部门和省、自治区、直辖市人民政府审批;对于"集体所有制单位"和"个人"的"专利",由国务院有关主管部门报国务院批准。2001年修订《专利法》时,将审批权限统一为国务院,以防止有关机关滥用行政权,损害专利权人利益,保障专利推广应用审批的谨慎。

2. 实施的主体以及推广的时间与范围

在专利推广应用中,具体由哪些主体在负责实施呢?我国《专利法》对此的限定是由有权行政主管部门指定的单位实施。这就是说,负责实施的主体由有关机关指定,且不包括个人。从广义上看,实施主体也应该将个体经营户与家庭承包经营户排除在外。至于实施单位需要具备哪些条件,我国目前并没有明确规定。一般认为,只要该单位具备实施有关发明专利的能力,如设备、资金、人员等条件,即可被指定推广实施。

获得实施授权的单位,应当在有权机关指定的时间和范围内进行推广应用。如果没有特别说明,实施单位可以制造、使用、许诺销售、销售和进口发明专利产品,或者使用专利方法以及使用、许诺销售、销售、进口依照该专利方法直接获得的产品。

3. 对决定不服的救济

如果专利权人对国务院该决定不服的,专利权人应如何救济呢?根据我国《行政复议法》的规定,对国务院有关主管部门或者省、自治区、直辖市人民政府作出的具体行政行为不服的,可以向作出决定的部门或者机关申请复议;对复议决定不服的,可以向国务院申请裁决,由国务院作出终局裁决。这似乎意味着,国务院作出专利推广应用的决定具有终局性。[①]

---

① 有学者对此有不同看法,参见李玉香:《专利推广应用研究》,载《知识产权》2011年第4期。

（四）专利权推广应用的法律效力

与专利权实施强制许可的法律效果相似，专利权推广应用决定作出后，即发生如下法律效果：

第一，被指定实施的单位获得了专利实施权，但这种实施权为有限许可，不具有独占性。即专利权人仍然享有专利实施独占权和利用权；取得强制许可的被许可人只能自己实施专利，无权转让其享有的专利实施权，无权许可他人实施。

第二，被指定实施的单位应当向专利权人支付使用费。与专利权实施强制许可不同的是，这里的使用费由授权机关决定，不存在专利权人与被许可实施的单位进行协商使用费的情形。当然，授权机关在决定使用费时，应综合考虑专利权人研究开发成本、发明专利推广应用所可能带来的经济效益与社会效益、实施该发明创造的规模和年限以及支付费用的方式和时间等因素。同时，授权机关在作出决定前，应该积极听取专利权人和实施单位的意见。

三、当然许可与默示许可

（一）专利当然许可

专利当然许可，是指专利权人自愿提出当然许可声明，许诺任何人皆可根据其声明的条件实施其专利，同时，该专利将获得年费减免、专利信息免费推送等优惠。[1]在专利当然许可中，专利权人的许可声明刊登在专利公报上，社会公众很容易查阅到，极大地方便了权利人与被许可人的信息对接，降低了专利实施许可的成本，对于加快专利的实施具有非常重要的意义。[2]

因我国对实用新型和外观设计专利申请的审查是形式审查，而非实质审查，被授予的实用新型和外观设计被宣告无效的可能性很大，其法律稳定性较差。所以，为了避免给被许可人造成不必要的纠纷，损害被许可人的权益与法律秩序，专利权人就其实用新型与外观设计专利实施当然许可时，许多国家均要求其必须提交专利权评价报告。

当然许可，在本质上，属于自愿许可。它是建立在专利权人的当然许可声明基础之上。缺失专利权人的当然许可声明，当然许可便失去其根据。若专利权人不希望继续实行当然许可，则可以申请撤回。撤回当然许可声明的，应当以书面方式提出，并进行公告。当然许可声明被撤回的，不影响在先给予的当然许可的效力。

---

[1] 黄玉烨、李建忠：《专利当然许可声明的性质探析——兼评〈专利法修订草案（送审稿）〉》，载《政法论丛》2017年第02期。

[2] 胡建新：《我国专利当然许可制度的构建》，载《知识产权》2016年第06期。

（二）专利默示许可

专利默示许可是一学理术语,在现行成文法中暂无对应概念。专利默示许可最早或源于美国联邦最高法院于 1927 年在 De Forest Radio Tel Co v. United States 案的判决。在该判决中,美国联邦最高法院法官阐明:以实现许可使用为目的,正式授权许可并非是唯一途径,专利权人无论采用语言还是行为,其实施的结果,只要能够让第三人感受或推定专利权人已经同意他人实施专利,或被认为已经许可他人实施专利,就构成实质意义上的许可。他人实施专利后,一旦被专利权人控告专利侵权,实施人就可以以专利默示许可提起抗辩。[1]

从发生原因上讲,专利默示许可包括基于产品销售、合同关系和其他交往关系产生的默示许可等形式。比如,专利权人销售了某种产品或产品部件,而该产品或产品部件只能用于实施专利权人的一项专利方法,或者只能用于组装为专利权人的一项专利产品,则在这种情况下,产品或者产品部件的购买人被认为获得了实施专利权人相应产品或者方法专利的默示许可。专利默示许可的理论基础,在英美法上主要基于其禁止反言理论,在大陆法上则是基于诚实信用原则。专利默示许可,在本质上,是专利权人和专利技术使用人之间的一种合同关系,是合同法上事实合同的一种表现形式。[2]

在我国,专利默示许可已经陆续出现在相关法律文件中。如北京市高级人民法院在 2013 年颁布的《专利侵权判定指南》中对专利默示许可作出了规定;国家知识产权局在 2016 年 5 月印发的《专利侵权行为认定指南(试行)》中亦明确将"基于产品销售产生的默示许可"列为不作为侵犯专利权的情形之一[3];2015 年 12 月《专利法修订草案(送审稿)》就标准必要专利的默示许可作出了规定[4]。

实务指引

案情回放

2013 年 11 月,胡某与华泰公司签订了《注射用三磷酸腺苷二钠氯化镁专利授权使用协议》。双方约定:(1) 胡某于 2014 年 1 月 1 日起至专利有效期止将其拥有的专利授权给华泰公司有偿使用。华泰公司无论是否生产该专利产品,

---

[1] 李文江:《我国专利默示许可制度探析——兼论〈专利法〉修订草案(送审稿)第 85 条》,载《知识产权》2015 年第 12 期。
[2] 杨德桥:《合同视角下的专利默示许可研究——以美中两国的司法实践为考察对象》,载《北方法学》2017 年第 01 期。
[3] 参见朱雪忠、李闯豪:《我国专利默示许可制度构建》,载《科技进步与对策》2018 年第 03 期。
[4] 国务院法制办《专利法修订草案(送审稿)》第 85 条规定:"参与国家标准制定的专利权人在标准制定过程中不披露其拥有的标准必要专利的,视为其许可该标准的实施者使用其专利技术。许可使用费由双方协商;双方不能达成协议的,可以请求国务院专利行政部门裁决。当事人对裁决不服的,可以自收到通知之日起 15 日内向人民法院起诉。"

均须支付授权使用费每年人民币 1400 万元,华泰公司支付胡某费用总计人民币壹亿伍仟肆百万元。(2)授权使用费支付方式及时间:自 2014 年起每年 6 月 30 日之前足额支付人民币 700 万元至胡某账户,每年 12 月 31 日之前足额支付人民币 700 万元至胡某账户。(3)华泰公司必须在合同规定期限内支付相应款项,每逾期壹日按应支付款项的 5‰ 支付资金使用费,如未按时足额支付的时间超出 60 天的,胡某可以要求华泰公司一次性支付总款项人民币 1.54 亿元未付的余款,华泰公司应当在乙方提出一次性支付要求的 10 日内将余款付清,每逾期壹日按应支付款项的 5‰ 支付资金使用费。(4)以上约定款项为华泰公司支付给胡某的净款项,华泰公司承担开票税额。

合同签订后,华泰公司分别于 2014 年 7 月、2015 年 1 月、2015 年 7 月、2016 年 1 月共计支付给胡某 2352 万元,同期,华泰公司向蓬莱市地方税务局代缴了胡某应缴的个人所得税 448 万元。

胡某因每年未足额收到 1400 万元,遂诉至法院,起诉华泰公司违约。

华泰公司辩称:因专利授权使用费产生的个人所得税应由胡某承担;华泰公司已经足额支付专利使用费,不构成违约。

判决要旨

经过审理,一审法院认为:尽管我国税收管理方面的法律法规对于各种税收的征收均明确规定了纳税义务人,但并未禁止纳税义务人与合同相对人约定由合同相对人或第三人缴纳税款。缔约当事人书面约定因交易产生的应纳税款由纳税义务人的合同相对人承担,实质是交易成本的分配,并未因此导致纳税主体的转移,亦未导致国家税收的减少。故涉案协议约定"华泰公司承担开票税额"系双方真实意思表示,不违反法律、法规的强制性规定,应为合法有效。华泰公司理应依约全面履行合同义务,即由华泰公司承担本次交易所产生的包括个人所得税在内的税款,其每年应支付给胡某的 1400 万元专利授权使用费为税后净款项。故华泰公司提出的其已全额支付胡某专利授权使用费的主张不能成立。

综上,一审法院判决:华泰公司于判决生效之日起 10 日内支付胡某专利授权使用费 448 万元;华泰公司于判决生效之日起 10 日内支付胡某截至 2016 年 5 月 25 日的资金使用费 1238689.4 元,并以未支付专利授权使用费为基数按年利率 24% 标准支付此后资金使用费至专利授权使用费清偿之日止。

华泰公司不服一审判决,提出上诉。山东省高级人民法院经过审理,作出维持原判的判决。[①]

---

① 山东省高级人民法院(2017)鲁民终 1257 号民事判决书。

司考链接

1. 甲公司 2000 年获得一项外观设计专利。乙公司未经甲公司许可,以生产经营为目的制造该专利产品。丙公司未经甲公司许可以生产经营为目的所为的下列行为,哪一项构成侵犯该专利的行为?(   )

   A. 使用乙公司制造的该专利产品

   B. 销售乙公司制造的该专利产品

   C. 许诺销售乙公司制造的该专利产品

   D. 使用甲公司制造的该专利产品

   答案:B

2. 甲公司研制开发出一项汽车刹车装置的专利技术,委托乙公司生产该刹车装置的专用零部件。乙公司在生产过程中擅自将该种零部件出售给丙公司,致使丙公司很快也开发出同种刹车装置并投入生产。下列哪种说法是错误的?(   )

   A. 乙公司的行为构成违约行为

   B. 丙公司侵犯了甲公司的专利权

   C. 在甲公司提起的专利侵权诉讼中,丙公司应为被告,乙公司应列为第三人

   D. 该案只能由特定的中级人民法院管辖

   答案:C

3. 甲公司于 2004 年 5 月 10 日申请一项汽车轮胎的实用新型的专利,2007 年 6 月 1 日获得专利权,2008 年 5 月 10 日与乙公司签订一份专利独占实施许可合同。下列哪些选项是正确的?

   A. 该合同属于技术转让合同

   B. 该合同的有效期不得超过 10 年

   C. 乙公司不得许可第三人实施该专利技术

   D. 乙公司经甲公司授权可以自己的名义起诉侵犯该专利技术的人

   答案:A C

4. 甲公司于 2000 年 5 月 10 日申请一项饮料配方的发明,2004 年 6 月 1 日获得专利权,2006 年 5 月 11 日与乙公司签订一份专利独占实施许可合同。下列哪些选项是正确的?

   A. 该合同属于技术转让合同

   B. 该合同的有效期不得超过 14 年

   C. 乙公司不得许可第三人实施该专利技术

   D. 乙公司可以起诉侵犯该专利技术的人

答案：ABCD

5. 甲公司与乙公司签订一份专利实施许可合同，约定乙公司在专利有效期限内独占实施甲公司的专利技术，并特别约定乙公司不得擅自改进该专利技术。后乙公司根据消费者的反馈意见，在未经甲公司许可的情形下对专利技术做了改进，并对改进技术采取了保密措施。下列哪一说法是正确的？

A. 甲公司有权自己实施该专利技术
B. 甲公司无权要求分享改进技术
C. 乙公司改进技术侵犯了甲公司的专利权
D. 乙公司改进技术属于违约行为

答案：B

6. 甲拥有一节能热水器的发明专利权，乙对此加以改进后获得重大技术进步，并取得新的专利权，但是专利之实施有赖于甲的专利之实施，双方又未能达成实施许可协议。在此情形下，下述哪些说法是正确的？（   ）

A. 甲可以申请实施乙之专利的强制许可
B. 乙可以申请实施甲之专利的强制许可
C. 乙在取得实施强制许可后，无需给付甲使用费
D. 任何一方在取得实施强制许可后即享有独占的实施权

答案：AB

7. 中国甲公司的一项发明在中国和 A 国均获得了专利权。中国的乙公司与甲公司签订了中国地域内的专利独占实施合同。A 国的丙公司与甲公司签订了在 A 国地域内的专利普通实施合同并制造专利产品，A 国的丁公司与乙公司签订了在 A 国地域内的专利普通实施合同并制造专利产品。中国的戊公司、庚公司分别从丙公司和丁公司进口这些产品到中国使用。下列哪些说法是正确的？（   ）

A. 甲公司应向乙公司承担违约责任
B. 乙公司应向甲公司承担违约责任
C. 戊公司的行为侵犯了乙公司的专利独占实施权
D. 庚公司的行为侵犯了甲公司的专利权

答案：BD

8. W 研究所设计了一种高性能发动机，在我国和《巴黎公约》成员国 L 国均获得了发明专利权，并分别给予甲公司在我国、乙公司在 L 国的独占实施许可。下列哪一行为在我国构成对该专利的侵权？

A. 在 L 国购买由乙公司制造销售的该发动机，进口至我国销售
B. 在我国购买由甲公司制造销售的该发动机，将发动机改进性能后销售
C. 在我国未经甲公司许可制造该发动机，用于各种新型汽车的碰撞实验，

以测试车身的防撞性能

D. 在 L 国未经乙公司许可制造该发动机,安装在 L 国客运公司汽车上,该客车曾临时通过我国境内

答案:C

推荐阅读

1. "生产经营目的"的认定,是专利权人得以依专利权禁止他们实施专利的关键要素。关于"生产经营目的"的讨论,可以参考王迁:《知识产权法教程》(第二版),中国人民大学出版社2011年版,第313页。

2. 许诺销售权的概念,在学术上存在争议。有关许诺销售权的讨论,可以参考王迁:《知识产权法教程》(第二版),中国人民大学出版社2011年版,第314—315页。

3. 专利权的内容是否包含人身权利,学界众说纷纭。有关专利权的内容是否包含人身权利阐述,可以参考张玉敏主编:《知识产权法学》(第二版),法律出版社2011年版,第236页。

4. 关于专利权人是否负有积极实施其专利的义务,可以参考黄勤南主编:《知识产权法学》(第二版),中国政法大学出版社2011年版,第243页。

第八章 专利侵权与救济

要点提示

本章重点掌握概念：1. 专利侵权行为的构成；2. 专利权合理使用；3. 专利权穷竭；4. 专利侵权行为的救济途径；5. 专利侵权行为的法律责任。

本章知识结构图

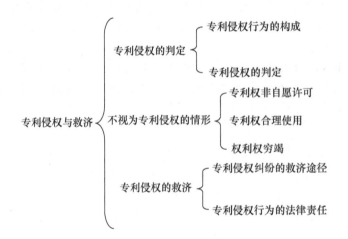

第一节 专利侵权的判定

付某于 2013 年 6 月 4 日取得名称为"家用电炉"的实用新型专利权，该专利的独立权利要求内容为："一种家用电炉，其特征在于：脚箱的中上部设有炉盘架，下炉盘固定在下炉盘架上；脚箱的上部设有下桶，下桶的上部与网桶的下盖板连接；下盖板的中部有下盖板圆孔，与玻璃罩的

下凸缘吻合,靠盖压板将玻璃罩与网桶固定;网桶的上盖板中上部设有上护盘架,上护盘与上护盘架固定;炉面板的下面设有上桶,上桶的下面与网桶的上盖板连接。"某炉具有限责任公司按照付某的授权利用上述专利技术生产"富巨"牌炉具,2015年11月,付某和炉具公司起诉某电器有限责任公司生产销售的"一均"牌炉具侵犯其专利权。被告辩称其实施的是第三人宋某授权的"红外线直热式电热取暖炉"专利。一审认为,付某和宋某各自的实用新型专利技术特征互不覆盖与从属,故付某的实用新型专利与宋某的实用新型专利不存在权利冲突,一审法院判决驳回付某和炉具有限公司的诉讼请求。

国家知识产权局于2016年印发的《专利侵权行为认定指南(试行)》中指出,判断被控侵权人是否具有侵犯专利权的行为,可以遵循以下步骤:(1) 被控侵权人是否存在实施他人专利的行为;(2) 被控侵权人实施他人专利的行为是否在专利授权之后且在专利权保护期内;(3) 被控侵权人是否经专利权人许可,是否不以生产经营为目的以及是否被《专利法》明确规定为不侵犯专利权。《专利侵权行为认定指南(试行)》所归纳的认定步骤在司法实践应用较为普遍。

一、专利侵权行为的构成

从司法审判的角度而言,判断是否构成专利侵权应当满足以下条件:

(一) 专利权合法有效

认定专利侵权首先需要确认主张保护的客体是符合《专利法》要求的有效专利权。

(二) 存在实施专利的行为

我国《专利法》第11条规定:发明和实用新型专利被授权后,除本法另有规定的以外,任何单位或者个人未经专利权人许可,都不得实施其专利,即不得为生产经营目的制造、使用、许诺销售、销售、进口其专利产品,或者使用其专利方法以及使用、许诺销售、销售、进口依照该专利方法直接获得的产品。外观设计专利被授予后,任何单位或者个人未经专利权人许可,都不得实施其专利,即不得为生产经营目的制造、许诺销售、销售、进口其外观设计专利产品。具体而言,侵犯专利独占实施权的行为包括以下几种形式:

1. 制造专利产品的行为

"制造专利产品"是指通过机械或者手工方式作出的具有权利要求所记载的全部特征的产品。在批量制造这种产品的情况下,通常称为生产。具体来讲,未经专利权人许可制造专利产品的行为可以分为三种类型：一是制造者明知其制造的产品是受到一项专利保护的产品，但仍然进行制造行为，这是故意侵权行为。二是制造者对自己行为的后果应当预见或能够预见而未做预见，或者虽有预见却轻信其不会发生，这是过失侵权行为。例如，在授予专利权以后，制造者在没有阅读专利说明书的情况下独立地开发并制造与专利产品相同的产品。三是既非故意，也非过失但是仍会受到一定限制的制造行为，例如，在某项产品申请了发明专利但尚未公布的时间期间内，他人独立地制造了相同的产品，在专利申请公开之后，他就不能自由地继续其制造行为。总之，不论制造者的主观意愿如何，也不论制造者是否实际知晓专利权的存在，不经专利权人同意而制造专利产品都会构成侵犯专利权的行为。从这种意义上讲，《专利法》对专利产品的制造提供了全方位的保护。在实施产品专利的几种行为中，《专利法》对制造行为所提供的保护最为严格。其原因在于，制造是使产生侵权产品的最主要途径，也是其他侵权行为产生的根源。若要防范其他侵权行为的发生，必须正本而清源。

2. 进口专利产品的行为

专利权人的进口权是指专利权人在专利有效期内依法享有禁止他人未经许可或授权，以生产经营为目的进口专利产品的权利。① 我国1984年《专利法》没有赋予专利权人以进口权，1992年修改《专利法》时，为了与《巴黎公约》以及TRIPS协议规定相一致，增加了专利权人进口权的内容。他人未经许可进口专利产品的行为构成侵犯专利权。

3. 许诺销售专利产品的行为

"许诺销售专利产品"是指明确表示愿意出售具有权利要求所述技术特征的产品的行为。他人未经许可许诺销售有专利权的产品就有可能构成侵犯专利权。

4. 销售、使用专利产品的行为

"销售专利产品"即把具有权利要求所述技术特征的产品有偿转让的行为。美国联邦上诉法院与1979年的一个判决中列举了销售的若干种定义。② 欧洲专利法大多没有采用"销售专利产品"的说法，而是用如"投入市场"等用语。③

"使用专利产品"是指使用具有专利要求所述技术特征的产品。一种产品可以有一种或者多种用途，无论是利用它的哪一种用途，也不论是反复使用还是偶尔使用，一旦是为了生产经营目的，都应当获得专利权人的许可。按照我国《专利法》，未经许可实施他人专利方法的行为也可能构成专利侵权行为，但除了未

---

① 谭启平：《专利制度研究》，法律出版社2005年版，第176页。
② Ecodyne Crop. v. Croll-Reynolda Engineering Co, 45 uspq 2d 1979.
③ Amiran Benyamini, Pantent Infringement in the European Community, ⅡC Studies Vol. 13 (1983).

经许可使用他人专利方法的侵权形态外,有关专利方法的其他侵权形态与侵害专利产品类似。①

依照《专利法》的规定,获得专利权人明示或者默示许可的使用专利权的行为不构成专利侵权,只有未经专利权人许可的行为才可能构成专利侵权。

非因生产经营目的行为使用专利权的行为不构成专利侵权,主要体现在为科学实验使用专利以及为了个人兴趣或者爱好使用专利的情形。《专利法》对此明确规定,任何单位或者个人未经专利权人许可,不得为生产经营目的制造、使用、许诺销售、销售、进口其专利产品,或者使用其专利方法以及使用、许诺销售、销售、进口依照该专利方法直接获得的产品。

二、专利侵权的判定

(一)发明与实用新型专利的侵权判定

1. 发明与实用新型专利的保护范围

根据《专利法》第 59 条第 1 款的规定:"发明或者实用新型专利权的保护范围以其权利要求的内容为准,说明书及附图可以用于解释权利要求的内容。"由该条规定可知,权利要求书是确定发明与实用新型专利保护范围的法律文件,说明书与附图对于明确权利保护范围具有一定辅助作用。

2. 从属权利要求的保护范围

在专利申请的过程中,一项权利要求记载的技术特征越少,表达这项技术特征采用的技术术语越抽象,该权利要求的保护范围越大;反之,如果技术特征越多,属性越具体,保护范围越小。权利要求书可以包括独立权利要求和从属权利要求。独立权利要求应当从整体上反应发明或者实用新型的技术方案,记载解决技术问题的必要技术特征。从属权利要求应当使用附加的技术特征,对引用的权利要求做进一步限定。对于从属权利要求而言,确定其保护范围不仅包括其引用的权利要求的全部技术特征,还包括其记载的附加技术特征。由此可知,独立权利要求确定的保护范围最大,从属权利要求所确定的保护范围必然落入其引用的权利要求所确定的保护范围之内。由于独立权利要求所确定的保护范围大于从属权利要求所确定的保护范围,因此侵犯一项从属权利要求必然意味着侵犯它所从属的独立权利要求。

《最高人民法院关于审理侵犯专利权纠纷案件应用法律若干问题的解释》(法释[2009]21 号)第 1 条第 1 款规定,人民法院应当根据权利人主张的权利要求,依据《专利法》第 59 条第 1 款的规定确定专利权的保护范围。权利人在一审法庭辩论终结前变更其主张的权利要求的,人民法院应当准许。权利人在

---

① 安雪梅:《专利侵权行为研究》,知识产权出版社 2009 年版,第 236—239 页。

侵权诉讼中,为了便于法院认定侵权成立,可以主张从属权利要求确定专利权保护范围。

3. 发明与实用新型专利的侵权判定原则

(1) 全面覆盖原则。

所谓全面覆盖原则,是指侵权物的技术特征与专利的技术特征相比,其专利权要求保护的全部必要技术特征均被侵权物的技术特征所覆盖,在这种情况下侵权成立。

如果侵权物的技术特征除了专利的必要技术特征之外,还包含其他的技术特征,不影响侵权的成立。如果侵权物的技术特征与专利相比,虽然二者的技术特征有所区别,但是侵权物与专利技术不同的技术特征不属于实质上的差别,仍然构成专利侵权。

(2) 等同原则。

所谓等同原则,是指侵权产品的技术特征同专利权利要求中记载的必要技术特征相比,表面上看有一个或者若干个技术特征不相同,但实质上是用相同的方式或者相同的技术手段,替换了专利技术方案中的一个或者若干个必要技术特征,使侵权物产生了与专利技术实质上相同的效果。对于该情况,应当认为侵权产品并未脱离专利技术的保护范围,仍然应当认定构成侵犯专利权。

《最高人民法院关于审理专利纠纷案件适用法律问题的若干规定》第17条规定:"专利法第59条第1款所称的'发明或者实用新型专利权的保护范围以其权利要求的内容为准,说明书及附图可以用于解释权利要求的内容',是指专利权的保护范围应当以权利要求记载的全部技术特征所确定的范围为准,也包括与该技术特征相等同的特征所确定的范围。等同特征,是指与所记载技术特征以基本相同的手段,实现基本相同的功能,达到基本相同的效果,并且本领域的普通技术人员在被诉侵权行为时无需经过创造性劳动就能够联想到的特征。"

关于"等同原则"的理解,需要明确以下问题:在认定等同的标准选择上,应当按照该争议技术领域普通技术人员的技术水平出发。如果侵权产品所采用的等同手段或者使用的等同技术作为该技术领域的普通技术人员很容易想到、是显而易见的,则应认定被控侵权物使用了等同技术,可以运用等同原则认定侵权成立。

(3) 禁止反悔原则。

禁止反悔原则是指在判断专利权的效力和判断是否构成侵犯专利权时,专利权人对专利权利要求的解释应当前后一致,禁止专利权人为了获取专利权,在专利申请过程中对权利要求进行狭义解释,而为了认定他人侵权,在侵权诉讼中对权利要求进行广义的解释。专利权人对其在申请专利过程中,针对申请文件所做出的承诺、认可或者放弃的内容,在侵权诉讼中不得反悔。

(4) 现有技术抗辩原则。

《专利法》第 62 条规定,在专利侵权纠纷中,被控侵权人有证据证明其实施的技术或者设计属于现有技术或者现有设计的,不构成侵犯专利权。

并非获得授权的专利都完全符合《专利法》规定的授权条件,这是由于我国对于实用新型和外观设计专利在审查的过程中不进行是否属于现有技术或者现有设计的检索与审查,从客观上开看,审查员即便进行现有技术审查,其所依据的技术数据也只能是各国公开的专利文件,一些使用公开或其他方式为社会公众所知晓的技术或者设计则难以被审查员所知晓,进而也难以确保授予专利权的发明都符合《专利法》规定的授权条件。

在专利侵权诉讼中,被控侵权人认为专利权应被宣告无效的,应当向专利复审委员会提出宣告无效的请求,不能由受案法院或者管理专利工作的部门就该专利权是否有效直接作出认定。在专利复审委对专利有效性作出裁决之前,侵权诉讼案件进入中止程序,等待宣告专利无效或者维持专利有效的决定最终生效后,才能认定被控侵权行为是否构成侵权。目前这种程序设计的弊端已经非常显著,即诉讼周期长、行政与司法资源浪费严重。

目前的现有技术抗辩原则,仅适用于依当事人申请而提出的诉讼,法院或者专利行政管理机关不应主动查明被控侵权人实施的是否是现有技术或者现有设计。另外,法院或者专利管理行政机关只需要判断被控侵权产品是否属于现有技术或现有设计,不需要判断被授予专利权的新颖性。一旦被诉侵权人现有技术抗辩成立,法院即可做出认定不侵权的裁判,不需要进一步就被控侵权产品是否落入专利权保护范围问题做出进一步的判断。

(二) 外观设计专利的侵权判定

1. 外观设计专利的保护范围

外观设计专利保护的范围主要是指产品的形状、图案或者其结合以及色彩与形状、图案的结合。由于上述要素难以用纯文字加以表述,因此权利要求书与说明书对于外观设计专利申请来说并非必要。《专利法》第 27 条规定:"申请外观设计专利的,应当提交申请书、该外观设计的图片或者照片以及对该外观设计的简要说明等文件。申请人提交的有关图片或者照片应当清楚地显示要求专利保护的产品的外观设计。"《专利法》第 59 条第 2 款规定:"外观设计专利权的保护范围以表示在图片或者照片中的该产品的外观设计为准,简要说明可以用于解释图片或者照片所表示的该产品的外观设计。"因此,外观设计的权利要求具体表现在产品的"主视图""后视图""俯视图""斜视图""(局部)放大图""展示图""剖视图"等图形。外观设计的保护范围主要是根据专利申请人所提交的图片、照片以及相关简要说明确定的。

2. 外观设计专利的侵权判定原则

外观设计的专利侵权判定，首先要看被控侵权产品与专利产品是否属于同类产品，只有同类产品才有进行比较的必要。在确定是否属于同类产品的问题上，一般不按照《国际外观设计分类表》中的标准，而是主要按照被控侵权产品和外观设计专利产品的商品分类确定是否属于同一产品，同时参考《国际外观设计分类表》。

外观设计专利侵权判断的比较对象上，主要是将侵权产品本身或者侵权产品的外观图片、照片以及外观设计专利的外观图片或者照片中展示的形状、图案以及色彩进行比较，从而得出是否相同或者近似。一般而言，如果被控侵权产品与外观设计专利展示的图形完全一致，不难得出相同的结论。但是现实当中，侵权行为人往往在设计侵权产品的过程中，对受保护的外观设计进行一些改动，例如产品的形状、大小、图案有所修改等等，这种情况下需要对被控侵权产品是否与外观设计专利构成相似做出判断。

在进行具体判断的过程中，最为关键的是对形状进行比较。外观设计专利首先是保护产品的具体形状，在对产品的形状进行比较时，应当从整体角度进行仔细判断。特别是在判断是否构成近似的过程中，不能过于关注一些不显著的细微差别，而应该特别关注产品的主要创作部位，针对主要创作构思进行比较。但是如果非主要创作部位的区别非常显著，从而导致整体视觉效果上的差异，则也有可能对是否近似形成关键的影响作用。

一般而言，外观设计上的图案可以作为产品造型的附属因素。从本质上而言，产品的设计应当是形状、色彩以及图案三项要素的组合与搭配，应当综合考虑，不能过于偏重某一单项因素。

第二节 不视为专利侵权的情形

 引导案例

陆某取得了"熟化垃圾组合筛选机"实用新型专利权。随后陆某认为两被告上海某工程成套总公司、无锡市某工程实验厂未经许可，实施其专利构成侵权为由，向上海市中级人民法院提起诉讼，要求被告停止侵权、赔偿损失。被告辩称，其使用的技术与原告不同，且系可续研究实验使用，不构成侵权。法院审理后认为，《专利法》关于"不视为侵犯专利

> 权"中"专为科学研究和实验而使用有关专利"的规定,是指在实验室条件下,为了在已有专利技术的基础上探索研究新的发明创造,演示性地利用有关专利,或者考察验证有关专利的技术经济效果。某实验厂在科研项目通过鉴定后,已无垃圾筛分破碎机的科研任务,使用某总公司制造、销售的侵权产品处理垃圾,且又有一定的销售行为,属于以生产经营目的的使用行为,亦不符合"专为科学研究和实验使用有关专利"的条件,应认定构成侵权,判令被告赔偿原告2万元。

一、专利权非自愿许可

专利非自愿许可,是指国家专利主管机关根据具体情况,不经专利权人许可,授权符合法定条件的申请人实施专利的法律制度。TRIPS协议第31条规定了三种强制许可的产生情形:一是成员国进入紧急状态,或在其他特别情况下,或在公共的非商业性场合;二是申请强制许可的人已努力向权利持有人要求依合理的商业条件获得许可,但在合理期限内未获成功;三是在第二专利比第一专利先进,而第二专利的实施又依赖于第一专利的情形下,为了实施第二专利而规定的强制许可。对于以上三种情形,大多数国家都在专利法中作了规定,下面分别加以叙述。

(一)为公共利益目的的强制许可

当国家(地区)处于紧急状况时,为了保护公共利益,可以对专利权予以强制许可实施。TRIPS协议第31条尽管规定了该制度,但是有严格的限制条件,要求成员国在实施时应当尽快通知权利人。

2007年10月28日全国人大常委会批准的《修改〈与贸易有关的知识产权协定〉协议书》规定,为了公共健康目的,可以给予制造并出口专利药品到特定国家或者地区的强制许可。在我国,1984年的《专利法》未规定此类强制许可制度,1992年的《专利法》修正案参照TRIPS协议的规定,对强制许可制度进行了修改,增加了第52条强制许可规定,从而与TRIPS协议所规定的强制许可种类相一致。按照1992年《专利法》第52条的规定,在国家出现紧急状况或者非常情况时,或者为了公共利益的目的,国务院专利行政部门可以给予实施发明专利或者实用新型专利的强制许可。2008年《专利法》第三次修正在保留1992年《专利法》第52条作为第49条的基础上还增加了一条作为第50条:"为了公共健康目的,对取得专利权的药品,国务院专利行政部门可以给予制造并将其出口到符合中华人民共和国参加的有关国际条约规定的国家或者地区的强制许可。"

具体而言,此类强制许可的使用必须具备以下条件:一是国家(地区)出现了紧急状态或者非常情况,如发生了战争、社会动乱、自然灾害等不利于国家(地区)或社会安定的状态;二是为了公共利益的目的,即为了公众的利益或国防等关系国计民生的情况而使用。2001年在多哈举行的世贸组织部长级会议上通过的《关于TRIPS协议与公共健康的宣言》明确指出,公共健康危机,包括与艾滋病、结核病、疟疾等流行病有关的危机,构成国家(地区)紧急情况或者非常情况。该规定在一定程度上为各国(地区)解决公共健康问题而颁发专利许可扫除了法律障碍。我国人口众多,公共健康问题日益突出,应当充分利用《专利法》第49条、第50条规定免除侵权责任,保护公众健康。

(二) 普通强制许可

根据专利制度基本理论,专利权人可以根据自己的意志决定是否许可他人实施专利。但是,当专利权人追求自己的最大利益时,有可能会滥用这种独占权,组织他人实施其专利或者控制他人进口其专利产品。为了防止专利权人滥用其专利权,法律规定可以对符合条件的实施人发放专利许可。例如,《巴黎公约》第5条第1款第2项规定了实施专利强制许可的理由:为了防止产生由于行使专利的排他性权利而产生的弊害,如不实施,各成员国可以采取立法措施,订立强制实施许可。TRIPS协议第31条规定:在使用前,意图使用之人已经努力向权利持有人要求依合理的商业条款及条件获得许可,但在合理期限内未获得成功,方可允许这类使用。普通强制许可发生的条件为:申请实施人已经以合理的商业条件与专利权人进行了磋商;申请人在合理长的期限内未获的成功。而《巴黎公约》第5条第1款第4项则规定了明确的时间限制:自专利申请日起4年或授予专利之日起3年中的一个后满的期间届满前,各成员国不得以不实施或实施不充分为理由而订立强制实施许可。从权利人的角度看,其不可能在提出申请或者被授予专利权后立即实施其发明创造,一项发明要实施往往需要数年时间。因此,《巴黎公约》规定专利权授予后必须经过一段时间才能对其强制许可实施。

目前,世界上大多数国家和地区的专利法已按照《巴黎公约》和TRIPS协议的规定对普通强制许可的授予条件作了规定。我国《专利法》第48条也规定了普通强制许可的授权条件:"有下列情形之一的,国务院专利行政部门根据具备实施条件的单位或者个人的申请,可以给予实施发明专利或者实用新型专利的强制许可:(1)专利权人自专利权被授予之日起满3年,且自提出专利申请之日起满4年,无正当理由未实施或者未充分实施其专利的;(2)专利权人行使专利权的行为被依法认定为垄断行为,为消除或者减少该行为对竞争产生的不利影响的。"《专利法》第48条规定了申请强制许可的两种情形,一种是专利权人实施专利不充分,另一种是专利权人实施专利权造成垄断。申请人在按照《专利法》

第 48 条第 1 款规定向国务院专利行政部门提出实施发明或者实用新型专利强制许可申请时，必须向国务院专利行政部门提交其已合理的条件、在合理长的时间内未能与专利权人达成实施许可协议的证明。如果申请人在向国务院专利行政部门提出实施强制许可申请之前没有与专利权人进行过协商，或者虽然进行过协商，但申请人所提出的条件不是合理的，其实施强制许可的申请都不能被批准。在国务院专利行政部门作出给予实施强制许可的决定后，权利人再起诉申请人专利侵权的，申请人可以强制许可为由主张免责。

（三）交叉强制许可

交叉强制许可的目的在于确保从属专利的实施。所谓从属专利，是指前后两个专利在技术上存在从属关系，如果不实施前一个专利保护的发明（或实用新型），后一个专利所保护的发明（或实用新型）也无法实施。在上述两个专利中，后一专利的权利人如欲实施其专利，则不能不实施前一专利。如果前一专利人不愿许可后一专利人实施其发明，后一专利则无法实施。为了对这种违反公共利益的行为予以限制，多数国家（地区）在其专利法中都规定了交叉强制许可制度，即通过授予强制许可的方式准许后一专利权人实施前一专利权人的发明（或实用新型），同时也根据前一专利权人的请求，给予他实施后一发明的强制许可，以保持当事人之间的利益平衡，该许可成为交叉强制许可。

TRIPS 协议第 31 条规定了交叉强制许可制度的限制条件：(1) 实施是为了开发一件新专利，而不侵犯前一专利则无法开发；(2) 第二专利之权利要求书所覆盖的发明，比第一专利之权利要求书所覆盖的发明，应属于具有相当经济效益的重大技术进步；(3) 第一专利所有人应有权按合理条款取得第二专利所覆盖之发明的交叉使用许可证；(4) 就第一专利发出的授权使用，除与第二专利一并转让外，不得转让。我国《专利法》第 51 条根据 TRIPS 协议第 31 条规定：一项取得专利权的发明或者实用新型比前已经取得专利权的发明或者实用新型具有显著经济意义的重大技术进步，其实施又有赖于前一发明或者实用新型的实施的，国务院专利行政部门根据后一专利权人的申请，可以给予实施前一发明或者实用新型的强制许可。在依照前款规定给予实施强制许可的情形下，国务院专利行政部门根据前一专利权人的请求，也可以给予实施后一发明或者实用新型的强制许可。从以上规定可以看出，国务院专利行政部门授予交叉强制许可应当符合三个条件：(1) 第二权利人若不侵犯第一专利权人的专利权，就不能实施其发明或者实用新型专利；(2) 第二专利与第一专利相比，具有更大的经济利益和重要的技术进步；(3) 第一专利权人在合理的条件下，取得使用第二专利中的发明或者实用新型的交叉强制许可。

《巴黎公约》第 5 条虽然允许成员国采取强制许可措施，但也规定了条件限制：如果专利权人明显有正当理由不实施的，可以拒绝订立强制实施许可。所订立的强制许可不是排他性的,而且,除与企业或营业中的实施该专利的部分一起转让时外,不得以许可形式将强制实施许可转让。在 TRIPS 协议中,尽管允许成员对授予的专利权给予限制,但亦十分重视对专利权人利益的保护。其第 30 条规定:只要在顾及第三方合法利益的前提下,该例外并未与专利的正常利用不合理地冲突,也并未不合理地损害专利所有的合法利益。根据该原则,第 31 条规定了对强制许可决定的具体限制条件:对该类使用的授权应当个案处理;应当立即将授权事宜通知权利持有人;使用范围及期限应局限于原先允许使用时的目的之内,如果所使用的是半导体技术,则应仅仅进行公共的非商业性使用,或经司法或行政程序已确定为反竞争行为而给予救济的使用;该类使用应系非专有使用;该类使用不得转让,除非与从事使用的那部分企业或商誉一并转让;任何这类使用的授权,均应主要为供应授权之成员域内市场需要;在适当保护被授权使用人之合法利益的前提下,一旦导致授权的情况不复存在,又很难再发生,则应中止该使用的授权,主管当局应有权主动要求审查导致授权的情况是否继续存在;在顾及有关授权使用的经济价值的前提下,上述各种场合均应支付权利持有人使用费;有关该授权的决定的法律效力,应接受司法审查,或显然更高级主管当局的其他独立审查;任何规范对这类使用费的决定,均应接受司法审查,或接受该成员的显然更高级主管当局的其他独立审查;在交叉强制许可的情况下,第一专利所有人应有权按合理条款取得第二专利所覆盖之发明的交叉使用许可证,而且第二专利的授权使用除与第二专利一并转让外,不得转让。从以上规定可以看出,TRIPS 协议有关强制许可决定的限制是在《巴黎公约》的基础上发展而来的,规定更加全面详细。

二、专利权合理使用

专利权合理使用主要体现在以下方面:

(一) 临时过境

考虑到交通运输的实际需要,《巴黎公约》第 5 条之 3 规定:各成员国不得将下述情况视为侵犯专利权人的权利:1. 其他成员国的船舶临时或偶然进入该成员国的领水时在该船舶船身及机械、船具、装备及其他附件上使用该专利权人的专利对象的发明,但仅限于在该船舶内专为该船舶需要而使用时。2. 其他成员国的飞机或陆地车辆临时或偶然进入该成员国时使用专利权人在此飞机或车辆或其附件的构造或机能方面的专利对象的发明时。这一原则即为临时过境原则。《国际民航公约》第 27 条第 3 款也有类似规定。目前,世界上大多数国家和地区根据《巴黎公约》的规定在专利法中规定了临时过境原则。我国《专利法》第 69 条第(3)项规定:临时通过中国领陆、领水、领空的外国运输工具,依照其所属国同中国签订的协议或者共同参加的国际条约,或者依照互惠原则,为运输工具自身需要而在其装置和设备中使用有关专利的,不视为侵犯专利权。

(二)个人非商业目的使用

一些国家的专利法中规定,如果个人出于非商业目的而使用了专利发明,则不构成侵权行为。从性质上讲,该行为对专利权人的利益影响不大,因此没有必要将其纳入专利权的效力范围。在构成要件上,首先,该行为的主体只能是个人而不是企业;其次,使用只能是出于非商业性目的。当前,法国、英国等国家均在其立法中有明确规定。《瑞典专利法》第3条虽然承认非商业性使用他人专利的行为不构成侵权行为,但未将使用的主体限于个人。我国《专利法》第69条第(4)项规定:专为科学研究和实验而使用有关专利的,不视为侵权。

(三)医生等开处方时的调配方法和调配的药品

虽然多数国家的专利法都对药品及其生产方法给予保护,但从公共利益角度考虑,一些国家的专利法将医生等开处方时的调配方法和调配的药品列在专利权效力范围之外。例如,《日本专利法》第69条第3款规定,通过混合两种以上的医药(指为了诊断、治疗、处置或者预防人类疾病而使用的医药)制造的医药的发明,或者通过混合两种以上的医药得出的制造医药的方法发明的专利权效力,不及于医师或者牙科医师以处方调剂的行为,以及医师或者牙科医师以处方调剂的药。《法国知识产权法典》第L613-5条规定,根据医生的处方,在药房内临时性的和少量的药物治疗及此种制药活动,不为专利授予的权利授予的权力所及。《英国专利法》第60条第5款也作了类似的规定:按已注册的内科或牙医开业医生的处方为个人临时调剂一种药剂,或处理这样调制的一种药剂,不作为侵权处理。《瑞典专利法》第3条规定,药房根据医生在个别情况下的处方配药,或使用、出售这种配药,不视为侵权行为,从上述规定可以看出,之所以将医生或药房为给病人治病而配药的行为不视为侵权行为,是为了维护社会公共利益,保障公众的身体健康。我国《专利法》对该类限制未予规定,但鉴于我国已经对药品进行保护的实施,私有增加规定的必要。另外,我国《专利法》第69条第(5)项规定:为提供行政审批所需要的信息,制造、使用、进口专利药品或者专利医疗器械的,以及专门为其制造、进口专利药品或者专利医疗器械的,不视为侵权。该条规定同样也是出于公用利益的考虑,属于专利合理使用的情形。

三、专利权穷竭

所谓专利权穷竭,指专利权人自己或者许可他人制造的专利产品(包括依据专利方法直接获得的产品)被合法地投放市场后,任何人对该产品进行销售或使用,不再需要得到专利权人的许可或者授权,且不构成侵权。也就是说,专利产品经专利权人授权被首次销售后,专利权人即丧失对该产品进行再次销售、使用的支配权和控制权。该原则的核心是,在保护专利权人合法利益的前提下,维护正常的市场交易秩序,保护经营者和一般消费者的合法利益,便于贸易活动的正常开展,防止专利权对国内商品的市场流通造成障碍。专利权穷竭是针对每一件合法投入市场的具体专利产品而言的,他并不会导致该项专利权本身无效。《法国知识产权法典》第 L613-6 条也规定了专利穷竭制度:对于专利权人或经明确同意已投放法国或欧洲经济空间协定成员国市场的产品,专利权不得延伸到在法国领土上完成的由该专利覆盖的产品的行为。该规定不仅承认了专利权在法国国内的穷竭,而且将穷竭的效力延伸到整个欧洲经济空间协定成员国的领土。这也是为了贯彻欧共体《罗马条约》中关于建立欧共体统一市场的需要。另外,美国、英国、日本等国家在司法实践中也承认该制度的应用。我国《专利法》第 69 条第(1)项也规定了专利权的穷竭制度:专利产品或者依照专利方法直接获得的产品,由专利权人或者经其许可的单位、个人售出后,使用、许诺销售、销售、进口该产品的,不视为侵犯专利权的行为。显然,该规定与其他国家的做法基本一致。

第三节 专利侵权的救济

 引导案例

2014 年 5 月 8 日,余某向原审法院提起诉讼称:余某是专利号为 zl201230047146.3 外观设计专利的权利人。经调查发现,洪某擅自生产、销售的名称为弯管的产品,侵害了本专利权。故请求判令:一、洪某立即停止制造、销售侵害余某专利号为 zl201230047146.3 的侵权产品,销毁库存侵权产品、产品宣传资料及制造侵权产品的专用模具;二、洪某立即连带赔偿余某经济损失 5 万元;三、洪某立即连带支付余某因维权而支出的合理费用 10144(其中律师费 10000 元、购买侵权产品费 27 元、公证费用 117 元);四、本案诉讼费用由洪某承担。法院认为:余某依法享有名称为灯臂(新飘)、专利号为 zl201230047146.3 的外观设计的专利权,且本专利合法有效,依法应受到法律保护。经比对,被诉侵权产品设计与本专利设计相同,落入本专利的保护范围。洪某未经余某许可,销售与本专利外观设计相同的产品已构成侵权,余某据此要求洪某停止销售侵权产品并销毁库存产品及赔偿经济损失符合法律规定,原审法院予以支持。但对于要求洪某停止制造被诉侵权产品并销毁被诉侵权产品

> 的宣传资料及制造被诉侵权产品的专用模具的诉讼请求,余某并未能够提供相关证据予以证明,故余某的该部分诉讼请求原审法院不予支持。洪某辩称其所销售的被诉侵权产品有合法来源,但其提供的证据并不足以证明其抗辩主张,原审法院对其合法来源抗辩不予采纳。法院最终判决:一、洪某自判决发生法律效力之日起立即停止销售侵害专利号为zl201230047146.3的外观设计专利权的产品,并销毁库存侵权产品;二、洪某自判决发生法律效力之日起10日内赔偿余某经济损失(含合理开支)2万元;三、驳回余某的其他诉讼请求。一审案件受理费1304元,余某负担400元,洪某负担904元。

一、专利侵权纠纷的救济途径

我国《专利法》第60条规定:未经专利权人许可,实施其专利,即侵犯其专利权,引起纠纷的,由当事人协商解决;不愿协商或者协商不成的,专利权人或者利害关系人可以向人民法院起诉,也可以请求管理专利工作的部门处理。由此得出,专利权的保护可以通过行政方式,也可以通过司法渠道。

(一)专利行政保护

根据《专利法实施细则》第79条的规定,管理专利工作的部门,是指由省、自治区、直辖市人民政府以及专利管理工作量大又有实际处理能力的设区的市人民政府设立的管理专利工作的部门。1984年,国家经委、国家科委、劳动人事部、中国专利局发布的《关于在全国设置专利工作机构的通知》以及1990年国家科委和中国专利局发布的《关于加强专利管理工作的通知》都规定,管理专利工作的部门具有执法和管理的双重职能。主要职责包括制定本地区、本部门专利工作的规章和计划;组织协调本地区、本部门的专利工作并进行指导;处理本地区、本部门的专利纠纷;管理本地区、本部门的许可证贸易和技术引进中有关专利的工作;组织专利工作的宣传教育和干部培训;领导本地区、本部门的专利服务机构等。因此专利管理机构的基本职责的之一就包含处理本地区、本部门的专利纠纷。《专利法实施细则》第81条规定,当事人请求处理专利侵权纠纷或者调节专利纠纷的,由被请求人所在地或者侵权行为地的管理专利工作的部门管辖。两个以上管理专利工作的部门都有管辖权的专利纠纷,当事人可以向其中一个管理专利工作的部门提出请求;当事人向两个以上有管辖权的管理专利工作的部门提出请求的,由最先受理的管理专利工作的部门管辖。管理专利工作的部门对管辖权发生争议的,由其共同的上级人民政府管理专利工作的部门制定管辖;无共同上级人民政府管理专利工作的部门的,由国务院专利行政部门指定管辖。第 82 条规定,在处理专利侵权纠纷过程中,被请求人提出无效宣告请求并被专利复审委员会受理的,可以请求管理专利工作的部门中止审理。管理专利工作的部门认为被请求人提出的中止理由明显不能成立的,可以不中止审理。此外,关于上述纠纷调处的地域管辖,专利侵权纠纷由侵权行为发生地管理专利工作的部门调处;专利申请权纠纷案件有被请求人所在地管理专利工作的部门调处;临时保护纠纷案件由实施行为发生地管理专利工作的部门调处;对两个以上管理专利工作的部门都享有管辖权的专利纠纷案件,由最先接到调处请求的管理专利工作的部门调处。

(二) 专利司法保护

根据《最高人民法院关于审理专利纠纷案件适用法律问题的若干规定》第 1 条规定,人民法院受理的专利纠纷案件有:专利申请权纠纷案件;专利权权属纠纷案件;专利权、专利申请权转让合同纠纷案件;侵犯专利权纠纷案件;假冒他人专利纠纷案件;发明专利申请公布后、专利权授予前使用费纠纷案件;职务发明创造发明人、设计人奖励、报酬纠纷案件;诉前申请停止侵权、财产保全案件;发明人、设计人资格纠纷案件;不服专利复审委员会维持驳回申请复审决定案件;不服专利复审委员会专利权无效宣告请求决定案件;不服国务院专利行政部门实施强制许可决定案件;不服国务院专利行政部门实施强制许可使用费裁决案件;不服国务院专利行政部门行政复议决定案件;不服管理专利工作的部门行政决定案件;其他专利案件。专利诉讼可以分为专利行政诉讼、专利民事诉讼与专利刑事诉讼。

专利行政诉讼是指公民、法人和其他组织不服管理专利工作的部门所作出的决定而起诉到人民法院的案件。专利行政案件包括当事人对知识产权局与专利复审委员会作出的决定不服而向人民法院起诉的专利纠纷案件,以及当事人对管理专利工作行政部门作出决定不服,以管理专利工作的部门为被告提出诉讼的纠纷案件。

专利民事诉讼是指人民法院在专利申请人、专利权人等当事人和其他诉讼参与人的参与下,审理和解决专利纠纷案件的全部活动。专利民事案件的诉讼范围包括临时保护纠纷案件、专利权属纠纷案件、专利侵权纠纷案件以及专利合同纠纷案件等类型。

专利刑事诉讼是指司法机关在当事人和其他诉讼参与人的参与下,就被告人是否构成犯罪以及承担何种刑事责任进行审理的诉讼互动。依照我国现行法律规定,对专利刑事案件只能由国家检察机关提起诉讼,受案范围包括假冒他人专利的犯罪行为、擅自向外国申请专利、泄露国家重要机密的犯罪行为,以及专利局工作人员和有关国家工作人员徇私舞弊的犯罪行为。①

二、专利侵权行为的法律责任

(一) 民事责任

1. 停止侵权

在各国知识产权制度中,民事救济措施最重要的就是请求停止侵害与请求赔偿损失。请求停止侵害属于绝对权保护方法,当知识产权受到损害时,权利人即可以请求侵权人停止侵害。

(1) 知识产权停止侵害责任的历史演进——以英美法为对象。

知识产权停止侵权救济的目的在于防止未来可能发生的侵权,但其具体规定是通过一系列的过程逐渐发展成熟的,有代表性的就是英美法上的禁令制度。

在近代商业秘密保护法诞生之初,禁令救济就得到法庭的认可,最早的判例可以追溯到 1817 年发生在英国的牛伯理诉詹姆斯案,在这一案中,原告主张被告盗用其一种治疗风痛病的秘方,但主审大法官艾登勋爵由于尚不能确定法律保护满足哪些条件的秘密,最后他判决被告赔偿原告的损失,但拒绝给予禁令救济。在 3 年之后的 1820 年,英国衡平法院审理了一起商业秘密侵权案,该案被告在受雇期间偷偷抄袭了原告的药方,法院即以被告破坏保密关系为由发出了禁令,禁止被告使用或者泄露该药方。两个案件迥异的判决结果说明早期的英国知识产权法上对侵权救济的运用虽然已经发端但相关理论尚未完善。② 美国法院判决停止侵权救济的演进中大致可以分为三个阶段:

第一阶段:避免重复诉讼。在专利侵权案件的早期是得不到禁令救济的,美国从 1819 年《美国专利法》修改后才规定联邦法院有权对专利侵权给予禁令救济。19 世纪许多国家都规定了对专利的撤销制度,如果专利权人不积极实施其专利,其专利就会被撤销,停止侵权救济也没有为法院所重视。③ 在专利权人只能获得赔偿救济的情况下,如果被告在判决之后继续侵权,专利权人对其所遭受的损害,只能重新起诉以获得新的赔偿。这对权利人维权极为不利,为了保障权利人利益,法院常以避免重复诉讼为由而判决禁止救济。④

第二阶段:实现专利制度的立法目的。专利制度是为了保护财产和激励技术创新,禁令有助于实现上述目的。美国曾有法官反对禁令救济,提出国家赋予专利权人以独占权利,专利权人处于一种准受托人的地位,有义务让专利得到实

---

① 冯晓青、刘友华:《专利法》,法律出版社 2010 年版,第 290—310 页。
② 王洵:《论知识产权停止侵权救济的限制》,北京化工大学 2010 年硕士学位论文。
③ See Nike v. Wal-Mart, 138 F. 3d 1437(1998).
④ See Motte v. Bennett, 17 F. Cas. 909(C. C. D. S. C. 1849). Donald S. Chisum, et a.1, Cases andmaterials: Principles of PatentLaw, 3rded. (New York: FoundationsPress, 2004), 1340.

施,从而让公众享受该技术发明的成果,专利侵权活动有利于专利实施与技术的传播,因而不应当给予禁令救济;但赞成禁令救济的学者认为,如果不赋予专利权人以财产权的地位,专利权人无法排除他人的侵害,就难以实现宪法规定的"促进有用技艺进步"的目的。①

第三阶段:专利保护的财产规则。自20世纪80年代以降,法律制度的经济分析为禁令救济提供了新的理论依据。如果专利权人不能获得禁令救济,侵权人就可以先侵权、再付给权利人许可费,这意味着按照责任规则对专利权加以保护②,专利权人将无法实现专利的全部价值,而只有赋予专利权人禁令救济,希望实施专利的潜在侵权人事先与专利权人通过市场谈判达成许可,从而实现对专利权保护的财产性规则。③

在具体法律规定方面,《英国专利法》第61条第1项规定,权利人可以在诉讼中请求禁令,"限制被告或辩护者(defender)不得从事被担忧的(apprehended)侵权行为";《美国专利法》第383条强调禁令的目的是为了"避免"专利侵权"对本编中的诉讼有管辖权的法院,都可以依照衡平法原则发出包括法院认为合理的条款的禁令,以避免专利上的任何权利受到侵害"。除此之外,大陆法系国家的知识产权法也有关于停止侵权责任的规定,例如《日本专利法》第100条规定:"专利权人或独占实施权人对侵害自己专利权或独占实施权者、或有侵害之虞者,可以请求停止或预防侵害。"

(2) 停止侵害的适用条件。

停止侵害是我国《民法典》第1167条规定的一种民事责任方式,也是知识产权侵权人通常应承担的责任形式。我国法上的停止侵害责任,相当于英美法上的永久性禁令(Permanent Injunction)。停止侵害与永久性禁令具有同样的目的,即为了阻止尚未发生的损害,而不是对已发生损害的救济。请求停止侵害,既包括请求除去已经产生的侵害,也包括请求除去可能出现之侵害。由于知识产权的特征所致,请求停止侵害是排除对权利人行使专有权利之"妨碍",而不可能是制止对权利客体即知识产品之"侵害"。④ 在我国法律上,停止侵害责任的适用应具备以下条件:

① 原告诉请。原告诉请,是指原告在起诉时或在诉讼过程当中,请求法院

---

① See United States v. BellTelephone Company, 167 U. S. 224, 249; Continental Paper Bag Co. v. Eastern Paper Bag Co., 210 U. S. 405(1908).

② 关于权利保护的责任规则与财产规则,见Guido Calabresy, A. DouglasMelamed, Property Rules, Liability Rules, and Inalienability: OneView of the Cathedra, l 85 Harvard Law Review 1089 (1972).

③ See Smith Int', l Inc. v. HughesToolCo., 718 F. 2d 1573, 1581 (Fed. Cir.), cert. denied, 464 U. S. 996 (1983).

④ 吴汉东:《知识产权基本问题研究(总论)》(第二版),中国人民大学出版社2009年版,第64页。

判令被告承担某种形式的民事责任。在我国,民事诉讼遵从"不告不理"原则,法院审理的范围以原告诉讼请求为限,不得为超出诉讼请求之判决。知识产权制度的目的在于保护知识产权人的知识财产不受非法侵犯,因此,当知识产权受到侵害时,权利人向法院主张判令停止侵权,一般能够得到支持。

② 侵害正在进行或者又再次发生之虞。如果在判决时,认定被告的行为构成侵权,并且侵害行为仍在持续,或者权利人已经获得了诉前禁令或者诉中禁令,在权利人请求被告承担侵权责任的情况下,法院一般予以支持。但是如果被告在诉讼开始之前或者诉讼过程中已经停止了被控侵权行为,或者侵权行为已经结束,而原告又提出了判令被告停止侵权的诉讼请求,该请求是否应得到支持,是个比较有争议的问题。

(3)停止侵权责任的限制规则。

在知识产权领域,要求他人停止侵权是基于知识产权绝对权而产生的知识产权请求权的主要内容。但与同样作为财产性权利的物权有所不同的是,在现代市场竞争的环境下,知识产权已经逐渐成为垄断市场的最锐利的武器,如果不加限制地适用停止侵权责任,则有可能对市场竞争以及社会公共利益造成不利影响。停止侵权兼具预防性与惩罚性两种职能,按照英国学者约翰·密尔的观点,预防性职能比惩罚性职能远远更易被滥用以致伤及自由,因为人们行动的合法自由没有任何一处不容被表述为而且被公平地表述为增加了这样或那样过失的便利条件。据此,和育东教授提出了停止侵权责任适用的谦抑性原则,并认为停止侵权责任具有后发性、补充性,只有在金钱赔偿不足以实现社会公正时,才有理由使用预防性措施对当事人未来的行为自由加以干涉。① 我国台湾地区的曾世雄教授也认为,排除侵害因直接打击侵害,手段比较激烈。损害赔偿,系间接迂回救济,手段比较温和。②

2. 赔偿损失

按照民法基本原理,当绝对权受到侵害后,首先产生绝对权请求权,例如物权受到侵害时,权利人主张物权请求权。当绝对权请求权无法实现恢复原状的法律效果时,便产生债权请求权,也即侵权请求权。在绝对权保护中,行使侵权请求权就是要求加害人履行赔偿之债,其目的是为了填补绝对权人无法通过行使物权请求权恢复的损失,即以货币方式恢复被损害财产的价值状态。恢复原状有广义及狭义之分,广义的恢复原状是指恢复权利被侵犯前的原有状态,主要包括请求返还原物、排除侵害;狭义的恢复原状是指将损害的财产修复,即所有的财产在被他人非法侵害遭到破坏时,如果能够修理,则所有人有权要求加害人

---

① 和育东:《专利法上的停止侵权救济探析》,载《知识产权》2008年第6期。
② 曾世雄:《损害赔偿法原理》,中国政法大学出版社2001年版,第5页。

通过修理,恢复财产的原有状态。但由于知识财产本身所特有的无形性、可传播性以及可复制性特征,决定了对知识财产的侵害不同于对物的侵害,具体体现在:第一,知识产权侵权人无法返还原物;第二,知识财产不存在对物意义上的"损耗";第三,知识财产无法进行修复。因此知识产权侵权发生之后,不存在返还原物或恢复原状,而大多需要侵权人承担侵权的金钱赔偿责任。

(1) 专利侵权损害赔偿责任的适用原则。

关于侵权赔偿原则,有些学者主张存在五种:全部赔偿原则、财产赔偿原则、损益相抵原则、过失相抵原则及衡平原则。[①] 结合知识产权侵权的特性,其适用的最主要的原则有:全部赔偿原则、衡平原则与损益相抵原则。

全部赔偿原则是指对于加害人对权利人造成的实际损害,赔偿义务人应予全部赔偿的原则。全部赔偿原则是我国民事损害赔偿的基本原则,在执行全部赔偿原则时,应参考两个标准,一方面是受害人因侵权行为遭受的全部损失是否已经得到赔偿,另一方面也要考量赔偿的是否都是受害人遭受的实际损失。"任何人不得因违法行为而致富","任何人不得因他人的违法行为而受到损害"是侵权赔偿责任应遵循的两个基本原理[②],该原理要求对损害要准确计算,只有计算出侵权行为给权利人造成的实际损失的全部损害数额,才能够依据损害赔偿原则,相应确定侵权行为人应当承担的损害赔偿的具体内容和具体数额。

衡平原则是指在确定侵权损害赔偿范围时,必须考虑当事人的经济状况等诸因素,使赔偿责任更公正的原则。[③] 其法律依据为《民法典》第 6 条所规定的公平原则,为了区分它与侵权责任归责原则中的公平原则,故而称为衡平原则。

所谓损益相抵原则,是指如果赔偿权利人基于发生损害的统一原因而受有利益,应该在损害赔偿数额内扣除利益,而由赔偿义务人仅就差额予以赔偿的原则。如未经许可擅自使用他人商标的行为人经过大量的宣传与市场推广,大大提升了被侵害商标的知名度与影响力,并使该商标的经济价值猛增,其行为实际上为商标权人财富的增长做出了实质性的贡献。在这种情况下,判决侵权行为人承担损害赔偿时,应当考虑到行为人为权利人财富增长所起到的积极作用而适当减少其损害赔偿的金额。

上述三个原则可以同时适用,而全部赔偿原则是民事损害赔偿中最为重要的原则。该原则确定了赔偿义务人的基本赔偿范围,随后法官根据个案情况,适用衡平原则以及损益相抵原则确定具体赔偿数额。

---

① 杨立新:《民法判解研究与适用》(第四辑),人民法院出版社 1999 年版,第 219 页。
② 佟柔主编:《中国民法》,法律出版社 1990 年版,第 594—595 页。
③ 王利明、杨立新编著:《侵权行为法》,法律出版社 1996 年版,第 334 页。

(2) 知识产权损害赔偿的范围与计算方法。

赔偿范围,是指加害行为给其造成的损害有多大,亦即赔偿义务人须对赔偿权利人受到的何种损害负赔偿责任。① 专利权属于财产性权利,因此对知识财产侵权赔偿范围主要是指财产的实际损失。

财产损害分为直接损害与间接损害,直接损害是指侵权行为造成的权利人现有利益的减少;间接损害是指侵害行为人造成权利人可得利益的损失。② 具体而言,间接损害是指知识产权处于生产、经营、转让等增值状态过程中的预期可得利益的减少或丧失的损失。知识产权是权利人被授予的在市场上的排他权,根据知识产权,权利人拥有利用其智力成果或者工商业信誉而获得市场利益的独占权利。侵权行为的发生,造成了权利人不能正常利用该知识产权进行经营活动,使市场利益的独占权利减少。侵权责任法理论一般认为,这种间接损失有三个特征:第一,损失的是一种未来的可得利益,在侵害行为实施时,它只具有一种财产取得的可能性,还不是一种现实的利益;第二,这种丧失的未来利益是具有实际意义的,而不是抽象的或者假设的;第三,这种可得利益必须是一定范围的,即损害知识产权直接影响所及的范围,超出这个范围,不能认为是间接损失。③ 由于智力成果和工商业信誉本身价值难以衡量,作为一种财产,其价值表现为通过市场交易后所转化的经济效益。因此,侵权行为即是通过对这种权利的分割,致使权利人失去可预期的市场利益。市场利益的损失构成知识产权侵权损害的主要内容。

财产损害赔偿的另一个有争议的问题是关于律师费、调查取证费等合理开支的费用赔偿问题。由于知识产权的技术性特征,在知识产权侵权诉讼中,要获取侵权证据材料,以及计算损失,往往比其他侵权诉讼更为困难,加上发达国家期望对知识产权权利人给予充分保护,在 1994 年缔结的 TRIPS 协议第 45 条第 2 款规定,司法当局还应有权令侵权人向权利人支付有关费用,包括相应的律师费。我国在 2001 年以后对各知识产权专门法进行修正时,相继增加了有关"合理开支"的条款。

至于损害赔偿的具体计算方法,各知识产权专门法分别进行了规定。《专利法》第 65 条规定:侵犯专利权的赔偿数额按照权利人因被侵权所受到的损失确定;实际损失难以确定的,可以按照侵权人因侵权所获得的利益确定。权利人的损失或者侵权人获得的利益难以确定的,参照该专利许可使用费的倍数合理确定。赔偿数额还应当包括权利人为制止侵权行为所付的合理开支。权利人的损

---

① 曾世雄:《损害赔偿法原理》,三民书局 1996 年版,第 179 页。
② 王利明、杨立新编著:《侵权行为法》,法律出版社 1996 年版,第 326 页。
③ 杨立新编著:《侵权损害赔偿案件司法实务》,新时代出版社 1993 年版,第 42 页。

失，侵权人获得的利益和专利许可使用费均难以确定的，人民法院可以根据专利权的类型、侵权行为的性质和情节等因素，确定给予1万元以上100万元以下的赔偿。《最高人民法院关于审理专利纠纷案件适用法律问题的若干规定》第21条对赔偿数额的计算做了进一步解释：被侵权人的损失或者侵权人获得的利益难以确定，有专利许可使用费可以参照的，人民法院可以根据专利权的类别、侵权人侵权的性质和情节、专利许可费的数额、该专利许可的性质、范围、时间等因素，按照《专利法》第65条第2款的规定确定赔偿数额。

《专利法》规定，侵权赔偿数额可以权利人因被侵权受到的损失或者侵权人因侵权获得的非法利益计算。按照侵权法"填补损害"的基本原则，应当首先按照权利人的实际损失确定赔偿额，但如果侵权人所获得利益大于知识产权人受到损失的，则应赋予权利人不当得利请求权主张返还，否则无异于助长侵权行为的发生，不利于侵权法防止侵权行为发生之宗旨的实现。

（二）行政责任

《专利法》第72条规定：侵夺发明人或者设计人的非职务发明创造专利申请权和本法规定的其他权益的，由所在单位或者上级主管机关给予行政处分。第73条规定：管理专利工作的部门不得参与向社会推荐专利产品等经营活动。管理专利工作的部门违反前款规定的，由其上级机关或者监察机关责令改正，消除影响，有违法收入的予以没收；情节严重的，对直接负责的主管人员何其他直接责任人员依法给予行政处分。

《专利法》第63条规定：假冒专利的，除依法承担民事责任外，由管理专利工作的部门责令改正并予公告，没收违法所得，可以并处违法所得4倍以下的罚款；没有违法所得的，可以处20万元以下的罚款；构成犯罪的，依法追究刑事责任。现行《专利法》并没有区分冒充专利与假冒他人专利两种行为的区别，而是将两者统称为"假冒专利"。

（三）刑事责任

《专利法》第63条对假冒他人专利的刑事责任予以了规定。只有假冒他人专利情节严重的行为才被纳入刑事处罚，而一般情况下主要是通过民事责任与行政责任规制专利侵权行为。

假冒他人专利是指行为人以欺骗消费者为目的，违背专利权人的意志，在专利产品类似的产品或者包装上，加上专利权人的专利标记或者专利号，冒充他人专利产品，使别人误认为该产品是专利权人专利产品的行为。假冒他人专利产品的行为侵害了专利权人的合法权益，同时也损害了消费者的权益，破坏了健康的市场竞争秩序，具有较大的社会危害性。

假冒他人专利犯罪行为的构成要件包括：

（1）行为人假冒专利行为的客观方面表现为在自己产品上标明是他人的专

利产品,或直接标明他人专利的专利号、专利标记,或者在广告宣传中宣称自己的产品是他人的专利产品,行为目的在于获取经济利益,或者损害权利人的市场声誉。

(2) 行为人假冒专利行为的主观上一般为故意,即行为人明知自己不是专利权人,却为了非法目的置他人合法权益于不顾。过失使用他人专利号的行为不属于假冒让人专利的行为。

(3) 行为人假冒他人专利的行为造成的较为严重的社会后果。一般而言,假冒专利产品往往质量较差,而专利产品的市场声誉往往高于非专利产品,因此假冒他人专利产品以次充好的行为导致的直接结果就是严重时损害专利权人的市场信誉,并对消费者的权益造成严重伤害。

(4) 假冒他人专利行为的犯罪主体为企业以及其主管人员,包括其他直接有关责任人员,也包括个体工商户与个人合伙。如果假冒者为个人,承担法律责任的主体为个人,如果是单位,该单位直接责任人员在业务范围外的假冒行为造成的后果由其直接责任人员承担,在业务范围内的假冒行为造成的后果由单位直接承担。对假冒他人专利罪的直接责任人员,人民法院可以处以 3 年以下有期徒刑、拘役或者罚金。受害人可以对行为人提起刑事附带民事诉讼,主张经济赔偿。[①]

司考链接

1. 甲公司拥有一项新型药物的专利权。未经甲公司许可,下列哪些行为侵犯了甲公司的专利权?
   A. 乙公司通过电子邮件向某医院发出销售该新型药物的介绍信息
   B. 李某在专业期刊上发表文章对该新型药物的性能作了全面介绍
   C. 某医院为尽快治疗好患者,自行配置并使用了该新型药物
   D. 丙公司为提供行政审批所需要的信息,自行制造了该新型药物
   答案:AC
2. 下列关于专利权保护范围的说法哪些是正确的?
   A. 仅在发明专利说明书或者附图中描述而在权利要求中未记载的技术方案,权利人在侵犯专利权纠纷案件中将其纳入专利权保护范围的,人民法院不予支持
   B. 实用新型专利权的保护范围以其权利要求的内容为准,说明书及附图可以用于解释权利要求的内容
   C. 外观设计专利权的保护范围以表示在图片或者照片中的该产品的外观

---

① 冯晓青、刘友华:《专利法》,法律出版社 2010 年版,第 281 页。

设计为准,简要说明可以用于解释图片或者照片所表示的该产品的外观设计

D. 人民法院判定被诉侵权技术方案是否落入专利权的保护范围,应当审查权利人主张的权利要求所记载的全部技术特征

答案: ABCD

3. 甲公司就一项手术刀于 2010 年 6 月 10 日提出实用新型专利申请并于 2010 年 9 月 29 日获授权。乙公司 2010 年 8 月 15 日自行研制出了相同的手术刀,于 2010 年 9 月 29 日前完成了生产制造的准备。未经甲公司许可,乙公司于 2010 年 10 月开始制造该手术刀,并通过丙公司销售给了丁医院使用。下列说法哪些是正确的?

A. 乙的制造行为侵犯甲的专利权

B. 乙在专利授权前已经做好了生产制造的准备,其制造行为不侵犯甲的专利权

C. 丙的销售行为侵犯甲的专利权

D. 丁能证明其产品的合法来源,其使用行为不侵犯甲的专利权

答案: AC

4. 甲向人民法院起诉乙侵犯其于 2008 年 10 月 1 日申请并于 2010 年 10 月 10 日被授权的产品发明专利权。该专利的权利要求包括特征 L、M、N,乙实施的技术包含特征 L、M、N、O。乙证明存在下列哪些事实之一,就足以认定其不侵犯甲的专利权?

A. 乙实施的技术已经记载在 2008 年 8 月 30 日公布的丙的发明专利申请中

B. 乙实施的技术已经记载在 2008 年 3 月 1 日申请、2008 年 10 月 16 日公告授权的丙的实用新型专利申请中

C. 含有特征 L、M、O 的技术方案已经记载在 2007 年 1 月 10 日公告授权的丙的专利中,含有特征 L、N、O 的技术方案已经记载在 2008 年 3 月 10 日公告授权的丙的专利中

D. 乙实施的技术已经在 2008 年 3 月 1 日出版的某科技期刊上刊载

答案: AD

5. 下列哪一选项不属于侵犯专利权的行为?

A. 甲公司与专利权人签订独占实施许可合同后,许可其子公司乙公司实施该专利技术

B. 获得强制许可实施权的甲公司许可他人实施该专利技术

C. 甲公司销售不知道是侵犯他人专利的产品并能证明该产品来源合法

D. 为提供行政审批所需要的信息,甲公司未经专利权人的同意而制造其专利药品

答案：D

6. 甲公司获得了某医用镊子的实用新型专利，不久后乙公司自行研制出相同的镊子，并通过丙公司销售给丁医院使用。乙、丙、丁都不知道甲已经获得该专利。下列哪一选项是正确的？

A. 乙的制造行为不构成侵权

B. 丙的销售行为不构成侵权

C. 丁的使用行为不构成侵权

D. 丙和丁能证明其产品的合法来源，不承担赔偿责任

答案：D

7. 世界贸易组织成员X国爆发了一场流行疾病，甲公司在中国拥有治疗该疾病药品的专利权。乙公司向国家知识产权局提出申请，请求对甲公司的药品专利给予强制许可。下列说法哪些是正确的？

A. 国家知识产权局在作出给予强制许可的决定前应当组织听证

B. 给予强制许可的决定应当写明给予强制许可的范围和期限

C. 乙公司获得强制许可后，无需向甲公司交纳专利使用费

D. 乙公司获得强制许可后，应当将制造的药品全部出口到X国

答案：BD

8. 甲公司在中国拥有一项抗癌药品的专利权，并在中国国内进行了制造销售。以下未经甲公司许可的哪些行为侵犯了甲公司的专利权？

A. 乙是病人，从印度购买仿制的该专利药品自己服用，并将多余的药品带回国内销售

B. 丙从甲公司购买了该专利药品，将其加价卖给第三人

C. 丁在国内某报纸上发布印度仿制的该专利药品的销售广告

D. 戊见甲公司销售的药品价格过于昂贵，自行制造并低价销售该专利药品

答案：ACD

9. 下列说法哪些是正确的？

A. 专利权人与取得实施强制许可的单位或者个人就使用费不能达成协议的，由国务院专利行政部门裁决

B. 取得实施强制许可的单位或者个人享有独占的实施权

C. 专利权人对给予实施强制许可的决定不服的，可以依法申请行政复议

D. 强制许可的理由消除并不再发生时，国务院专利行政部门可以自行作出终止实施强制许可的决定

答案：AC

10. 下列关于专利侵权纠纷解决的说法哪些是正确的？

A. 当事人可以协商解决

B. 专利权人可以请求管理专利工作的部门处理

C. 专利权人可以直接就专利侵权纠纷向人民法院提起民事诉讼

D. 当事人对管理专利工作的部门作出的责令停止侵权的决定不服的,可以向人民法院提起行政诉讼

答案: ABCD

11. 甲公司拥有一项雨伞的外观设计专利权。未经甲公司许可,重庆的乙公司生产了该专利雨伞,并将该雨伞在成都销售给当地的丙酒店使用,甲公司遂向人民法院起诉。下列哪些说法是正确的?

A. 甲公司可以向重庆的基层人民法院起诉乙公司

B. 甲公司可以向成都市的中级人民法院起诉丙酒店

C. 甲公司可以向成都市的中级人民法院起诉乙公司

D. 甲公司提起诉讼时可以向受理法院提交专利权评价报告

答案: CD

12. 下列关于专利行政执法的说法哪些是正确的?

A. 管理专利工作的部门可以委托有实际处理能力的市、县级人民政府设立的专利管理部门查处假冒专利行为、调解专利纠纷

B. 专利权人已就专利侵权纠纷向人民法院起诉的,不能再请求管理专利工作的部门处理该纠纷

C. 符合立案规定的,管理专利工作的部门应当在收到请求书之日起5个工作日内立案并通知请求人,同时指定2名或者2名以上承办人员处理该专利侵权纠纷

D. 管理专利工作的部门处理专利侵权纠纷,应当自立案之日起4个月内结案,经管理专利工作的部门负责人批准,延长的期限最多不超过2个月

答案: AB

13. 专利权人王某发现李某未经许可而实施其专利,遂向人民法院起诉。李某主张其实施的技术方案属于现有技术,因而不侵犯王某的专利权,同时李某还主张,该专利权不具备新颖性和创造性应当被宣告无效,并提供了充足的证据。下列说法哪个是正确的?

A. 人民法院应当就该专利权是否有效进行审理

B. 人民法院应当中止诉讼,告知李某向专利复审委员会请求宣告该专利权无效

C. 人民法院认定李某实施的技术方案为现有技术的,可以直接宣告该专利权无效

D. 人民法院认定李某实施的技术方案为现有技术的,可以直接判决李某不侵权

答案：D

14. 2010年3月，甲公司将其研发的一种汽车零部件向国家有关部门申请发明专利。该专利申请于2011年9月公布，2013年7月3日获得专利权并公告。2011年2月，乙公司独立研发出相同零部件后，立即组织生产并于次月起持续销售给丙公司用于组装汽车。2012年10月，甲公司发现乙公司的销售行为。2015年6月，甲公司向法院起诉。下列哪一选项是正确的？（　　）

A. 甲公司可要求乙公司对其在2013年7月3日以前实施的行为支付赔偿费用

B. 甲公司要求乙公司支付适当费用的诉讼时效已过

C. 乙公司侵犯了甲公司的专利权

D. 丙公司没有侵犯甲公司的专利权

答案：C

15. 黑土公司获得一种新型药品制造方法的发明专利权后，发现市场上有大量白云公司制造的该种新型药品出售，遂向法院起诉要求白云公司停止侵权并赔偿损失。下列哪一说法是错误的？

A. 所有基层法院均无该案管辖权

B. 黑土公司不应当承担被告的药品制造方法与专利方法相同的证明责任

C. 白云公司如能证明自己实施的技术属于现有技术，法院应告知白云公司另行提起专利无效宣告程序

D. 如侵犯专利权成立，即使没有证据确定损害赔偿数额，黑土公司仍可获得一万元以上100万元以下的赔偿额

答案：C